KAY PETER JANKRIFT

Brände, Stürme, Hungersnöte

Kay Peter Jankrift

BRÄNDE, STÜRME, HUNGERSNÖTE

Katastrophen in der mittelalterlichen Lebenswelt

JAN THORBECKE VERLAG

Meinen Eltern

Bibliografische Information Der Deutschen Bibliothek
Die Deutsche Bibliothek verzeichnet diese Publikation in der Deutschen Nationalbibliografie; detaillierte bibliografische Daten sind im Internet über http://dnb.ddb.de abrufbar.

www.thorbecke.de
e-mail: info@thorbecke.de

Dieses Buch ist aus alterungsbeständigem Papier nach DIN-ISO 9706 hergestellt.

Gestaltung: Finken & Bumiller, Stuttgart
Druck: Ebner & Spiegel, Ulm
Printed in Germany · ISBN 3-7995-0109-6

INHALT

II. TEIL
MITTELALTERLICHE MENSCHEN
IM ANGESICHT VON HUNGER UND SEUCHEN

VORWORT

Als die Idee zu diesem Buch geboren wurde, konnte niemand ahnen, daß nur wenige Monate später eine Katastrophe über Städte und Dörfer im Osten Deutschlands hereinbrechen würde. Im August 2002 traten die Elbe und zahlreiche ihrer Nebenflüsse über die Ufer. Die Überschwemmung kostete Menschenleben. Hab und Gut wurde in den Fluten davongerissen, Existenzen zerstört.

Dieses Buch ist all denen gewidmet, die in der Katastrophe alles verloren, außer ihrer Hoffnung, und all jenen Helferinnen und Helfern, die mit schier übermenschlicher Kraftaufwendung alles versuchten, um das Schlimmste doch noch zu verhindern. Die Menschen der Städte und Dörfer, von denen in diesem Buch die Rede sein wird, haben in vergangenen Jahrhunderten Ähnliches erlebt. Anders als im medialen Zeitalter werden uns ihre Gefühle, ihre Sorgen und Nöte im Spiegel jener zeitgenössischen Berichte, die die großen Katastrophen der Vergangenheit schildern, jedoch nur allzuoft verborgen bleiben. Der plötzliche Verlust ihrer Nächsten, ihres Hauses und ihrer Habe war jedoch auch für sie ein schwerer Schicksalsschlag. Ausmaß, Häufigkeit und Wirkung von Katastrophen im Zentrum Europas vom Frühmittelalter bis in das 16. Jahrhundert hinein in ihren groben Umrissen zu skizzieren ist das Ziel dieser Untersuchung. Sie versteht sich als begrenzter Versuch der Annäherung an ein zeitloses Phänomen, der keinerlei Anspruch auf Vollständigkeit erhebt.

Ein solches Buch erwächst nicht ohne Unterstützung. Meine Frau und meine Kinder haben jeweils auf ihre höchst eigene Weise zum Fortkommen meiner Arbeit beigetragen. Neben ihnen gilt mein herzlicher Dank vor allem meinen Kollegen und Freunden Martin Uhrmacher und Rita Voltmer von der Universität Trier, ohne deren stets schnelle und freundliche Hilfe dieses Buch um manche Information und Abbildung ärmer ausgefallen wäre.

Münster, im Dezember 2002

ZUR EINFÜHRUNG

DIE AUSEINANDERSETZUNG DER MITTELALTERLICHEN
GESELLSCHAFTEN MIT DER KRAFT DER NATURELEMENTE.
ANNÄHERUNG AN EIN ZEITLOSES MENSCHHEITSPROBLEM

*Dann will ich regnen lassen auf die Erde vierzig Tage und Nächte lang
und will jegliches Wesen, das ich geschaffen habe, vom Erdboden ver-
tilgen,* heißt es im siebenten Kapitel des alttestamentarischen Buches
Genesis.[1] Allein der gerechte und vollkommene Mensch Noah fand
Gnade in den Augen des Allmächtigen. Er entging mit seiner Familie der alles verschlingenden Sintflut. Zugleich rettete er in seiner Arche von jedem Tier nach göttlicher Anweisung eine ausrei-
chende Anzahl, um deren weiteres Überleben zu sichern. Die
Geschichte der Arche Noah und der großen Sintflut hat sich im Gedächtnis der Völker in unterschiedlichen Versionen über Jahrtau-
sende lebendig erhalten. Sie steht exemplarisch für die Konfronta-
tion mit den unbeherrschbaren Kräften der Natur, denen die
Menschheit seit dem Beginn ihrer Existenz ausgeliefert scheint.

Überschwemmungen, Stürme, Hungersnöte und Ungezie-
ferplagen – schon das Alte Testament beschreibt all jene Katastrophen, die in ähnlicher Weise auch die Menschen im mittelalterlichen Europa heimsuchten. Im Buch Rut beispielsweise ist die Rede
von einer großen Hungersnot in Bethlehem, die den gottes-
fürchtigen Elimelech und seine Frau Noëmi zur Auswanderung in
das benachbarte Feindesland von Moab zwang.[2] Lot erlebte die Zer-

störung von Sodom und Gomorra in Feuer und Schwefel.[3] Neuen experimental-archäologischen Erkenntnissen zufolge führte möglicherweise ein großes Erdbeben, das eine Verflüssigung des Bodens zur Folge hatte und die großen Siedlungen in das Tote Meer hinabriß, zum Untergang dieser bedeutenden Ansiedlungen in der Wüste. Moses, der das auserwählte Volk Israel in das gelobte Land führen sollte, war Zeuge der Plagen, mit denen der Herr die Ägypter schlug: die Wandlung des lebenswichtigen Nilwassers in Blut, die Sendung von Ungeziefer, Viehsterben, Hagelschlag, Seuchen, Heuschreckenschwärme, Finsternis und schließlich die Tötung der Erstgeborenen.[4]

Die biblischen Schilderungen waren den Menschen des Mittelalters wohl vertraut. Religion und Gottesdienst nahmen einen wichtigen Teil ihres Daseins ein. Die Erzählungen der Bibel boten mithin für das irdische Leben eine ideale Leitlinie. Dieser zufolge fiel Fehlverhalten in Form göttlicher Strafe sowohl auf den einzelnen als auch auf das Kollektiv zurück. Naturkatastrophen und aus ihnen resultierendes Leid waren Ausdruck göttlicher Strafe für irdische Verruchtheit. *Wie viele Reiche und Vornehme saßen noch abends da und schwelgten im Überfluß, doch unversehens stürzte sie das Unglück mitten ins Meer,* betonte dementsprechend die Chronik des friesischen Klosters Wittewierum bei ihrer Beschreibung der Sturmflutkatastrophe des Jahres 1164.[5] Der gerechte Zorn Gottes über die Verderbtheit der Menschen blieb bis weit über die Reformation hinaus nicht nur das herausragende Erklärungsmodell der Geschichtsschreiber für Heimsuchungen jeglicher Art. Auch die Auseinandersetzung mit den Schicksalsschlägen war vor allem religiös geprägt. Bittmessen und Prozessionen zur Abwendung des Unheils waren ebenso wie die Anrufung der Heiligen fester Bestandteil mittelalterlicher Katastrophenbewältigung.

Nur wenige begannen nach rationalen Erklärungszusammenhängen für das Auftreten von Katastrophen zu suchen.[6] Vielmehr gesellten sich zu den religiösen Vorstellungen im ausgehenden Mittelalter zunehmend Konzeptionen, die das Hereinbrechen existenzbedrohender Katastrophen dem Wirken unheilvoller magischer Kräfte anzulasten suchten.[7] Jedes Akzeptieren von Hungersnöten, Seuchen und extremen Wetterverhältnissen als Ausdruck göttlicher Strafe bedeutete zugleich ein Eingeständnis eigener Schuld. Wer sich jedoch eines untadeligen Lebenswandels befleißigte, dem genügte der Verweis auf die Katastrophe als Teil des göttlichen Heilsplans nicht länger. Diesen anzuzweifeln galt als Ketzerei. Doch was, wenn gar nicht göttliche, sondern teuflische Kräfte am Werk wären, um die Rechtschaffenen trotz aller Mühen zu plagen und in Versuchung zu führen? Der Glaube an die Existenz der Magie bildete eine Art Grauzone. Wenngleich Kirchenväter wie der heilige Antonius von Ägypten schon im 4. nachchristlichen Jahrhundert erklärt hatten, daß jegliche Magie ihre Kraft eingebüßt habe, wo das Zeichen des Kreuzes gemacht werde,[8] so bildete der ungebrochene Glaube an die Existenz magischer Einflüsse weiterhin eine willkommene Erklärung zur Auseinandersetzung mit persönlichen Schicksalsschlägen. Nichts lag näher, als die Schuldigen für eine durch widrige Umstände vernichtete Ernte im unmittelbaren Lebensumfeld zu suchen. Der vermeintlichen Hexen und Hexer konnte man habhaft werden. Sie konnte man direkt für erlittenes Leid bestrafen. So endeten Tausende von Frauen, Männern und sogar Kindern vor allem in der sogenannten frühen Neuzeit unter der Anklage des Schadenszaubers auf dem Scheiterhaufen.

Die Auseinandersetzung mit Katastrophen kennt keine Epochengrenzen. Ihre grundlegenden Mechanismen blieben jahrhundertelang statisch. Weder der Fall des römischen Imperiums noch die Entdeckung Amerikas 1492 oder die Reformation änderten diese Strukturen. Angesichts des Wintersturms »Lothar« vor einigen Jahren, der todbringenden Überschwemmungen des chinesischen Jang-Tse-Flusses, der Explosion des Vulkans Pinatubo auf den Philippinen, der regelmäßigen Hungersnöte in Schwarzafrika oder der großen Erdbeben in der Türkei wird offenbar, daß die

Menschheit trotz modernster Technik selbst in der Gegenwart weit
von einer Beherrschung der Elemente entfernt ist. Die Möglichkeiten einer Vorhersage von Katastrophen sind trotz großer Fortschritte noch immer begrenzt. Das Katastrophenmanagement bezieht sich auch gegenwärtig vornehmlich auf die Linderung der
größten Not nach dem Inferno. Entfesselte Naturgewalten vermag
es bis heute nicht zu zügeln.

Vor diesem Hintergrund stellt sich die Frage, ob es sinnvoll ist, ein
Buch, das sich der Auseinandersetzung mit Stürmen, Überschwemmungen, Bränden, Hungersnöten und anderen Katastrophen an-
nimmt, überhaupt auf eine von der historischen Forschung als das
»Mittelalter« bezeichnete Epoche zu begrenzen. Die Antwort fällt
salomonisch aus. Weder das Reaktionsspektrum auf das Auftreten
von Katastrophen noch die Entwicklung des technischen Erkennt-
nisstandes rechtfertigen eine strikte Abgrenzung gegenüber der
Spätantike oder der frühen Neuzeit. Einzig die allmähliche Ver-
schiebung der Erklärungsmodelle, innerhalb derer in den rund
tausend Jahren des nach gängiger Definition sogenannten Mittelalters die religiösen Komponenten als theoretische Leitlinien do-
minieren, scheint eine Abgrenzung des Untersuchungszeitraumes
auf die Jahrhunderte zwischen der frühmittelalterlichen Christia-
nisierung Europas und der Durchsetzung neuer Glaubensinhalte im
Zuge des 16. Jahrhunderts in etwa zu rechtfertigen. Wirklich zu be-
friedigen vermag jedoch auch diese Ausrichtung des Blickwinkels
kaum. Immerhin spiegelt sich in den zumeist von Angehörigen
des geistlichen Standes verfaßten erzählenden Schriftzeugnissen
eine ausgesprochen einseitige Sicht der Dinge wider. Vielleicht ist
es gerade diese Schwierigkeit einer scharfen Epochenabgrenzung,
die insbesondere die deutsche Mittelalterforschung von einer in-
tensiveren Beschäftigung mit dem Themenfeld der Katastrophen in
jenen eintausend Jahren hat zurückschrecken lassen. Urteilt man
nach der Zahl der Veröffentlichungen, so haben Althistoriker offenbar weniger Berührungsängste mit der »fremden« Materie.[9] Der

sprengen Kärnten —

Hunger und die durch Naturkatastrophen verursachte Not der Massen liegen im Interesse der deutschen Mediävisten noch immer weit hinter Glück oder Unglück der Herrschenden zurück.[10] Noch immer stehen trotz der Zentralität des Forschungsgegenstands die im Jahre 1900 erschienene Untersuchung Fritz Curschmanns über die »Hungersnöte im Mittelalter« und Wilhelm Abels Werke zu »Agrarkrisen und Agrarkonjunktur« sowie zu den Wüstungserscheinungen im wahrsten Wortsinne nahezu »allein auf weiter Flur«.[11] Jüngere Akzente hat Werner Rösener mit seinen Beiträgen zur Geschichte der Bauern und der Landwirtschaft gesetzt.[12] Mehr Aufmerksamkeit haben allein die europaweite Hungersnot in der zweiten Dekade des 14. Jahrhunderts und die krisenhaften Auswirkungen der sogenannten »kleinen Eiszeit« auf sich gezogen.[13] Kaum besser verhält es sich im Hinblick auf die Wirkung anderer Katastrophen auf die mittelalterliche Gesellschaft, wenngleich der von Martin Körner herausgegebene Sammelband zur Zerstörung von Siedlungen durch Erdbeben, Feuer und Wasser wichtige Aspekte beizusteuern vermag.[14] Der nahezu programmatische Beitrag von Arno Borst über das Erdbeben des Jahres 1348 bringt das Forschungsdefizit auf den Punkt. Sein Plädoyer von 1981, »Historiker könnten wenigstens versuchen, ein geistiges Band zwischen den Lagern der Katastrophenforschung zu knüpfen, indem sie das permanente Imperfekt von Natur und Geschichte hervorheben«, blieb in der deutschen Mittelalterforschung bisher indes ohne größeren Widerhall.[15]

Ungleich zahlreicher sind in jüngster Zeit Arbeiten aus dem noch jungen historischen Teilbereich der Umweltgeschichte, die naturgemäß zahllose Schnittstellen mit der historischen Katastrophenforschung aufweist. Herausragende, wenngleich in ihrer Ausrichtung sehr unterschiedliche Beiträge zur historischen Klima- und Umweltforschung, die auch für die Fragestellungen der vorliegenden Untersuchung relevant sind, haben in jüngster Zeit vor allem Ernst Schubert, Joachim Radkau, Christian Pfister und Rüdiger Glaser mit seinem vielbeachteten Werk zur Klimageschichte vorgelegt.[16] Der emeritierte Würzburger Professor für Kulturgeographie Helmut Jäger legte 1994 eine konzise Einführung in die Umweltgeschichte vor.[17] Spezifische Akzente für die mittelalterliche Umweltgeschichte setzten vor allem die Arbeiten von Bernd Herrmann sowie von Ulf Dirlmeier und Gerhard Fouquet.[18] Theoretische Ansätze zur Erforschung der Umwelt in mittelalterlichen Städten lieferte Herrmanns Schülerin Britta Padberg.[19]

Die vorliegende Studie vermag naturgemäß nicht, in erschöpfender Weise Auskunft über die Wirkung mittelalterlicher Katastrophen und sämtliche Aspekte ihrer gesellschaftspolitischen Bewältigung zu geben oder gar die große Forschungslücke auch nur annähernd zu schließen. Sie muß sich vielmehr auf die grobe Darstellung der Häufigkeit und des Ausmaßes von Katastrophen in der mittelalterlichen Gesellschaft beschränken und kann die Leitlinien der zeitspezifischen Auseinandersetzung mit dem zeitlosen Phänomen lediglich überblicksartig anhand von Beispielen vornehmlich aus dem deutschsprachigen Reichsgebiet, den heutigen Niederlanden, Flandern und Frankreich skizzieren.

Vor allem die sogenannten erzählenden Geschichtsquellen, die Annalen und Chroniken, werden im Mittelpunkt der kritischen Betrachtung stehen. Sie liefern zahlreiche Hinweise auf das Auftreten von Katastrophen jeglicher Art und deren Wirkung. Nicht immer jedoch fand das von dem Geschichtsschreiber nur allzu plastisch geschilderte Unglück auch tatsächlich statt. Schilderungen von Naturkatastrophen wie auch von Seuchen erweisen sich im Spiegel mittelalterlicher Chroniken oftmals als erzählerische Motive zur Betonung der belehrenden Intention des Gesamtwerkes. Moralische Erbauung und die Ausrichtung auf den göttlichen Heilsplan bestimmten die Strukturen zeitgenössischer Werke. Was aber eignete sich besser zur Ermahnung der Leserschaft, ein gottgefälliges Leben zu führen, als die bisweilen ausgeführten Verweise auf Katastrophen infolge göttlichen Zorns?

Die allgemein übliche Technik des sogenannten Kompilierens, des Zusammentragens und häufigen Anpassens von Informationen aus anderen Werken für den Eigengebrauch, tat ein übriges, um die Spuren des tatsächlichen Geschehens zu verwischen. Eine Begebenheit, die sich weit entfernt vom Heimatort des Geschichtsschreibers abgespielt hatte, entwickelte sich durch seine Übernahme in dessen Werk im Laufe der Jahrhunderte bisweilen zum Lokalereignis. Dies zeigt beispielhaft die Schilderung einer in Flandern und Lothringen zu Beginn des 11. Jahrhunderts aufgetretenen Massenerkrankung durch den Chronisten Sigebert von Gembloux (um 1030–1112). Der Mönch aus dem nahe Namur gelegenen Kloster Gembloux erwähnte unter den Ereignissen des Jahres 1006 eine Hungersnot und große Sterblichkeit. Sigebert, selbst bereits kein Augenzeuge der von ihm geschilderten Katastrophe, griff für seine Ausführungen auf ältere Vorlagen zurück.[20] Noch einmal mehr als zweihundert Jahre später schöpfte der Mindener Dominikaner Heinrich von Herford (um 1300–1370) bei der Abfassung seiner Weltchronik zahlreiche Informationen aus Sigeberts Werk. So auch dessen Nachricht über eine Hungersnot und große Sterblichkeit. Heinrich verlegte die Ereignisse jedoch in das Jahr 1003 und betonte nunmehr, die ganze Welt sei von der Katastrophe heimgesucht worden.[21] Wiederum ein Jahrhundert später findet sich die Schilderung bereits als fester Berichtsbestandteil der Mindener Chronistik. Die nach der Mitte des 15. Jahrhunderts entstandene sogenannte jüngere Bischofschronik berichtet, zur Zeit des Bischofs Ramward (996–1002) sei die ganze Welt von einer Hungersnot derart heimgesucht worden, daß die Lebenden beim Begraben der zahllosen Toten gleichfalls ihr Lebensgeist verlassen habe und auch sie in die Gräber gesunken seien.[22] Eine genauere Datierung des geschilderten Ereignisses erfolgte in diesem Falle nicht mehr. Schließlich verlegte der Mindener Chronist und Ratsherr Heinrich Piel (1517–1580) die Begebenheiten in das Jahr 1009 und interpretierte diese nun neu.[23] Nahtlos eingebettet in den Handlungsrahmen seines *Chronicon Domesticum et Gentile,* sind Hungersnot und Massensterben zum Lokalereignis geworden. Die »ganze Welt«, von der auch Heinrich Piel spricht, betrachtete dieser aus dem Mindener Blickwinkel.

Neben solchen erzählenden Quellen werden im Rahmen der vorliegenden Untersuchung aber ebenso Berichte über das Leben und die Wundertaten der Heiligen, sogenannte hagiographische Texte, zu Wort kommen. Auch sie werfen ein Schlaglicht auf die Wahrnehmung verschiedener Katastrophen in der mittelalterlichen Lebenswelt. Daneben sind es Zeugnisse des städtischen Schriftgutes, vor allem normativer Art, die den Umgang der Zeitgenossen mit Katastrophen, ihrer Vermeidung und der Linderung ihrer Wirkung vermitteln. Sie werden im Rahmen unserer Betrachtung gleichfalls Beachtung finden.

Das Buch gliedert sich in zwei Teile. Während sich der erste in chronologischer Folge der verhängnisvollen Wirkung entfesselter Elemente auf die mittelalterlichen Lebenswelten widmet, schildert der zweite die nicht immer, aber doch häufig als mittelbare oder unmittelbare Folgen auftretenden, in demographischer Hinsicht wohl größten Katastrophen: Seuchen und Hungersnöte.

Katastrophenphänomene sind mitunter eng verzahnt oder bedingen gar einander. Sturmfluten gehen in der Regel mit orkanartigem Wind und Unwetter einher. Schon einzeln genommen, reicht jedes dieser Ereignisse aus, um die Ernte zu vernichten und damit eine Hungersnot heraufzubeschwören. Gleiches gilt für Überschwemmungen der Flüsse. Unwetter und Stadtbrände stehen nicht selten ebenso in einem Kausalzusammenhang, wenn durch Blitzschlag plötzlich Häuser in Flammen stehen. Diese Liste ließe sich zweifelsfrei fortsetzen. Die einzelnen Kapitel dieses Buches verstehen sich mithin nicht als völlig geschlossene Einheiten. Zu eng erscheinen die Zusammenhänge etwa zwischen der Wetterlage und der Hungersnot. Dennoch folgt die Betrachtung dem Ziel, die spezifische Besonderheit verschiedenartiger Katastrophen hinsichtlich ihrer Wirkung auf die mittelalterliche Gesellschaft herauszustellen und die Wahrnehmung des jeweiligen Problems zwischen Kontinuität und Wandel vom frühen Mittelalter bis zum Beginn des 16. Jahrhunderts anhand von Fallbeispielen aufzuzeigen. Der Auseinandersetzung der Küstenbewohner mit der unzügelbaren Kraft des Meeres, dem »blanken Hans«, gilt dabei ebenso die Aufmerksamkeit wie der verheerenden Wirkung von Überschwemmungen der Flußlandschaften, Stürmen und Unwettern. Darüber hinaus wird auf das mittelalterliche Auftreten von Erdbeben im nordwestlichen Europa ebenso eingegangen wie auf die Plagen durch Heuschrecken und Ratten. Zudem widmet sich ein Kapitel städtischen Feuersbrünsten sowie ihrer Bekämpfung. Der detaillierten Betrachtung des stetigen Überlebenskampfes des mittelalterlichen Menschen gegen Hunger und Seuchen im Spiegel zeitgenössischer Dokumente bleibt der zweite Teil vorbehalten.

I. TEIL
LEBEN MIT DER GEWALT DER ELEMENTE

I. KAPITEL
Wer nicht will deichen, muß weichen.

DIE GROSSEN STURMFLUTEN AN NORD- UND OSTSEEKÜSTE

Plinius und das unglückliche Volk am Meer

Als der in Germanien stationierte römische Offizier und Geschichtsschreiber Plinius der Ältere (23/24–79 n. Chr.) um die Mitte des l. Jahrhunderts erstmals dessen Küste und ihre Bewohner erblickte, zeigte er sich erstaunt über die unwirtlichen Lebensbedingungen.[1] Es sei dies ein »unglückliches Volk«, so führt er in seiner Beschreibung aus, das auf hohen Erdhügeln *(tumuli alti)* lebe, die es mit seinen eigenen Händen nach den Erfahrungen mit den hohen Wassern geschaffen habe. Die Hügelbewohner tränken Regenwasser und müßten mit getrocknetem Schlamm ihre Speisen zubereiten. Sie hielten keinerlei Vieh und tränken keine Milch. Neben all diesen Merkwürdigkeiten fiel Plinius jedoch auch auf, daß große, eichenbewachsene Erdschollen auf dem Meer trieben. Angesichts der heutigen Waldarmut der ostfriesischen Küstenregion mag eine solche Schilderung verblüffen, doch im ersten Jahrhundert gab es dort durchaus größere Wälder.

Was der Römer trotz seiner genauen Beobachtungsgabe nicht ahnen konnte, war, daß die von ihm geschilderte Situation keineswegs in jeder Hinsicht dem gewöhnlichen Alltag der Küstenbewohner entsprach. Zwar lebten sie zum Schutz vor der unbe-

rechenbaren Kraft des Meeres durchaus auf aufgeworfenen Erdhügeln, den sogenannten Warfen oder Wurten. Auch unterhielten
sie ihre Feuer mit einer Substanz, die Plinius aus seiner Heimat
nicht kannte. Der »getrocknete Schlamm« des Geschichtsschreibers war nichts anderes als Torf. Doch verzichteten die Menschen für
gewöhnlich weder auf Viehhaltung noch auf den Genuß von Milch.
Die »Unglückseligen« hingegen, denen Plinius begegnet war, hatten allem Anschein nach gerade eine Katastrophe überlebt.[2] Die
treibenden Erdschollen auf dem Meer sind ein deutliches Indiz dafür, daß eine Sturmflut kurz zuvor das Land überschwemmt und
Teile des Landes mit sich gerissen haben muß. Wie viele Menschenleben die Wassermassen gefordert hatten, bleibt unbekannt.
Das Vieh ertrank offenbar und ein beträchtlicher Teil der Habe
wurde in den Fluten davongerissen.

Der Bericht des Plinius ist das früheste Zeugnis einer Sturmflut
an der Küste der Nordsee. Für das Jahr 60 n. Chr. erwähnt der grie-
chische Historiker Cassius Dio (ca. 155–235 n. Chr.) eine weitere Flutkatastrophe, die seinem in einigem Zeitabstand vom berichteten Geschehen verfaßten Zeugnis zufolge die Britischen Inseln und Gallien
getroffen haben soll.[3] Die Auswirkungen solcher Sturmfluten auf
die Menschen und ihren unmittelbaren Lebensbereich waren beträchtlich. Das weite Vordringen des Meeres in den Küstenbereich
und die damit verbundene großflächige Überflutung mit ihren Begleiterscheinungen der Sedimentierung von Klei und Schlick sowie
der Aufstauung des Wassers hinter den Strandwällen und Dünen
veränderten die Landschaft nachhaltig und machten deren weitere
Besiedlung unmöglich.[4] Solche phasenweise auftretenden Vorgänge werden als Transgressionen bezeichnet. In Nordatlantik und
Nordsee resultieren sie vor allem aus einem Abschmelzen von Eis an
den Polen infolge einer langfristigen Erwärmung und der dadurch
hervorgerufenen Erhöhung des Meeresspiegels um bis zu zwei Metern.[5] In der Ostsee oder dem Mittelmeer bewirken tektonische Be-
wegungen der Erdkruste kombiniert mit klimatischen Bedingungen

ein solches Ansteigen. Phasen der Transgression und der Regression, dem Absinken oder Gleichbleiben des Meeresspiegels, wechseln sich dabei in unregelmäßiger Folge ab.

Bis zum Jahre 1000 prägte die Transgression das Gesicht der Küstenlandschaft im Nordseeraum. Die Bewohner der Küstenregion haben sich archäologischen Befunden zufolge schon in der Antike bemüht, ihren Siedlungs- und Ackergrund gegen das Meer zu verteidigen. Zeugnisse des Graben- und Dammbaus aus römischer Zeit sind etwa bei Ausgrabungen in Flandern aufgetaucht, so in der Gegend von Ostende. Die Warfen, die schon seit dem 1. und 2. Jahrhundert im nordwestdeutschen Niederungsgebiet angelegt wurden, Gräben zur Entwässerung und erste Dämme, wie die auf der von 1955 und 1963 von den Archäologen im Land Wursten zwischen Cuxhaven und Bremerhaven zutage geförderten Feddersen Wierde, boten im Ernstfall kaum Schutz gegen den Ansturm des Wassers.[6] Das Land hinter dem Damm, auf dem sie Getreide anbauten, wurde immer wieder überschwemmt.

Wiederkehrende Fluten im Frühmittelalter

Die regelmäßig auftretenden Überschwemmungen zwangen die Bewohner der nordwesteuropäischen Küstengebiete seit der zweiten Hälfte des 3. Jahrhunderts nach und nach zum Verlassen ihrer Siedlungen. Die sogenannte frühmittelalterliche Transgression, die nach Einschätzungen der historischen Klimaforschung von etwa 300 bis 600 n. Chr. andauerte, überflutete weite Teile der Küsten des heutigen Belgien, der seeländischen Inseln, Frieslands und Norddeutschlands und machte sich offenbar auch in der Ostseeregion massiv bemerkbar.[7] Die Wirkung der Überflutung veranschaulicht deutlich das Beispiel der infolge der Transgression entstandenen Zuidersee.[8]

Im Zuge der einsetzenden Völkerwanderung gelangten die zwischen Ems und Elbe ansässigen Chauken, das »unglückselige Volk«

aus dem Bericht des Plinius, weiter nach Süden und Westen. Ließ sich ein Teil im heutigen Hessen nieder, verschmolz die Mehrheit offenbar in den Stämmen der Friesen und Sachsen. Die Friesen besiedelten die Küsten zwischen Ems und Rhein. Auch die von der dänischen Halbinsel Jütland stammenden Kimbern und Teutonen könnten durch die Wirkung der Transgression zu ihrer Südwanderung gen Italien veranlaßt worden sein. Das Fehlen zeitgenössischer Schriftzeugnisse macht eine genaue Rekonstruktion der Ereignisse an der Küste für diese Zeit unmöglich.

Die frühneuzeitliche, bis ins Jahr 1565 geführte und 1742 in Leeuwarden gedruckte *Chronyk en waarartige beschryvinge van Friesland* will von einer gewaltigen Überschwemmung Frieslands im Jahre 516 wissen, der mehr als sechstausend Menschen und zahllose Tiere zum Opfer gefallen seien.[9] Ein zuverlässiges Zeugnis für tatsächliches Geschehen ist dieser mehr als eintausend Jahre nach dem beschriebenen Ereignis entstandene Bericht sicher nicht. Auch die Opferzahlen, dies gilt es im Hinblick auf mittelalterliche und frühneuzeitliche Schilderungen allgemein festzuhalten, sind zumeist fiktive Größen. Die Darstellung einer solchen Katastrophe im Rahmen einer friesischen Chronik weist jenseits einen realistischen Wahrheitsgehalts allerdings darauf hin, daß sich eine vage Erinnerung an die Jahrhunderte häufiger Überflutungen – vielleicht genährt durch mündliche Weitergabe – gehalten hatte. Schon für 533 nämlich spricht die gleiche Chronik noch ein weiteres Mal von der verheerenden Kraft des Meeres. Drei Tage, so heißt es darin, habe der Sturm aus Nordwesten so unaufhaltsam getobt, daß das ganze Land abermals überflutet worden und großer Schaden entstanden sei. Während der ersten Jahrhunderte des Frühmittelalters scheint die nordwesteuropäische Küstenregion jedoch weitgehend menschenleer gewesen zu sein.[10] Der archäologische Befund spricht dafür, daß die Gebiete entlang des Meeres erst gegen Ende des 6. Jahrhunderts allmählich wieder besiedelt wurden.[11] Gräberfelder aus der Merowingerzeit in den holländischen Alten-

dünen nördlich der Maasmündung belegen, daß die Menschen
trotz aller zu erwartenden Fährnisse an die Nordseeküste zurückgekehrt waren.

Kräftemessen mit dem Meer

Spärlich sind die Nachrichten über die Auseinandersetzung der
Küstenbewohner des 8. bis 10. Jahrhunderts mit den Kräften des
Meeres. Die Nutzung der fruchtbaren Marschflächen intensivierte sich seit der Wiederansiedlung zusehends. Von besonderer Bedeutung war dabei die Viehhaltung. Die salzigen Marschen boten
ein ideales, wenngleich gefährliches Weideland. Spätestens im 8.
Jahrhundert war auch die Feddersen Wierde, auf der die Archäologen in unterschiedlichen Schichten die Überreste sieben aufein-
anderfolgender Dörfer freilegen konnten, wieder bewohnt.[12] Ein am
Niedersächsischen Institut für historische Küstenforschung gefer-
tigtes Modell zeigt deutlich die Gestalt der Feddersen Wierde. In den
zumeist dreischiffigen Wurtenhäusern lebten Mensch und Vieh
unter einem Dach. Der Platz reichte dabei für eine Anzahl von über
dreißig Tieren aus. Jedes der Häuser verfügte über einen Speicher
für die Erntevorräte. Allerdings scheint der Ackerbau nur in be-
grenztem Umfang an den Uferwällen nahe der Siedlung möglich
gewesen zu sein.

Mit der Wiederansiedlung nahmen die Anstrengungen zu, das
Land zu entwässern und vor Überschwemmungen zu schützen.[13]
Wie schwierig sich die Siedlungs- und Lebensbedingungen entlang der friesischen Küste zur Mitte des 8. Jahrhunderts gestalteten,
wird zwischen den Zeilen einer Wundererzählung in Willibalds
zeitgenössischer *Vita Bonifatii*, dem Leben des Bonifatius, deutlich.[14] Willibald, angelsächsischer Herkunft und wohl Angehöriger
der Kirche von St. Viktor außerhalb von Mainz, berichtet im 9. Kapitel seines zwischen 754 und 768 entstandenen Werkes von den
wunderbaren Ereignissen um die Errichtung eines Gotteshauses

zu Ehren des heiligen Bonifatius. Als Gewährsleute für das Wunder nennt er den von zuverlässigen Augenzeugen informierten König Pippin III. († 768) sowie den Bischof Lul von Mainz (754–786), den Nachfolger von Bonifatius. Willibalds Ausführungen zufolge sollte an jenem Ort, wo heidnische Friesen den Missionar am 5. Juni 754 erschlagen hatten, eine Kirche für die »Knechte Gottes« gebaut werden. Zur Ausführung des Plans habe ein sehr großer Teil des friesischen Volkes zunächst einvernehmlich beschlossen, zur Wehr gegen die Gezeiten einen mächtigen Wall aus Erde zu errichten. Unabhängig von Willibalds zentraler Intention, im weiteren Verlauf seiner Erzählung die Heiligkeit des Märtyrers Bonifatius zu illustrieren, liegt mit seiner Schilderung ein Zeugnis für den kollektiv organisierten Deichbau oder die Anlage von Wurten vor. Es war demzufolge der gemeinschaftliche Beschluß, der am Beginn des Projekts stand. Auch dessen Ausführung oblag, wie im weiteren Verlauf der Wundergeschichte deutlich wird, der Gemeinschaft. Nachdem der Wall, auf dem das Gotteshaus errichtet werden sollte, nahezu vollständig aufgeschüttet und die dazugehörige Siedlung fast fertiggestellt war, regten sich unter den Siedlern plötzlich Zweifel an ihrem Plan. Eine Süßwasserquelle, die für das Überleben von Mensch und Vieh unverzichtbar war, fehlte laut Willibalds Erzählung, die hiermit ein weiteres Kriterium für die Standortwahl küstennaher Siedlungen offenbart. Nun setzt die eigentliche Wundererzählung ein. Gottes erbarmende Fügung, wie es heißt, sollte sich schon bald zeigen. Zuvor aber ist zu erfahren, daß als Organisator des gesamten Bauprojekts ein von König Pippin eingesetzter Gaugraf als Verwalter des Ortes fungierte. Deich- und zumindest in bestimmten Fällen auch der Wurtenbau oblagen mithin der herrscherlichen Obrigkeit. Dies schloß die obrigkeitliche Kontrolle der Bauwerke ein. Abba, der das Grafenamt des Gaus innehatte, bestieg Willibalds Erzählung zufolge an der Spitze seiner Getreuen ein Pferd, um den Wall zu umreiten und den aufgeschütteten Hügel zu inspizieren. Dabei, so will Willibald wissen, geschah das Wunder:

Ausgrabungen der Wurt Feddersen Wierde

Modellrekonstruktion des Wurtdorfes Feddersen Wierde im 3. Jh. n. Chr.

Eines der Pferde scharrte, während der Trupp zur Besichtigung angehalten hatte, derart mit den Hufen, daß es mit den Vorderbeinen tief in den weichen Grund einsank. Die übrigen Reiter sprangen von ihren Rössern, um das Pferd aus seiner mißlichen Lage zu befreien. Als ihnen dies nach einiger Anstrengung schließlich gelang, sprudelte an der nämlichen Stelle eine Süßwasserquelle. Ganz gegen die Natur des Landes sei dies gewesen, betont Willibald. Staunend und erfreut über das Wunder kehrten die Reiter nach Hause zurück und verbreiteten die Kunde weiter.

Wie schon in Willibalds Wundergeschichte festzustellen, dienten an der norddeutschen Küste in karolingischer und ottonischer Zeit wahrscheinlich niedrige, aus Erde aufgeworfene Wälle zum Schutz der um die Wurten angelegten landwirtschaftlichen Nutzflächen.[15] In Nordfrankreich tauchen schon am Beginn des 8. Jahrhunderts mehrfach Hinweise auf die Existenz von Schleusen auf.[16] Ein um 840 entstandenes Schriftzeugnis verweist erstmals auf Formen einer gemeinschaftlichen Organisation zur Entwässerung des Küstenlandes. Schon im Oktober 821 zeigt sich im *Capitulare ad Theodonis Villam* Ludwigs des Frommen (778–840), in dem die Errichtung von Deichen entlang der Loire verfügt wird, der öffentliche Charakter von Maßnahmen zum Schutz überschwemmungsgefährdeter Gebiete.[17]

Der königliche Erlaß erfolgte keinesfalls zufällig. Nach der Schilderung der fränkischen Reichsannalen waren gegen Ende des Sommers 820 aufgrund starker Regenfälle zahlreiche Flüsse über ihre Ufer getreten und hatten die Felder überschwemmt.[18] Das Getreide ebenso wie die übrigen Feldfrüchte verdarben. Darüber hinaus stand das Wasser so lange in den Ebenen, daß die Herbstaussaat stark beeinträchtigt wurde. Fast keine Früchte, so heißt es in den weiteren Ausführungen, konnten vor dem Frühling gesät werden. Hungersnot und Seuchenausbruch waren zwangsläufige Folgen dieses Szenarios. Erwähnen die Reichsannalen ausführlich die lange Dauer des Seuchensterbens im gesamten fränkischen

Herrschaftsgebiet, so findet sich in ihnen selbst kein direkter Hinweis auf die akute Nahrungsmittelknappheit. Andere, zum Teil von den älteren Reichsannalen abhängige Berichte weisen jedoch deutlich auf den Ausbruch einer Hungersnot hin.[19] Vor dem Hintergrund der schwerwiegenden Konsequenzen dieser Überschwemmung manifestierte sich im Kapitular Ludwigs des Frommen einige Monate später ein Versuch königlicher Politik zur Katastrophenprävention. Läßt sich in diesem Fall der Zusammenhang zwischen einem konkreten Ereignis und seinen normativen Folgen unschwer erkennen, so waren Ludwigs Verfügungen nicht die ersten herrscherlichen Verfügungen über den Bau und Unterhalt von Deichen. Schon frühere karolingische Rechtsdokumente nehmen sich bisweilen Fragen des Deich- und Schleusenbaus sowie von deren Unterhalt an.[20] Aus dem Rahmen fällt hingegen die *Lex Frisiorum*, die trotz der zentralen Bedeutung des Küstenschutzes für die Friesen erstaunlicherweise keinerlei Bezug auf solche Fragen nimmt.[21]

Wie nötig offensive Maßnahmen zur Verhinderung von Überschwemmungen durch Sturmfluten waren, wurde den Bewohnern Frieslands am 26. Dezember des Jahres 838 plötzlich ein weiteres Mal schmerzhaft vor Augen geführt. Der Schilderung des Bischofs Prudentius von Troyes in den Annalen von Saint Bertin zufolge stieg das Meer entlang der gesamten Küste Frieslands derart an, daß es nahezu die Höhe der Dünen erreichte.[22] Kurz vor der Mitte des 9. Jahrhunderts scheint eine derartige Flut eine eher seltene Begebenheit gewesen zu sein. Ob zwischen dem 9. und 12. Jahrhundert von einer weiteren Transgressionsphase die Rede sein kann, ist in der Forschung umstritten.[23] Die Ausführungen des Bischofs Prudentius scheinen eher die Vermutung derer zu bestätigen, die für diese Zeit nicht mehr von einer zusammenhängenden Überflutungsphase ausgehen, sondern nur noch von sporadischen, in ihrer Häufigkeit bestimmbaren Einzelsturmfluten. So betont Prudentius, der Anstieg des Meeres sei gegen allen natürlichen und gewöhnlichen

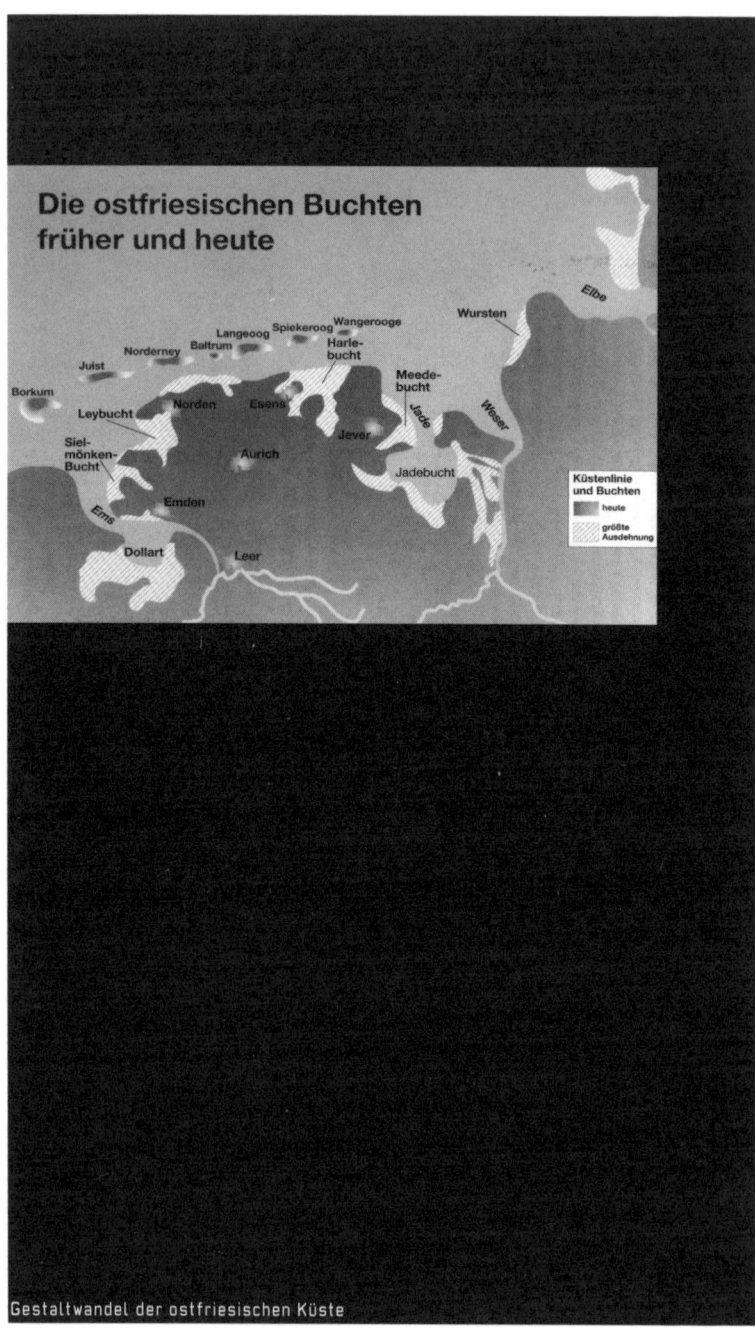

Die ostfriesischen Buchten früher und heute

Gestaltwandel der ostfriesischen Küste

28

Lauf der Dinge erfolgt. Eine Bemerkung, die in dieser Deutlichkeit nur dann Sinn macht, wenn die Flutkatastrophen anders als während der frühmittelalterlichen Transgressionsphase Ausnahmeerscheinungen darstellten. Aus der Beschreibung, daß das Wasser bis zur Höhe der Dünen stieg, folgt nicht zwangsweise der bisweilen geäußerte Schluß, daß es in dem betroffenen Gebiet keinerlei Deiche gab.[24] Vielmehr dürften die Dünen weit höher gewesen sein als die von Menschenhand vereinzelt aufgeschütteten deichartigen Wälle. Zur Illustration des großen Ausmaßes der Katastrophe eignete sich daher das von dem Berichterstatter gewählte Bild weit besser als der Hinweis auf niedrige Deiche. Die Sturmflut wütete der Schilderung des Prudentius zufolge verheerend. Menschen, Tiere und Gebäude wurden in den Fluten davongerissen. Fiktiv bleibt jedoch auch in seinem Bericht die Zahl von 2437 Opfern. Wer die angeblich »genaue Zählung« vorgenommen haben soll, verschweigt der Kirchenmann. Die ungerade und zugleich hohe Ziffer sollte seinen Ausführungen mehr Glaubhaftigkeit in den Augen der Zeitgenossen verleihen. Wie man solch fiktive Zahlen taktisch geschickt einsetzen konnte, zeigt ein sehr viel späteres Beispiel aus Bremen. Dort findet sich zur Mitte des 14. Jahrhunderts im städtischen Schriftgut eine in ähnlicher Weise erfundene Zahl von Pestopfern, die einzig und allein den Zweck hatte, dem Bischof die prekäre Finanzsituation der Stadt aufgrund des großen Sterbens vor Augen zu führen und dessen mögliche Forderungen abzumildern.[25]

Das von Prudentius geschilderte Ereignis findet seine Bestätigung in den Xantener Annalen. Diese sprechen von einem ungeheuren Wirbelwind, der die Meeresfluten weit über ihre gewöhnlichen Grenzen austreten ließ, wodurch die Ufer überschwemmt wurden.[26] Der Bericht unterstreicht ebenfalls die besondere Schwere der Katastrophe. Unzählige Menschen seien in den Höfen und Weilern der Küstenregion mitsamt ihren Häusern von den Fluten mitgerissen worden, heißt es darin. Der archäologische Befund bestätigt die Ausführungen der Schriftzeugnisse. Bei der Untersuchung der Bodenschichten wurde festgestellt, daß die Warfen während des 9. Jahrhunderts infolge einer schweren Sturmflut eine deutliche Erhöhung erfahren hatten.[27]

Nach den verheerenden Ereignissen vom Dezember 838 findet sich in den Quellen vorerst kein weiterer Hinweis auf ein Auftreten von Sturmfluten. Die trügerische Ruhe scheint Jahrhunderte gewährt zu haben, doch sie war nicht von Dauer.

Die großen Sturmfluten des 11. Jahrhunderts und die Fortschritte im Deichbau

Experten diskutieren bis heute darüber, ob die großen Sturmfluten des 9. bis 12. Jahrhunderts einer weiteren hochmittelalterlichen Transgression zuzuordnen sind. Unabhängig davon, ob sich für diese Zeit eine Phase der Meeresspiegelerhöhungen unzweifelsfrei bestimmen läßt, steht fest, daß die Küstenbewohner in unregelmäßigen Abständen weiterhin von Überschwemmungskatastrophen heimgesucht wurden.

Für das 11. Jahrhundert fließen die Nachrichten zunächst noch spärlich. Begünstigt wahrscheinlich durch die spezifischen klimatischen Verhältnisse, ereignete sich im September 1014 die erste schwere Sturmflut des neuen Jahrtausends.[28] Sie traf nicht nur die englische, französische und deutsche Küste. Auch in der Mittelmeerregion kam es zu einem verhängnisvollen Ansteigen der Flut. Nach den Ausführungen des englischen Mönchs Wilhelm von Malmesbury stieg das Meer an der griechischen Küste zwischen Euböa und Böethien so hoch an, daß sich keiner der Zeitgenossen an ein ähnliches Ereignis erinnern konnte.[29] Zahlreiche Dörfer in Küstennähe wurden Wilhelms Bericht zufolge mitsamt ihren Bewohnern von den Wassermassen verschluckt.

Nicht besser erging es offenbar den Ansiedlungen an der Nordseeküste. Die Annalen eines englischen Klosters erzählen, daß sich am Vortag des Festes des Heiligen Michael, dem 28. September, an

zahlreichen Orten zu einer Überschwemmung großen und nie zuvor erlebten Ausmaßes gekommen sei.[30] Gleiches berichtet in einer
später entstandenen Version auch Bartholomaeus von Cotton,
Mönch in Norwich, im Rahmen seiner bis ins Jahr 1298 geführten
Historia Anglicana.[31]

Die Fortsetzung der Quedlinburger Annalen schildert ebenfalls
die gewaltigen Ausmaße der Flutkatastrophe.[32] Eine traurige und
sehr erstaunenswerte Sache, so heißt es darin, habe sich am Mitt-
woch, den 29. September 1014, in den westlichen Gebieten in Walcheren und Flandern zugetragen. Ein unheilverkündendes Vorzeichen ging nach den Ausführungen des Geschichtsschreibers der
Überflutung voraus. Seinen Worten zufolge erschienen am Himmel
schreckliche Wolken, die drei Nächte lang unbeweglich in ihrer
Position verblieben. Allen, die dieses unheimliche Himmelphäno-
men erblickt hätten, habe dieses Warnungen gegeben. Der geistliche Verfasser des Berichts folgt in der Art der Katastrophenschil-
derung gängigen Erzählmustern seiner Zeit. Alle Ereignisse
wurden als unabänderbarer Teil des großen göttlichen Heilsplans
aufgefaßt und sollten mit ihrer Darstellung zur moralischen Belehrung der Leserschaft dienen.[33] In entsprechendem Stil fährt der
Historiograph in seiner Schilderung fort. Am dritten Tag nach dem
Auftauchen der außergewöhnlichen Wolkenformation erhob sich
demgemäß ein Donnertosen und wirbelte das Wasser auf. Das Meer
stieg derart an, daß es an den Wolken zu hängen schien. Die Wahrnehmung des Phänomens veranschaulicht das Ausmaß der empfundenen Bedrohung. Als die Menschen das bevorstehende Unheil
erkannten und von panischer Angst ergriffen ihr Heil in der Flucht
suchten, wurden ihnen nach dem Urteil des Berichterstatters ihre
Sünden zur behindernden Last, und viele ertranken in den Fluten.
Dem zornigen Angesicht des Herrn, so schließt er, vermochten sie
nicht zu entfliehen. Die Katastrophe erscheint in seiner Interpretation als eine direkte Folge der Sündhaftigkeit, die er mit einem
metaphorischen Verweis auf die schweren Verfehlungen des vom

Christentum abgefallenen römischen Kaisers Julian Apostata (331–363) unterstreicht. Knapp dreißig Jahre später, im November 1042, kam es an der Nordseeküste abermals zu einer großen Sturmflut, die ein weiteres Mal zahlreiche Menschenleben kostete.[34]

Die neuerlichen Probleme mit dem Ansturm der Fluten scheinen zumindest in einigen Gebieten auf die massiven Eingriffe des Menschen in die Natur zurückzuführen zu sein.[35] Etwa zur gleichen Zeit, als die großen Sturmfluten Ansiedlungen an der Nordseeküste bedrohten, tauchen in Flandern sowie an der niederländischen und deutschen Nordseeküste die ersten Hinweise auf die Anlage von Deichen auf. Der 1025 erstmals erwähnte Tubinsdic und der zwei Jahrzehnte später belegte Isendic im seeländischen Flandern besaßen nach Auffassung von Adriaan Verhulst aufgrund ihrer Bezeichnung mit Personennamen wohl lediglich lokale Bedeutung, während sich größere Deichanlagen wie auch Seedeiche – etwa nördlich von Brügge – ab der Mitte des 11. Jahrhunderts allmählich nachweisen lassen.[36] Eine gleiche Entwicklung der Deichanlage läßt sich auch an der niederländischen und deutschen Nordseeküste beobachten. Sie ging mit der voranschreitenden Urbarmachung des Landes einher, die jedoch insbesondere in den Niederlanden nicht ohne Folgen für die künftige Auseinandersetzung zwischen Mensch und Meer blieb und den Deichbau in großem Stil letztlich erst erforderlich machte.[37] Die Niederlande waren im Hochmittelalter zu einem großen Teil von einer sechs bis sieben Meter dicken Moorschicht bedeckt, so daß der Siedlungsgrund deutlich oberhalb des Wasserspiegels lag. Die intensive Bearbeitung des Bodens, so haben neuere archäologische Untersuchungen gezeigt, führte durch immer weiter beschleunigte Oxidationsprozesse zu einem kontinuierlichen, raschen Absinken der Oberfläche. Innerhalb eines Jahrhunderts sank der Boden möglicherweise um bis zu 110 Zentimeter ab, und allmählich verschwand die Moorschicht nahezu völlig.[38] Mit diesem Prozeß untrennbar verbunden war schon im 12. Jahrhundert die Notwendigkeit zur Schaffung größerer Deich- und Entwässerungssysteme, da die alten Anlagen durch das Absinken des Geländes in Mitleidenschaft gezogen worden waren.[39]

Was in den Niederlanden in großem Stil erfolgte, blieb jenseits des Kanals noch selten. In England stellt die landwirtschaftliche Nutzung von Romney Marsh an der südostenglischen Kanalküste in dieser Hinsicht nicht nur eine Ausnahme, sondern zugleich ein Beispiel für die überregionale Weitergabe technischen Wissens dar.[40] Der Erzbischof von Canterbury, Grundherr von Romney Marsh, griff bei der Anlage von Deichen zum Schutz des Niederungsgebiets zwischen 1086 und 1100 wahrscheinlich auf die Erfahrung flämischer oder nordniederländischer Mönche zurück, wie der Ursprung einiger Ortsnamen verrät.

Auch die Bewohner der norddeutschen Küste nutzten das Marschland auf ihre Weise. Gegen Ende des 11. Jahrhunderts legten sie zum Schutz ihrer Weide- und Ackerflächen niedrige Ringdeiche an.[41] Eine Verbindung dieser von den einzelnen Siedlungsgemeinschaften errichteten Befestigungen bestand noch nicht. Darüber hinaus waren die Deiche noch immer nicht dazu geeignet, auch im Winter genügend Sicherheit vor den Unbilden der stürmischen See zu bieten.[42] Noch blieben die Wurten in dieser Jahreszeit Zufluchtsort für Mensch und Tier.

Überschwemmungen des 12. Jahrhunderts und die große »Julianenflut« des Jahres 1164

Zahlreiche Chroniken berichten davon, daß die holländische und flandrische Küste im Herbst des Jahres 1134 abermals von einer schweren Sturmflut heimgesucht wurde. So heißt es in Anselms († 1136) zeitgenössischer Fortsetzung der Chronik des Sigebert von Gembloux, am 1. Oktober 1134 habe in der Stille der Nacht plötzlich eine große Meeresbewegung stattgefunden.[43] Die Gestade wurden überschritten, doch die Flut sank rasch wieder. In der folgenden

Nacht jedoch zeigte sich das Meer mit all seiner Kraft. Im Morgen-
grauen überflutete es die Küste und verschlang Dörfer, Burgen und
Kirchen. Wie groß der Verlust an Menschenleben gewesen sein
muß, zeigt Anselms Aussage, die Bevölkerung der drei Grafschaften Walcheren, Waas und Brabant sei durch die Sturmflut völlig
ausgelöscht worden. Der in der Normandie wirkende Geschichtsschreiber Ordericus Vitalis (1075–1142) beschreibt in seinem Werk,
daß sich die Meeresfluten in Flandern plötzlich sieben Meilen in das
Hinterland ergossen und Kapellen, Türme und Hütten unter sich
begruben. Tausende habe die Überschwemmung das Leben gekostet.
Auch die Annalen des nahe Namur gelegenen Klosters Floreffe
betonen die gewaltige Wirkung der Sturmflut.[44] Mit ungewöhnli-
chem Toben, so führen sie aus, hätten die Wogen des Meeres die Gestade überschritten und die drei Grafschaften Walcheren, Gooi-
land, südlich von Amsterdam, und Zewanc an der Westküste der
Zuidersee völlig verwüstet. Ohne Frage zeitigte die Sturmflut ein
weiteres Mal nachhaltige Auswirkungen auf das Gesicht der Küstenlandschaft. Der Meeresarm nördlich von Brügge etwa, der Zwin,
vergrößerte sich infolge dieser und der folgenden Flutkatastrophe
erheblich. Nach der Überschwemmung von 1134 währte die Ruhe
nicht lange. Schon Ende Oktober 1135 wütete erneut eine Sturmflut
in Flandern und überschwemmte die englische Kanalküste.[45]

Knapp dreißig Jahre später sollte eine neuerliche Katastrophe
diese Ereignisse in den Schatten stellen: die große »Julianenflut«
vom 17. Februar 1164. Der weiter fortgeschrittene Deichbau hatte die
Kultivierung des Bodens in der Nähe des Meeres und damit die Besiedlung vorangetrieben, so daß nun mehr Menschen in Küstennähe lebten. Entsprechend hoch scheinen die Opferzahlen gewesen
zu sein.[46] Welch zentrale Bedeutung der Anlage von Deichen und
Entwässerungssystemen nicht zuletzt im Hinblick auf die Ausbil-
dung territorialer Herrschaften zukam, zeigt deutlich das bereits
1122 faßbare Grafenrecht der regelmäßigen Deichinspektion.[47] Das
unkultivierte Bruchland gehörte dem Landesherrn. Als Inhaber

des Ödlandregals lag es in seinem Interesse, die Besiedlung und Urbarmachung voranzutreiben, um die eigene Herrschaft zu stärken.[48] Zum Schutz des Landes aber gehörte inzwischen der Deich. Deutlich läßt sich seit dem 12. Jahrhundert das Engagement der holländischen und flandrischen Grafen im Deichbau und bei der Entwässerung erkennen. Philipp vom Elsaß (1169–1191), der Graf von Flandern, schreckte zur Finanzierung des weiteren Ausbau der Deiche am Zwin selbst vor der politisch äußerst heiklen Enteignung von Kirchen und Stiften nicht zurück.[49] Doch stützten sich die Grafen für die kostspielige Bedeichung nicht allein auf solche problemträchtigen Maßnahmen. Vielmehr überantworteten sie den großen Grundherren und Klöstern die Verantwortung und Finanzierung von Deichbaumaßnahmen in ihren Zuständigkeitsgebieten. Im Rahmen der herrschaftlichen Maßnahmen zu Küstenschutz und Landgewinnung kam es darüber hinaus zur Gründung von Ansiedlungen wie Damme, Gravelines, Dünkirchen, Nieuwpoort und Biervliet nördlich von Gent. Diese Form des Landesausbaus, die Schaffung solcher *wateringen* genannten Entwässerungsbezirke, hatte direkte Auswirkungen auf den weiteren Umgang mit den Deich- und Entwässerungsanlagen. Ihr Unterhalt fiel als öffentliche Angelegenheit unter die Zuständigkeit der Schöffen.

In Holland verlief der Bedeichungsprozeß während des 12. Jahrhunderts ähnlich wie in Flandern. Im Jahre 1163 ist die Existenz größerer Seedeiche erstmals in den Schriftzeugnissen faßbar. Graf Floris III. von Holland suchte sein Herrschaftsgebiet durch Abdämmung des Altrheins bei Zwammerdam gegen unerwünschte Wassermassen aus dem Bistum Utrecht zu schützen, und auch seine Nachfolger bemühten sich nach Kräften um die Förderung des Deichbaus.[50] Innerhalb der bedeichten Gebiete kam es rund sechs Jahrzehnte später, ab 1225, allmählich zur Einrichtung regionaler genossenschaftlich organisierter Deichverbände, der sogenannten *waterschapen*.[51] Die Leitung dieser Zusammenschlüsse oblag den *hooghemraden*, einem Geschworenenkollegium mit Recht zur Beschau der Deiche. Ursprünglich dem Landesherren oder seinem Bailli direkt unterstellt, gelangten sie im Zuge der weiteren organisatorischen Entwicklung unter die Zuständigkeit der als landesherrliche Beamte fungierenden Deichgrafen.[52] Nicht überall in den Niederlanden waren die Zuständigkeiten für die Einpolderung in gleicher Weise geregelt. So wirkte sich auf den seeländischen Inseln beispielsweise die herausragende Stellung des Adels auf die Formierung eigener Deichverbände aus, die erst nach ihrer Unterwerfung durch Graf Floris V. am Ende des 13. Jahrhunderts an das holländische Vorbild angepaßt wurden.[53] Der starken Position des lokalen Adels auf den seeländischen Inseln steht als Gegenbeispiel Friesland gegenüber, wo sich weder landesherrliche noch adelige Machtstrukturen ausgeprägt hatten. Hier übernahmen die Orden eine führende Rolle in der Entwässerung und Eindeichung der Polder. Auf diese Weise gewannen die großen Benediktiner-, Zisterzienser- und Prämonstratenserklöster während des 13. Jahrhunderts immer mehr Einfluß über die dortigen Deichverbände.[54]

Auch an der deutschen Nordseeküste war der Deichbau im Zuge des 12. Jahrhunderts parallel zur planmäßigen Besiedlung der Marschgebiete weiter vorangetrieben worden. Die großen Seedeiche wurden allmählich zusammengeschlossen. Der Anstoß für die neue, im Wesergebiet beginnende und als Hollerkolonisation bezeichnete Siedlungswelle ging vom hamburgisch-bremischen Erzbischof Friedrich I. (1104–1123) aus.[55] Im Jahre 1113 legte er in der sogenannten »Holländerurkunde« den Grundstein für die Ansiedlung von Holländern aus dem Bistum Utrecht in den norddeutschen Marschgebieten. Ab 1140 siedelten die eingeworbenen, in Deichbau und Entwässerungstechnik erfahrenen Holländer auch in der Stader Elbmarsch, nicht jedoch in Dithmarschen und den durch Friesen besiedelten Gebieten.[56] Im Zuge des 13. Jahrhunderts entstanden schließlich planmäßig angelegte Deichbauten, in der zeitgenössischen Rüstringer Rechtssatzung der »Goldene Ring« genannt, die auch im Falle größerer Fluten Schutz vor den Unbilden des Meeres boten.[57]

Wie in den übrigen Küstenregionen entlang der Nordsee entwickelten sich auch hier allmählich Entwässerungs- und Deichverbände, die im Gegensatz zu Flandern und Holland jedoch erst sehr viel später, in der zweiten Hälfte des 15. Jahrhunderts, im Spiegel der Quellen zutage treten.[58] Gleichzeitig mit der Entwicklung der Deichverbände entstanden Rechtsnormen über Bau und Unterhalt der Deiche.[59] Derjenige, dessen Land durch die Anlage geschützt wurde, hatte als »Deichpflichtiger« seinen Beitrag zur Pflege seines Deichabschnitts zu tragen. Aus der frühen Neuzeit ist auch die Abtretung des bewirtschafteten Landes durch das sogenannte »Spatenrecht« überliefert. Sah sich ein Grundbesitzer nicht länger zur weiteren Erfüllung seiner Deichunterhaltspflichten in der Lage, trat er durch einen symbolischen Spatenstich in den Deich seine Rechte an die Gemeinschaft, die Deichacht, ab. Diese verkaufte das Land unter der Auflage des Deichunterhalts weiter. »Wer nicht will deichen, muß weichen«, lautete die häufig überlieferte Rechtsformel.[60]

Lassen sich die normativen und gesellschaftspolitischen Auswirkungen des Deichbaus in ihren Konturen aus den Quellen rekonstruieren, so ist bis heute nur wenig über die mittelalterlichen Deichbautechniken bekannt. An der deutschen Nordseeküste waren die Deiche bis zum Zusammenschluß der größeren Deichverbände im ausgehenden Mittelalter wohl zu niedrig und zu steil geböscht, um größeren Sturmfluten standhalten zu können.[61] Bis ins 17. Jahrhundert finden sich in den Schriftzeugnissen nur selten Angaben über Höhe und Breite von Deichbauten.[62] Untersuchungen in Nordostflandern haben gezeigt, daß der Deich entlang der Schelde offenbar nach der verheerenden Sturmflut von 1424 um einen guten Meter auf insgesamt 4,96 Meter aufgeschüttet wurde.

Daß die im 12. Jahrhundert bestehenden Deiche indes noch lange nicht zuverlässig vor den Gefahren einer Sturmflut zu schützen vermochten, erlebten die Küstenbewohner am 17. Februar 1164. Zahlreiche Berichte schildern das Ereignis. Die Annalen von Pöhlde beschreiben ausführlich das Szenario und setzten die Sturm- mit der Sintflut gleich.[63] So heißt es, die Unordnung des Meeres und der Wogen sei durch die schreckliche Kraft der Winde und Bewegung in der Luft entstanden. Diese habe nicht nur das Meer, sondern auch die Flüsse wie Berge anschwellen lassen. Alle Menschen, die in der Nähe des Wassers lebten, hätten »ihren Untergang gleich einer Sintflut« erwartet. Drei Tage lang wütete die Flut, die Mensch wie Vieh ertränkte, Dörfer und Inseln unter sich begrub. Als Zeugnis göttlichen Gerichts wie auch göttlicher Barmherzigkeit will der Verfasser der Pöhlder Annalen die Katastrophe verstanden wissen. Vor diesem Hintergrund schmückt er seinen Bericht aus, die Leichen der dem göttlichen Gericht anheimgefallenen Ertrunkenen seien noch 20 Meilen von den Ufern entfernt gefunden worden. Im Gegensatz dazu habe man jedoch Säuglinge in ihren Wiegen aus den reißenden Wassermassen bergen können. Durch die gleiche Barmherzigkeit des Allerhöchsten hätten viele, die auf dem Holz ihrer zerstörten Häuser oder in großen Krügen Sicherheit gesucht hatten, von den Fluten fortgespült lebend geschützte Gebiete erreicht. Wie schon in der Schilderung der Quedlinburger Annalen von der großen Sturmflut des Jahres 1014, so wollen auch die Pöhlder Jahrbücher von unheilvollen Himmelszeichen im zeitlichen Umfeld der Katastrophe wissen. Man sage, so heißt es darin, daß einige Zeichen in der Sonne und in den Wolken gesehen worden wären. Mit den bewegten Worten, es habe zum größten Jammer gehört, die Angst und das Geschrei der Ertrinkenden erleben zu müssen, schließt der Pöhlder Geschichtsschreiber seine Ausführungen.

Der Chronist Helmold von Bosau (1120–ca. 1180) berichtet in seiner *Cronica Slavorum* ebenfalls von der großen Sturmflut des 17. Januar 1164.[64] Seiner Schilderung zufolge verursachte das mit dem Ansteigen des Wassers verbundene Unwetter durch Blitzschlag zugleich zahlreiche Brände. Als besonders betroffene Orte nennt Helmold die Küsten Frieslands und Hadelns sowie das gesamte Marschland an Elbe und Weser nebst allen Flüssen, die ins Meer mündeten. Die Zahl der Flutopfer beziffert er auf Tausend. In ähnlicher Form schildern auch andere Zeugnisse die Ereignisse, so beispielsweise die Magdeburger Annalen.[65] Das schreckliche Geschehen blieb in der Erinnerung der Menschen so nachhaltig verhaftet, daß die Chronik des Klosters Wittewierum bei Groningen noch ein halbes Jahrhundert später von der *schrecklichen Julianenflut* spricht.[66]

Der Verlust an Menschenleben blieb in der Folgezeit nicht ohne Konsequenzen. Dort, wo die eingebrochenen Deiche nicht rasch genug wieder instand gesetzt werden konnten, ging trockengelegtes Land in den Fluten wieder verloren.[67] Nur wenige Jahre später, am 1. November 1170, wurde die Nordseeküste ein weiteres Mal schwer heimgesucht. Zu Allerheiligen, so berichten die *Annales Egmundani*, wehte ein heftiger Wind, dem eine große Überschwemmung folgte.[68] Bis vor die Mauern der Stadt Utrecht habe sich die Flut ergossen, wo man plötzlich große Meeresfische habe aus dem Wasser ziehen können. In einem nahegelegenen Dorf trat die Überschwemmung so rasch ein, daß alles Vieh ertrank. Die Menschen retteten sich auf die Dächer ihrer Häuser. Erstmals taucht in der Schilderung ein Hinweis auf organisierte Rettungsmaßnahmen auf, wenngleich der Erfolg der Aktion wieder einmal als Ergebnis günstiger Wendungen herausgestellt wird. Mit Schiffen habe man die Menschen von ihren Dächern retten können, beschließt der Geschichtsschreiber seine Darstellung. Eine Folge der großen Flut, die die Zuidersee aufriß, war die Entstehung der westfriesischen Inseln Texel und Wieringen.[69] Gleichzeitig hatte sich die Ijssel in einen schiffbaren Fluß verwandelt.

Am 7. und 8. Januar 1178 wurden die gleichen Gebiete wahrscheinlich schon wieder von einer Sturmflut in Mitleidenschaft gezogen. Allerdings erwähnen ausschließlich englische Chronisten dieses Ereignis, das ihren Ausführungen zufolge nicht nur in England, sondern auch in Flandern, Friesland und Holland erneut zahlreiche Opfer gefordert haben soll.[70] Ob die Katastrophe tatsächlich so weitreichend war, wie in den zum Teil voneinander abhängigen Berichten dargestellt, bleibt angesichts der nur schwachen Spuren in außerenglischen Zeugnissen eher fraglich.[71] Sicher ist jedoch, daß 1219 die wohl größte Flutkatastrophe des 13. Jahrhunderts über die Bewohner der Nordseeküste hereinbrach.

Die Marcellusflut von 1219 und die großen Sturmfluten des 13. Jahrhunderts

Die Menschen an der Küste erflehten zum Schutz vor den Unbilden des Meeres nicht nur die Hilfe der Heiligen, sie gaben auch den Sturmfluten die Namen der jeweiligen Tagesheiligen. Die erste der insgesamt sechs »Marcellifluten« am 16. Januar 1219 gehörte zu den schlimmsten mittelalterlichen Flutkatastrophen, die über die Bewohner der Nordseeküste hereinbrachen. Emo (1204–1237), erster Abt des friesischen Prämonstratenserklosters Wittewierum, schildert als Augenzeuge der Ereignisse ausführlich das Schreckensszenario.[72] Seinem Bericht zufolge wehte der Wind einige Tage vor der Sturmflut mäßig von Südwest, um am 16. Januar beständig an Stärke zuzunehmen. Um die neunte Stunde erreichte der Orkan den Höhepunkt. Die Konstellation, die der Abt beschrieb, ist kennzeichnend für die Entwicklung einer schweren Sturmflut. Von Südwest und Nord aufziehende Winde galten etwa an der deutschen Nordseeküste als besonders gefährlich.[73] Die Dauer des Sturms sowie der durch Mond- und Sonnenstand bestimmte Gezeitenverlauf sind maßgeblich für die Dimension der Sturmflut, wobei der Hochwasserspiegel je nach Intensität des Windes fünf Meter und mehr über den Normalstand anwachsen kann. Eine ebensolche bedrohliche Zunahme des Windes beobachtete Emo von Wittewierum. Exakt schildert er die weitere Entwicklung. Der Wind wuchs seinen Worten zufolge aus dem sich senkenden Rückfluß des Meeres aus dem Westen und dem Osten sowie dem Zusammenfluß auf der Südseite. Kalt und trocken sei es zunächst gewesen. Zwischen der neunten Stunde der Nacht und der dritten des ersten Tages sei jedoch diese Situation umgeschlagen. Plötzlich war es warm und feucht geworden, in den Stunden danach warm und trocken. Von der neunten Stunde des Tages bis zur dritten der Nacht änderte sich die hygrometrische Lage ein weiteres Mal. Es wurde nun kalt und trocken, danach wieder kalt und feucht. Starke Hagelschauer begannen niederzugehen, getrieben vom unablässigen Südwestwind. Als Küstenbewohner war dem Abt die Gefährlichkeit der Wetterkonstellation offenbar sehr bewußt, denn er spricht wörtlich von dem blutdürstigen Südwestwind *(cruentus affricus)*, der den in seinen Augen bedauernswerten Sterblichen auf dem Meer wie auch auf dem Lande zusetzte. Der Geschichtsschreiber unterstreicht, daß die Menschen zum Schutz ihrer Häuser und ihrer Habe bis zum Sonnenuntergang arbeiteten. In diesem Bericht werden die Hoffnungen und Ängste der Küstenbewohner erstmals greifbar. Vor dem Schlafengehen, so bemerkt er, hätten sich die Küstenbewohner stets irgendeine Sicherheit versprochen und die Furcht vor der Gewalt des Meeres verdrängt. Doch die Sturmflut überraschte die Menschen im Schlaf.

Der starke Wind hatte in der Nacht auf Nordwest gedreht. Nun trat das aufgepeitschte Meer über die Ufer. Emo beschreibt anschaulich, in vielen Windungen und Abzweigungen habe sich die Flut nach Art des sprudelnden Wassers ins Landesinnere ergossen. Insbesondere in Friesland habe die Sturmflut schwer gewütet, denn der Tod habe schnell die Oberhand gewonnen und die Häuser verschlungen. Wer konnte, floh. Viele suchten Zuflucht auf den Söllern und Dächern ihrer Häuser. Andere, die der Sturmflut zu trotzen versuchten oder einen Teil ihrer Habe retten wollten, ertranken. In dieser Sintflut, so schließt Emo von Wittewierum seinen Augenzeugenbericht, seien Tausende von Männern, Frauen und Kindern umgekommen und viele Kirchen zerstört worden.

Zahlreiche zeitgenössische und später entstandene Schriftzeugnisse stützen die Aussagen des Prämonstratenserabtes über die ge-

waltige Wirkung der Flut. Um deren Ausmaß deutlich herauszustellen, werden Opferzahlen von unglaublichen 100.000 genannt, so
etwa in der Chronik des Zisterziensers Alberich von Trois-Fontaines
(† nach 1251).[74] Ist diese hohe Zahl ein weiteres Mal lediglich Stil-
mittel zur Darstellung der übergroßen Dimension der Katastrophe,
so ist unstrittig, daß die mittelbaren Folgen der Sturmflut weitere Todesopfer in Friesland forderten.[75] Das Wasser hatte das Vieh ertränkt.
Die Felder waren auf längere Zeit versalzen und die Wintersaat vernichtet. Die Erntevorräte für den Winter hatte die Flut mit sich gerissen. Hunger und Seuchen, noch heute die klassischen Begleiter bei
Überschwemmungen in der sogenannten Dritten Welt, waren nur
eine Frage der Zeit. Nach den Ausführungen Emos von Wittewierum
schlug der Allerhöchste in seinem Zorn die Küstenbewohner mit
Hungersnot und Pestilenz.[76]

Nur ein knappes Jahr später, am 4. Januar 1220, traf bereits die
nächste Sturmflut die friesische Küste. Und auch im Herbst 1248
wurden Friesland, Holland und Flandern wieder einmal von einer
Sturmflut getroffen.[77] Die in den Chroniken gezeichneten Bilder
der Katastrophe sind stereotyp: Das Meer steigt, ertränkt Mensch
und Vieh, einige können sich bisweilen auf ihren Häusern in Sicherheit bringen. Über die individuelle Auseinandersetzung mit
dem Tod von Verwandten, Freunden oder Nachbarn und dem Verlust der kompletten Habe ist den Chroniken nichts zu erfahren. Eine
gewichtige Rolle spielten zweifelsohne religiöse Formen der Bewältigung, vor allem die Beistandsbitte an Schutzpatrone gegen den
Sturm wie etwa den Apostelfürsten Petrus.

Die Strukturen der Gefahr blieben auch in den spätmittelalterlichen Jahrhunderten unverändert. Die in zahlreichen Quellen do-
kumentierte »Luciaflut«, die am Neujahrstag 1287 die Küsten Frieslands, Dänemarks, Hollands, Seelands und auch Englands
überschwemmte, forderte erneut viele Opfer. Unter der Gewalt von
Wellen und Wind brachen vielerorts die Deiche.[78]

Die »grote Mandränke« des Jahres 1362
und die Sage von der versunkenen Stadt Rungholt

Im 14. Jahrhundert riß die Reihe der Sturmfluten keineswegs ab. Vielmehr intensivierte sich ihre Folge.[79] Schätzungen zufolge versanken allein im Spätmittelalter bis zu 10.000 Quadratkilometer Land im Meer.[80] Besonders schwer traf es die Küstenbewohner am 23. November 1334. In der sogenannten »Clemensflut« zerbrachen einem zeitgenössischen Bericht zufolge die Deiche an der englischen Kanalküste und entlang der Themse.[81] Auch Flandern, Seeland, Holland und Friesland bekamen erneut die Kraft des Meeres zu spüren.[82] Ein Resultat der Clemensflut war eine deutliche Verbreiterung des Jadebusens. Auch werden die ostfriesischen Inseln nach der Katastrophe von 1334 erstmals in den Schriftzeugnissen erwähnt.[83]

Der 16. Januar, der Marcellustag, wurde zum Schicksalstag der Bewohner der Nordseeküste.[84] Wie viele Menschenleben die zweite »Marcellusflut« am 16. Januar 1362 forderte, läßt sich anhand ihrer zeitgenössischen Bezeichnung als die *grote Mandränke* erahnen. Ganze Dörfer wurden in den Fluten davongerissen.[85] Vor diesem Hintergrund entstand schon im späten Mittelalter die Sage von der versunkenen Stadt Rungholt, der der Haardesvogt von Pellworm, Detlev von Liliencron, 1882 durch sein Gedicht *Trutz Blanke Hans* ihren neuzeitlichen Auftrieb verlieh.[86] Die Sage erzählt von der Strafe des Allmächtigen für die Gottlosigkeit der Bewohner der blühenden Stadt Rungholt. Um mit Gott ihren Mutwillen zu treiben, so will es die Überlieferung, riefen einige Rungholter einen Geistlichen zur Erteilung des Abendmahles an ein Krankenbett. Der vermeintlich Sterbenskranke entpuppte sich indes als eine betrunken gemachte Sau. Nicht genug damit, nötigten die Urheber des Frevels den Priester zu einem ausschweifenden Trinkgelage. Dabei machten sie auch nicht davor halt, sich des priesterlichen Kelchs zu bedienen. Der Geistliche erwehrte sich der Zudringlichkeiten nach

Kräften, bezog jedoch reichlich Prügel, bis seine Peiniger schließlich von ihm abließen. In sein Haus zurückgekehrt, rief er Gott an, die Frevler zu bestrafen. Während er selbst begleitet von seiner Magd und drei Jungfrauen noch in der gleichen Nacht den verruchten Ort verließ, ereilte das göttliche Strafgericht die Stadt. Ein gewaltiger Sturm begann zu toben, die Deiche brachen, und das frevelhafte Rungholt versank mit all seinen Bewohnern auf ewig in den Fluten.

Tatsächlich belegt das Testament eines Hamburger Bürgers aus dem Jahre 1345 ebenso wie ein früheres bischöfliches Abgabenverzeichnis der zum Bistum Schleswig gehörenden Kirchen und Kapellen die Existenz eines Ortes namens *rungeholte*. Nach der großen *Mandränke* im Januar 1362 indes wird Rungholt nicht mehr in den Schriftquellen erwähnt. Wie viele andere Siedlungen versank die sagenumwobene Stadt in den Fluten. Archäologische Befunde aus jenen Gebieten, die der Gewalt des Meeres 1362 zum Opfer fielen, deuten auf einen florierenden Handel hin. In der Sage um das Schicksal des bisweilen als »Atlantis der Nordsee« bezeichneten Rungholt spiegelt sich unmißverständlich die kollektive Erinnerung an die Flutkatastrophe wider. Rungholt steht synonym für all jene menschlichen Ansiedlungen, die die Marcellusflut 1362 verschlang.

Welch große Flächen Land das Wasser in der Tat überspülte, zeigt sich nicht zuletzt daran, wie sich das Gesicht der Küste ein weiteres Mal veränderte: Der Dollart entstand.[87] Infolge der Flutkatastrophe kam es zu Abwanderungen der Küstenbewohner aus den betroffenen Gebieten. Die partielle Entvölkerung wirkte sich so nachhaltig aus, daß die Spuren der Zerstörung auch noch sechzig Jahre nach der Sturmflut sichtbar waren. Die Kirchenbücher veranschaulichen, daß Geistliche ihre Gemeinden verließen und die Gotteshäuser verfielen. Die Kirche von Wiefels, gelegen zwischen Wittmund und Jever, war auch im Jahre 1420 noch nicht wiedererrichtet worden. In der Sturmflut von 1374 ging weiteres Land verloren, und die Leybucht erreichte ihre größte Ausdehnung.[88] Der ostfriesische Gelehrte Ubbo Emmius (1547–1625), der erste Rektor der Universität Groningen, berichtet in seiner großen »Friesischen Geschichte« über die verheerenden Auswirkungen des Hochwassers.[89] Darin heißt es, am 9. Oktober 1374 sei eine solch große Flut gekommen, wie sie die Zeitgenossen noch nicht im Gedächtnis hätten. Die Wassermassen überfluteten weite Teile Frieslands und rissen Emmius zufolge das blühende Dorf Westela, zwei römische Meilen südlich von Norden in der Leybucht gelegen, mit sich in die Tiefe. Auch die Fortsetzung der Chronik von Tiel weiß von der Katastrophe zu berichten, verlegt das Ereignis allerdings in das Jahr 1375.[90] Doch auch nach der erneuten Katastrophe sollten die Küstenbewohner keine dauerhafte Ruhe hinter ihren Deichen finden. Schon zu Beginn des nächsten Jahrhunderts offenbarte das Meer ein weiteres Mal sein schreckliches Antlitz.

Die großen Sturmfluten des 15. Jahrhunderts

Am 19. November 1404, dem Tag der heiligen Elisabeth, wurden die englische Küste, Holland, Seeland und Flandern erneut von einer schweren Sturmflut heimgesucht. Zahlreiche zeitgenössische Chroniken schildern die große Katastrophe.[91] Die Deiche brachen, und das Wasser drang weit ins Land vor.

Schon im November 1412 ereignete sich an der Nordsee die nächste Sturmflut.[92] Der Elisabethstag indes sollte im 15. Jahrhundert für die Bewohner der Nordseeküste zu einem Schicksalstag werden. Noch zwei weitere Male, im Jahre 1421 und 1424, brachten große »Elisabethsfluten« Tod und Verderben. Sie führten zu einem enormen Wasserverlust im Mündungsgebiet des Rheins und zur weiteren Verlandung der Ijssel.[93]

Bisher war ausschließlich von Sturmflut-Katastrophen an der Nordseeküste die Rede. Tatsächlich scheint es so, als habe die Ostseeküste während der mittelalterlichen Jahrhunderte weit weniger unter den anstürmenden Fluten gelitten. Eine Erklärung liegt in der völlig unterschiedlichen Auswirkung der Windverhältnisse.[94] Stürme aus westlicher, besonders aus nordwestlicher Richtung führten unweigerlich zu einer Erhöhung des Meeresspiegels im Nordseeraum. In der Ostsee aber drückten West- und Südwestlagen das Wasser von den Küsten weg. Darüber hinaus boten die an der Ostseeküste verbreiteten Steilküsten einen natürlichen Schutz vor der verheerenden Kraft des Meeres. Die Sturmflutintensität und -häufigkeit in der Ostsee lag während der mittelalterlichen Jahrhunderte weit hinter der der Nordsee zurück. Dennoch erlebten auch die Ostseebewohner bisweilen Sturmfluten, so etwa am 17. Januar 1396.[95] So heißt es in der ersten Fortsetzung der Lübecker Detmar-Chronik, die Trave sei durch den Hochstand des Meereswassers so sehr aufgestaut worden, daß man mit Schiffen hinter die Stadtmauern habe fahren können. Rostock und Stralsund erlitten gleichfalls Schaden aus der Januar-Sturmflut am Antoniustag.

Erst im 16. Jahrhundert ändern sich die Relationen der Sturmfluthäufigkeit und -intensität in Nord- und Ostsee allmählich, um sich im 18. Jahrhundert vorrübergehend umzukehren. Zwischen 1740 und 1800 ereigneten sich an der bis dahin glimpflich davongekommenen Ostseeküste schwerste Sturmfluten. Bereits zum Ende des 15. Jahrhunderts finden sich in den Schriftzeugnissen deutliche Spuren der sich allmählich verändernden Lage. Am 15. September 1497 brach die Katastrophe herein. In Königsberg, so weiß eine Chronik zu berichten, stand das Wasser in allen Straßen und Gassen.[96] Zudem hatte die Sturmflut die Danziger Nehrung aufgerissen und große Schäden verursacht. Die Zerstörung der Danziger Deiche beschreibt der zeitgenössische Bericht des Christoph Beyer (1458–1518).[97] Darin heißt es, ein gewaltiger Sturm habe 24 Stunden lang unaufhörlich geweht. Das Seebollwerk bei Danzig sei derart zerstört worden, daß kein einziges Holz übriggeblieben sei. Die ganze Stadt wurde überflutet. Zusätzlich verschärft wurde die Situation dadurch, daß das Seewasser in die Weichsel hineindrückte,

Ubbo Emmius' Karte Ostfrieslands im 16. Jahrhundert

47

die ihrerseits großflächig über die Ufer trat. Rügenwalde, Stettin, Kolberg, Stralsund und Wismar wurden von den Fluten ebenso getroffen wie andere Städte entlang der Ostseeküste.[98]

Der verzweifelte Kampf der Küstenbewohner an Nord- und Ostsee gegen die Kraft ihres unberechenbaren Nachbarn, des Meeres, ging auch während der folgenden Jahrhunderte unermüdlich weiter. Doch bis in die jüngste Vergangenheit hinein blieb der »blanke Hans« nicht selten der Sieger.

2. KAPITEL
... zum Gedächtnis dieser großen Sintflut.
ÜBERSCHWEMMUNGEN DER FLÜSSE

Hochwasserkatastrophen des frühen Mittelalters

Wie an der Küste, so barg – und birgt noch heute, wie jüngst die Hochwasserkatastrophen im Osten Deutschlands und im Süden Frankreichs gezeigt haben – auch das Leben entlang der Flüsse seine eigenen Risiken. Spielten die Wasserläufe gerade während der mittelalterlichen Jahrhunderte als Handels-, Verkehrs- und Kommunikationswege eine bedeutende Rolle, so konnte die Quelle der Prosperität Mensch und Vieh zugleich den plötzlichen Tod bringen.[1] Nicht zuletzt aufgrund zeitgenössischer Assoziierungen mit der biblischen Sintflut zählen großflächige Überschwemmungen der Flüsse seit jeher zu den größten Naturkatastrophen.[2] Wie die Sturmfluten an den Küsten hatten Hochwasserkatastrophen im Binnenland weitreichende Folgen. Sie ertränkten nicht nur Mensch und Tier oder vernichteten Häuser und Habe. Die Wassermassen verwüsteten vielmehr die Felder, beeinträchtigen je nach Jahreszeit Aussaat oder Ernte und bereiteten so nicht selten den Boden für Hungersnöte und Seuchen. Es verging kein Jahr, in dem nicht irgendwo in Europa Flüsse über die Ufer traten und in der betroffenen Region gewaltige Schäden hervorriefen. Gründe für den starken Anstieg der Pegel waren Regenfälle unterschiedlicher Stärke und Dauer, Schneeschmelze, Eisgang oder auf Schnee fallender Regen.[3]

Monatsdarstellungen in einer karolingischen Handschrift aus Salzburg, um 810

Schon der merowingische Chronist Gregor von Tours (ca. 538–594), der wichtigste Gewährsmann für die Ereignisse des 6. Jahrhunderts, berichtet in seiner umfangreichen »Fränkischen Geschichte« häufig von folgenreichen Überschwemmungen der Flüsse. Ende September des Jahres 580 wurde die Auvergne nach zwölftägigen unablässigen Regenfällen vom Hochwasser derart heimgesucht, daß Ernte und Winteraussaat schwer beeinträchtigt wurden.[4] Gregors Ausführungen zufolge schwollen die Loire, Allier und andere der Loire zufließende Bergflüsse infolge des Dauerregens derart an, daß sie über die Ufer traten. Die Überschwemmungen richteten großen Schaden an. In den betroffenen Gebieten wurden die bestellten Äcker vernichtet, das Vieh ertränkt und die Wohnstätten zerstört. Das gleiche Szenario ereignete sich an den Flüssen Rhône und Saône. Auch hier waren die Schäden groß. Zudem unterspülten die Wassermassen die Stadtmauern von Lyon.

Doch die herbstliche Hochwasserkatastrophe beschränkte sich nicht nur auf das Frankenreich. Im Wallis überschwemmte die Rhône ebenfalls die Felder und vernichtete die Ernte, und auch in Italien wurde die Landwirtschaft durch die überbordenden Fluten geschädigt.[5]

Schon 585 führten starke Regengüsse vielerorts in Europa wieder zu Hochwasserkatastrophen. In Italien traten die Gewässer gleich einer Sintflut aus, heißt es hierüber in einer zeitgenössischen Chronik.[6] Burgund erlitt das gleiche Schicksal, und auch das Frankenreich bekam ein weiteres Mal binnen kurzer Zeit die vernichtende Kraft des Wassers zu spüren.[7] Weitere Überschwemmungen von regionaler Dimension folgten in den nächsten Jahren. Schon 587 litt die Bevölkerung des Frankenreiches abermals unter dem Hochwasser der Flüsse.[8] Im April 589, unmittelbar nach dem Osterfest, fiel der Schilderung Gregors von Tours zufolge ein derart gewaltiger und mit Hagel vermischter Regen, daß innerhalb sich innerhalb weniger Stunden selbst kleinere Bäche in reißende Ströme verwandelten. Im Herbst kam es erneut zu Überschwemmungen zahlreicher Flüsse mit den bereits bekannten Schäden für die Saat. In Rom war der Tiber über die Ufer getreten. Das ungestüme Wasser brachte nicht nur antike Tempel zum Einsturz, es vernichtete mit langfristigen Folgen auch kirchliche Vorratshäuser. In diesen aber lagerten tausende Scheffel Weizen. Damit stand den Bewohnern der Ewigen Stadt eine schwere Hungersnot bevor. Im Frankenreich wurde auch in den beiden Folgejahren die Ernte durch neuerliche Überschwemmungen stark beeinträchtigt. Das Heu, so weiß Gregor von Tours zu berichten, verfaulte nach starken Regengüssen und anschließendem Hochwasser auf den Feldern.

Für die Jahre zwischen 607 und 615 nennt der *Liber pontificalis* die klassische Katastrophentrias in einem Satz, die sich in diesem Zusammenspiel bis weit in die frühe Neuzeit hinein wiederholen sollte: »Zu dieser Zeit waren Hungersnöte, Seuchen und sehr schwerwiegende Überschwemmungen der Gewässer.«[9] Bis um das Jahr 800 die Frequenz der Hochwasserkatastrophen wieder dramatisch anstieg, scheinen die Menschen des 7. und 8. Jahrhunderts seltener von Überschwemmungen betroffen gewesen zu sein. Ein Befund, der sich angesichts der Überlieferungssituation für diese Zeit allerdings relativiert.

… und eine Überschwemmung der Gewässer schlug in diesem Winter das Menschengeschlecht.[10] Hochmittelalterliche Hochwasserkatastrophen

Bald nach dem Beginn des 9. Jahrhunderts häufen sich abermals Nachrichten über verheerende Überschwemmungen. Im Jahre 815 trat der Rhein so stark wie lange nicht mehr über die Ufer.[11] Die karolingischen Herrscher reagierten – wie das bereits erwähnte Beispiele der Anordnung zu einem lokalen Deichbauprojekt an der Loire aus dem Jahre 821 zeigt – durchaus auf das Problem der stetigen Bedrohung durch Hochwasser.[12] Allerdings erreichte die Anlage solcher Uferbefestigungen, deren Unterhalt und Ausbau vor allem in den Aufgabenbereich der flußanliegenden Gemeinwesen fiel, zu keiner Zeit übergeordneten Organisationscharakter wie im Falle der Deichbaugemeinschaften an den Küsten.[13] Die Betonung eigener Interessen verhinderte Zusammenarbeit mit benachbarten Städten oder Dörfern und damit gemeinschaftliche Wege zu einer Regulierung der Wasserläufe.

Nach der Mitte des 9. Jahrhunderts kam es nahezu in jedem Jahr zu größeren regionalen Überschwemmungen. Im Jahre 858 verursachte das Hochwasser der Weser laut den Annalen des Klosters Corvey große Schäden.[14] Im Mai des gleichen Jahres fiel in Lüttich soviel Regen, daß der nunmehr reißenden Maas selbst steinerne Häuser und Mauern nicht mehr standhielten.[15] Ganze Gebäude wurde nach dem Bericht des Bischofs Prudentius von Troyes mitsamt ihren Bewohnern von den Wassermassen fortgespült. Selbst die Kirche des heiligen Lambert, so betont der Chronist, fiel der Flut zum Opfer. Am 26. Oktober 859 stand Rom ein weiteres Mal unter Wasser.[16] Der Tiber hatte sein Bett verlassen. Das Hochwasser überflutete das Kloster des heiligen Silvester derart, daß von den Stufen, die zur Kapelle des seligen Dionysius emporführten, nur noch die oberste zu sehen war. Der Verfasser des Berichts verwendet das Beispiel dieser seiner Leserschaft vertrauten Örtlichkeit, um das volle Ausmaß der Katastrophe zu veranschaulichen. Vom St. Silvester-Kloster aus bahnten sich die Wassermassen ihren Weg durch die Stadt, überschwemmten Straßen, Kirchen, Klöster und Wohngebäude. Schließlich sorgten die städtischen, seit der Antike bestehenden Kloaken für Entlastung in der Stadt. Über sie floß das Hochwasser allmählich ab, bis der Fluß in sein natürliches Bett zurückgekehrt war. Die Folgen der Flut waren wie immer verheerend. Häuser und Mauern waren eingestürzt, die Äcker vernichtet. Die Saat war weggeschwemmt worden und Bäume entwurzelt. Die Römer hatten kaum Zeit, die gröbsten Schäden zu beheben, da überfluteten die Wasser des Tiber am 27. Dezember des gleichen Jahres ein weiteres Mal die Ewige Stadt.

Die Liste der durch Hochwasser in den Flüssen ausgelösten Überschwemmungen im mittelalterlichen Europa ist außerordentlich lang und ließe sich entsprechend fortsetzen. Die Uferbefestigungen boten den Ansiedlungen entlang der Wasserläufe zu keiner Zeit ausreichenden Schutz gegen die Kraft des Hochwassers. Auch die existenzbedrohenden Konsequenzen der Katastrophe blieben stets gleich. Auf die Flut folgten Hunger und Seuchen.

Keineswegs alle Hochwasserkatastrophen ereigneten sich in den Herbst- und Wintermonaten als Folge der zu dieser Jahreszeit in der Regel höheren Niederschläge oder des Einsetzens der Schneeschmelze. Auch im Sommer konnten die Flüsse bei entsprechenden Witterungsbedingungen durchaus über die Ufer treten. Am 3. Juli 875 litt das untere Maingebiet unter starken Überschwemmungen.[17] Im Mai, Juni und Juli des Jahres 886 regnete es nach den Ausführungen der Annalen von Fulda so dauerhaft und heftig, daß sich keiner der Zeitgenossen an derartige Wetterverhältnisse habe erinnern können. Die Flüsse stiegen bedrohlich an, traten über ihre Ufer und schädigten die Feldfrüchte. Besonders heftig äußerte sich das Hochwasser entlang des Rheins, doch auch der Po in Italien vernichtete Flachs, Heu und Getreide.

Auch das Jahr 1195 war insgesamt außergewöhnlich regenreich.[18] So kam es vielerorts in Europa während der Sommermonate zu Überschwemmungen.[19] Die Donau überflutete zahlreiche Ortschaften. Viele Menschen ertranken. Wie zur Strafe, so betont der Verfasser einer zeitgenössischen Chronik, habe sich dieses ereignet.[20] Die Katastrophe als Ausdruck göttlichen Zorns: ein Motiv, das von den vornehmlich geistlichen Verfassern erzählender Quellen des Mittelalters immer wieder herausgestellt wird. Überschwemmungen während der Sommermonate wirkten in der Folge ebenso katastrophal nach wie jene zu anderen Jahreszeiten. Im Sommer vernichteten die Fluten nicht die Saat, sondern die reife Ernte. Monate der Mühe waren umsonst, die Sorge um das tägliche Brot für den kommenden Winter begann.

Ein Jahrtausendereignis –
Die Hochwasserkatastrophe des Jahres 1342

Die größte mittelalterliche Hochwasserkatastrophe brach im Jahre 1342 über Europa herein.[21] Zahlreiche Zeugnisse belegen den schicksalhaften Verlauf der Ereignisse, die im Februar des nämlichen Jahres ihren Anfang nahmen. Bereits die Schneeschmelze führte nach einem keineswegs außergewöhnlichen Winter entlang der Flüsse vielerorts zu ersten Überschwemmungen. Im Westen Frankreichs machte sich die Katastrophe ebenso bemerkbar wie in Sachsen und Böhmen. So bemerkten die *Annales Vindocinenses*, das Wasser sei um den 10. Februar 1342 bei Vendôme so gestiegen, daß alle Brüder des Klosters versicherten, es habe fünf Fuß hoch gestanden.[22] Auch die Normandie wurde von Überschwemmungen schwer heimgesucht.[23] Am 6. Februar überfluteten die Wasser der Seine die Stadt Rouen. Bis zum 24. Februar dauerte das Hochwasser an. Die Wege über Land waren unpassierbar geworden, und so fuhren die Menschen bis an das Tor der Hunfredus-Brücke mit Booten. Bereits am 2. Februar waren die Brücken in Dresden und Prag unter dem Druck des Wassers zusammengebrochen.[24] Die Chronik des Domherren Franz von Prag schildert, daß die Moldau die ganze Stadt überschwemmte und das Hochwasser viele Schäden verursachte.[25] So verloren die Stadtbewohner eine große Menge an Bauholz, das die Fluten davontrieben. Der Interpretation des Chronisten zufolge wurde das Hochwasser durch das unheilvolle Zusammentreffen von Schneeschmelze und ergiebigen Regenfällen verursacht. Durch die Dicke des Eises und die Wucht des Aufpralls auf die steinernen Brückenpfeiler seien diese an mehreren Stellen zerbrochen. Nur ein Drittel der Brücke, so der Geschichtsschreiber, blieb in den Fluten stehen. Mühlen und Wehre entlang des Flußlaufes wurden vollständig zerstört. Doch nicht nur das große Prag, auch viele kleinere Orte an der entfesselten Moldau zollten dem Hochwasser einen hohen Tribut. Viele Menschen und

Tiere, so fährt der Chronist fort, seien in den reißenden Fluten ertrunken.

Zur gleichen Zeit war auch der Pegel der Donau auf eine Höchstmarke gestiegen. Der Lindauer Franziskaner und Chronist Johann von Winterthur führt an, daß die Schneeschmelze den Fluß über eine Meile in der Breite über die Ufer treten ließ. Der Gewalt der Wassermassen hielt nichts stand, zahlreiche Menschen ertranken. Die Felder wurden überschwemmt. Auch die Lagunenstadt Venedig bekam die Ausläufer der mitteleuropäischen Hochwasserkatastrophe zu spüren. Johann von Winterthur berichtet, das Meer sei derart angestiegen, daß es scheinbar die gesamte Stadt verschlungen habe.[26] Auch der Prager Chronist erwähnt die Überflutung Venedigs und fügt hinzu, alle Zisternen seien mit dem Meerwasser vollgelaufen.[27] Ein in seinen Auswirkungen kaum abzuschätzender Schaden, denn das Nutz- und Trinkwasser war damit unbrauchbar geworden.

Wohl keiner der Zeitgenossen ahnte, daß die schweren Überschwemmungen im Februar lediglich das Vorspiel zu einer noch weit größeren Hochwasserkatastrophe im Sommer desselben Jahres sein sollten. Anhaltende Regengüsse zwischen Ende Juli und Anfang August führten zu einer so gewaltigen Flut, wie sie seither nie wieder in Europa aufgetreten ist. Rüdiger Glaser errechnete, daß in jenem Sommer in der Region um Frankfurt am Main innerhalb von nur acht Tagen die gesamte Menge der heute in einem ganzen Jahr üblichen Niederschlagsmenge gefallen sein muß.[28] Die Niederschläge scheinen in ganz Europa mit gleicher Intensität vorgekommen zu sein.

In diesem Sommer, so heißt es in der zeitgenössischen *Vita Clementis VI.*, habe es eine so große Überschwemmung aller Gewässer des Erdkreises gegeben, die nicht durch Regengüsse allein entstanden sein könne.[29] Vielmehr habe es geschienen, als sei das Wasser überall hervorgesprudelt, selbst aus den Gipfeln der Berge. Der Eindruck der enormen Wassermassen, so läßt sich aus der Beschreibung schließen, muß die Zeitgenossen in der Tat an das Szenario der biblischen Sintflut erinnert haben. Selbst dort, wo es gemeinhin ungewöhnlich war, daß Hochwasser den Boden bedeckte, war dieses laut dem Bericht des Verfassers nun geschehen. In Avignon konnten die Menschen nur noch mit Booten von einem Ort zum anderen gelangen. Auch in der Rheinmetropole Köln war Fortbewegung nur noch über das Wasser möglich. Brücken und Türme, die die Wassermassen schwer in Mitleidenschaft gezogen hatten, stürzten in sich zusammen. Am 19. Juli stand auch Nürnberg unter Wasser.[30] Nicht besser erging es beispielsweise Kassel, Frankfurt am Main, Würzburg, Straubing, Hannover oder Minden, Halle an der Saale, Meißen, Erfurt oder dem sächsischen Colditz. Allerorts verließen die Flüsse und Bäche ihr natürliches Bett, setzten die Umgegend großflächig unter Wasser und zerstörten Brücken.

Der Dominikaner Heinrich von Herford beschreibt als Augenzeuge das Ausmaß der Überflutungen in seiner Heimatstadt Minden.[31] Die Wasser der Weser seien bis zum Dom und dem Marktplatz emporgestiegen, schildert er. Die von langanhaltenden Regenfällen verursachten Überschwemmungen in der Mitte des Sommers bedeuteten aber nicht nur eine Katastrophe für die Ernte und damit bevorstehenden Hunger. Sie wirkten sich, wie das Beispiel Minden zeigt, zugleich höchst abträglich auf die hygienische Situation in der Stadt aus. Den Worten des Chronisten zufolge, trieben in den Fluten der Weser neben allerlei Hausrat auch Schweine, Rinder, Schafe und Pferde. Nicht genug damit, richtete das Wasser beträchtlichen Schaden auf den innerstädtischen Kirchhöfen an. Auf dem neuen Friedhof des nahegelegenen Lemgo, so weiß Heinrich seinen Bericht beispielhaft zu unterstreichen, wurde gar der Kadaver eines Mannes von den Wassermassen mitgerissen. Angesichts solcher Zustände erscheint es nicht verwunderlich, daß sich Infektionskrankheiten in den von Überschwemmungen betroffenen Städten ausbreiten konnten.

Überhaupt waren die Folgen des Jahrtausendhochwassers verheerend. Bis zu 14 Meter tiefe Schluchten hatte die Flut in den Boden gerissen.[32] Die Ernte war vollkommen vernichtet worden und die nächste Hungersnot unabwendbar. Die Erinnerung an die große Katastrophe bewahrte sich in vielerlei Gestalt. An einem Strebepfeiler der St. Blasius-Kirche in Hannoversch Münden findet sich in 152 cm Höhe eine beredte Hochwassermarke.[33] Bis zu dieser Höhe war das Wasser am 24. Juli des Jahres 1342 gestiegen. Und auch am Hof zum Goldenen Löwen in der Würzburger Dominikanergasse fand sich ein dauerndes Zeugnis der großen Flut.[34] Die Gedenktafel vermerkt, der Main habe oberhalb der Stufen des Domes die steinernen Statuten umspült.

Spätmittelalterliche Hochwasserkatastrophen

So schwer und nachhaltig wie 1342 wurden die europäischen Landschaften und Städte nie wieder von einer Hochwasserkatastrophe heimgesucht. Die Kette der in dichten Abständen auftretenden Überflutungen riß indes nicht ab. Auch die Städte waren vor dem plötzlichen Auftreten des Hochwassers keineswegs sicher. Im Jahre 1445 etwa stieg die Pegnitz in Nürnberg derart weit über die Ufer, daß selbst die Kranken des Heilig-Geist-Hospitals das gefährdete Gebäude vorübergehend verlassen mußten.[35]

Beschreiben die erzählenden Quellen, die Annalen und Chroniken, die Ereignisse und Auswirkungen von Hochwasserkatastrophen, so geben sie in aller Regel wenig Aufschluß über Maßnahmen der Obrigkeiten zur Eindämmung des Übels oder Behebung der verursachten Schäden. Einblick in die Reaktionen der Stadtväter erlauben Eintragungen in den Rechnungsbüchern. Als Mitte August 1379 ein Hochwasser der Isar die Brücke bedrohte, zahlte der Münchener Rat den Flößern und Fischern 12 Schillinge dafür, daß sie die einsturzgefährdete Überquerungshilfe räumten.[36] Die Isarbrücke wurde bei Überschwemmungen häufig in Mit-

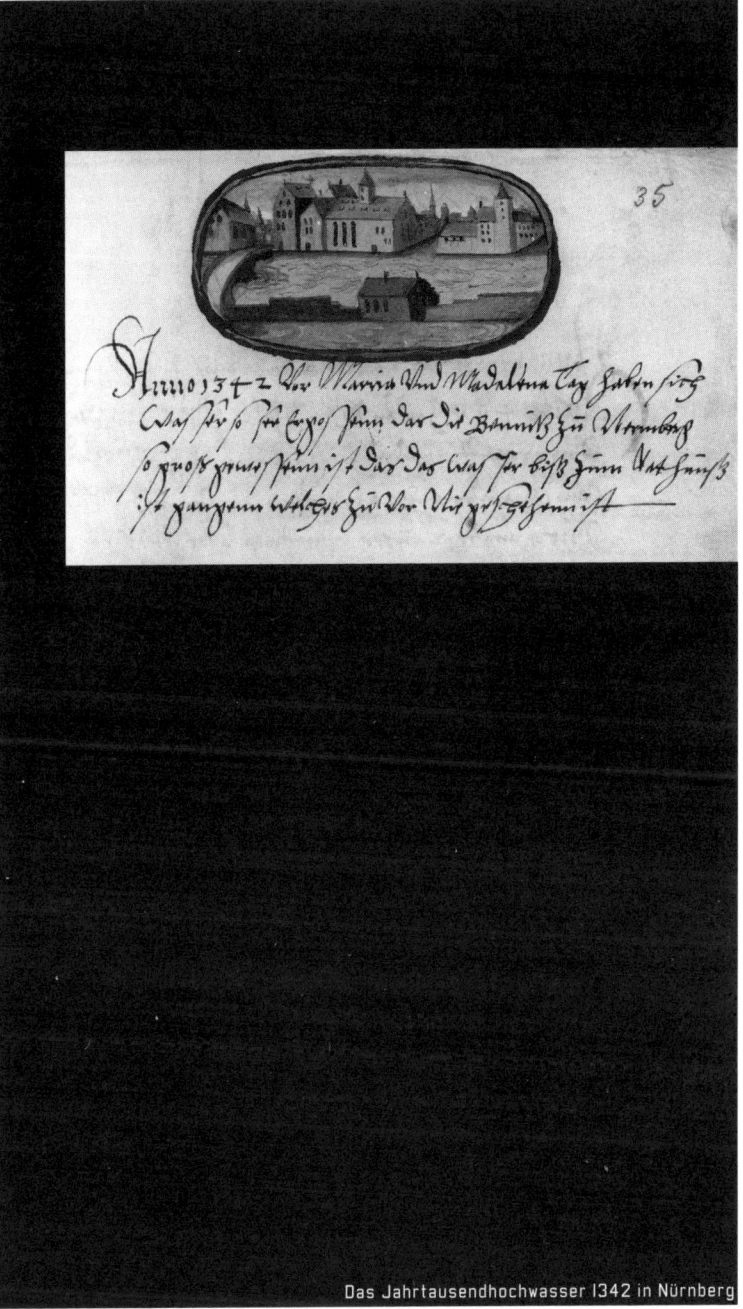

Das Jahrtausendhochwasser 1342 in Nürnberg

leidenschaft gezogen. Die städtischen Obrigkeiten sorgten sich aber stets um ihren schnellen Wiederaufbau oder die nötigen Reparaturarbeiten. So verzeichnet das Rechnungsbuch im Juni 1405 Lohnzahlungen für die Knechte, die das Holz zur Erneuerung der weggespülten Isarbrücke lieferten.[37] Daneben finden sich Ausgaben für zwei Seile sowie für die Verpflegung der Arbeitskräfte. Anscheinend reagierten die Münchener Stadtväter jedoch nicht immer erst, nachdem ihre Brücke von den Wassermassen zerstört worden war. Als zu Pfingsten des Jahres 1457, dem 5. Juni, die Brücke abermals drohte, im Isarhochwasser zerstört zu werden, koordinierte man offenbar spontane Maßnahmen zur Rettung derselben.[38] Es gelang dieses Mal, die Brücke ausreichend zu sichern. Alle Helfer erhielten Zahlungen aus der Stadtkasse. Dennoch scheint die Brückenkonstruktion auch dieses Mal das Hochwasser nicht gänzlich unbeschadet überstanden zu haben. Immerhin erfolgte am 10. August 1457 eine Lohnzahlung für Reparaturarbeiten.

Im Sommer 1485 traf das Hochwasser die Münchener besonders hart.[39] Am 21. Juni begannen die Arbeiten der Zimmerleute zur Beseitigung der Hochwasserschäden. Diese müssen beachtlich gewesen sein, denn der Stadtzimmermann Jakob rechnet nicht nur den Lohn für 19 Knechte, sondern zusätzlich noch Sonntagslohn an. Die Arbeiten drängten demnach. Zugleich wurden die Wachen an der Isar verstärkt. Die bedrohliche Situation am Fluß hielt die Menschen offenbar über Wochen in Atem. Am 8. Juli 1485 scheint sich die Lage erneut verschärft zu haben, so daß selbst der Herzog Sigismund seine eigenen Wagenknechte für Fuhrleistungen zur Verfügung stellte. Bis zum 21. August, also rund zwei Monate, befaßten sich die Stadtväter mit der Koordinierung von Arbeiten zur Sicherung der Ufer, der Brücke und der Wehre. Am 24. Juli zahlte der Rat dem Floßmann Bertel 12 Schillinge dafür, daß er mit seinen Gesellen das Isarufer bis nach Föhring nach Hochwasserschäden absuchte.

Die Münchener Stadtrechnungen offenbaren zugleich die Möglichkeiten spätmittelalterlicher Gemeinwesen in der Auseinandersetzung mit Hochwasserkatastrophen. Schadensbegrenzung durch schnelles Eingreifen zur Sicherung der Wasserbauten gehörte ebenso zum Konzept wie die rasche Beseitigung der entstandenen Schäden und die Einsetzung von Wachen zur Warnung vor weiterem Anstieg der Pegel. Doch so sehr sich die spätmittelalterlichen Städte der Bedrohung durch Hochwasser im Einzelfall auch entgegengestemmt haben mögen, verhindern konnten auch sie die Katastrophe nicht.

Brand nach einem Gewitter am 29. Dezember 1555 im sächsischen Altenburg

3. KAPITEL

Da kam ein groß ungestüm Wetter.

ZERSTÖRUNGEN DURCH UNWETTER

Regen, Wind und Donnerschlag

Untrennbar verbunden mit Sturmfluten und Überschwemmungen sind Unwetter. Sie stehen in der Ereigniskette der Katastrophen zumeist am Anfang. Immer wieder reichte jedoch auch ihre alleinige Gewalt dazu aus, schwere Verwüstungen anzurichten. Sturmwind, wolkenbruchartige Regengüsse und Hagelschläge vernichteten die Feldfrüchte und verursachten Schäden an Wald und Flur. Sie beschädigten Kirchen und Häuser. Blitzschläge trafen nicht nur einzelne Gebäude, sie lösten mitunter großflächige Brandkatastrophen aus. Wenn ein Dachstuhl durch den Einschlag erst einmal Feuer gefangen hatten, griff der Brand angesichts der engen städtischen Bebauung und der Bauweise mittelalterlicher Häuser schnell auf die Nachbargebäude über. Im Rahmen seiner tausend Jahre umfassenden Klimageschichte konnte Rüdiger Glaser jüngst konstatieren, daß Gewitter mit 46 Prozent den größten Anteil an gesamten Unwettergeschehen ausmachten und zugleich die größte Zahl an Schäden verursachten.[1]

Glasers weitgespannte Auswertung des mittelalterlichen Quellenmaterials hat eine besondere Häufung der Orkanereignisse um das Jahr 1125 konstatieren können, die während des 13. und 14. Jahrhunderts allmählich abnahm. Ihren Tiefstand erreicht die Häufigkeitskurve im Jahre 1400, um bedingt durch die Klimaver-schlechterung der sogenannten Kleinen Eiszeit sofort danach steil anzusteigen. »Der Verlauf der Stürme und Orkane in Mitteleuropa«, so stellt Glaser resümierend fest, sei in vielen Fällen »mit mittel-fristigen Umstellungen der klimatischen Entwicklung im Winter-halbjahr« zusammengefallen. Welche Auswirkungen hatten diese Unwetterkatastrophen auf die Lebenswelt mittelalterlicher Men-schen? Wie reagierten diese angesichts der Schäden und wie inter-pretierten sie die Ereignisse?

Unwetter im frühen Mittelalter

Schon die frühmittelalterlichen Chronisten vermerkten das Auf-treten von Gewittern, Hagelschauern und Stürmen sowie die von ihnen verursachten Schäden. Wie beeindruckend solche Wetter-phänomene im Alltag gewesen sein müssen und wie sie von den Zeitgenossen des 6. Jahrhunderts verstanden wurden, läßt sich un-schwer an den Ausführungen des Bischofs Gregor von Tours er-kennen. Der Kirchenmann liefert zumeist keine realen frühmit-telalterlichen Wetterberichte. Vielmehr bedient er sich der Unwetter als Erzählmotiv, um Gottes unmittelbares Eingreifen in die Hand-lungen der Menschen metaphorisch aufzuzeigen.

So läßt der Chronist den Zorn des Allmächtigen in einem schwe-ren Gewitter zum Ausdruck kommen, das 537 einen Bruderkrieg zwischen den Chlodwig-Söhnen Childebert I. († 558) und Chlo-thar I. († 561) verhindert.[2] Gregors Ausführungen zufolge rüsteten sich Childebert und sein Neffe Theudebert zur Schlacht gegen Chlothar. Da dieser nach eigenem Ermessen nichts gegen die über-große Streitmacht auszurichten vermochte, floh er in den Wald und vertraute statt dessen – wie der Chronist hervorhebt – auf die Gnade Gottes. Chrodechilde, die Mutter der Streitenden, zog sich zum Gebet an das Grab des heiligen Martin nach Tours zurück, wo sie die ganze Nacht verharrte und den Allmächtigen um Verhinderung des Krieges anflehte. Die Gebete wurden erhört. Am folgenden Morgen, so weiß Gregor von Tours zu berichten, erhob sich ein gewaltiger Sturm, warf die Zelte der Belagerer um, zerstreute all ihre Ausrüstung und wirbelte alles durcheinander. Donner grollte und Blitze zuckten. Nicht genug damit, fielen vom Himmel auch noch Steine auf die Streitenden herab. Die Pferde flohen in Panik. Die Kämpfer fielen zu Boden und vermochten sich mit ihren Schilden nur unzureichend gegen die Wucht der niederprasselnden Steine zu schützen. Am meisten fürchteten sie sich jedoch, so der Chronist, von den himmlischen Blitzen getroffen zu werden. Dann war der Wetterspuk vorbei. Alle jene aber, die von den Steinen getroffen worden waren, taten nach den Worten des Geschichtsschreibers Buße und baten Gott um Vergebung. Ein metaphorischer, gänzlich fiktiver Unwetterbericht, in dem sich zwischen den Zeilen dennoch frühmittelalterliche Wahrnehmung und Vorstellung des realen Wettergeschehens plastisch widerspiegelt.

Unwetter und vor allem Blitzschlag sind in den Schilderungen des Bischofs von Tours vor allem Gottes Strafinstrumente. Gregors Berichte dienten der hohen moralischen Belehrung, nicht der Rekonstruktion realer Wetterverhältnisse. Besonders deutlich wird dieser Aspekt im Rahmen seiner Ausführungen über die Witterung des Jahres 591.[3] In einem »Von der Witterung in diesem Jahr« überschriebenen Kapitel erwähnt er eingangs den Ausbruch einer Seuche in Westfrankreich im April, die sich durch Hinwendung zu einem gottgefälligen Leben jedoch alsbald wieder legte. Bet- und Fasttage, Kasteiungen und Almosenspenden besänftigten den göttlichen Zorn. Bald darauf, so erzählt Gregor, zeigte der Allmächtige abermals seinen Unmut. In Limoges hatten einige durch öffentliche Arbeit am Sonntag den Tag des Herrn entweiht. Die Strafe folgte auf dem Fuße. Noch am nämlichen Tage wurden die Frevler vom Blitz getroffen. Gregor betont zur Erklärung, der Sonntag sei nach der Schöpfung und vor allem als Tag der Auferstehung des Herrn heilig. Er müsse deshalb mit aller Gewissenhaftigkeit von den

Christen begangen werden, was die Verrichtung von Arbeit ausschließe. Zuwiderhandlungen gegen die heilige Sonntagsruhe gab es jedoch ebenso im Gebiet von Tours. In diesem Falle ließ Gottes Strafe ein wenig länger auf sich warten. Die Missetäter wurden vom Blitz erschlagen. Dies geschah, wie sich Gregor beeilt anzufügen, allerdings nicht am Sonntag.

Welche Schäden tatsächlich auftretende Unwetter in der Lebenswelt des Frühmittelalters anrichteten und welche Folgen diese für die Zeitgenossen im Alltag bedeuteten, läßt sich im Spiegel von Gregors »Fränkischer Geschichte« weniger detailliert erkennen. Seine diesbezüglichen Ausführungen sind weitaus knapper gehalten als die Schilderungen wunderbarer Begebenheiten. So heißt es etwa zu den Witterungsbedingungen des Jahres 590 lakonisch, es sei viel Regen gefallen.[4] Ferner habe es im Herbst heftige Gewitter und Hochwasser gegeben. Den schlechten Wetterverhältnissen folgten wie so oft der Hunger und in den Städten Viviers und Avignon ein weiteres Mal die Pest.

Hochmittelalterliche Unwetterschilderungen

Die zumeist knappen Unwetterschilderungen in den Schriftzeugnissen des 9. Jahrhunderts geben in ihrer Art kaum mehr Aufschluß über die Konsequenzen, die Stürme und Gewitter zeitigten. Die Reichsannalen berichten von einem gewaltigen Sturm, der sich Ende des Monats Juni 824 plötzlich erhob.[5] Begleitet wurde der orkanartige Wind von einem Hagelschauer mit ungewöhnlich großen Körnern. Der Geschichtsschreiber spricht gar davon, ein großes Stück Eis sei dazwischen herabgefallen, das fünfzehn Fuß an Länge, zehn an Breite und zwei an Dicke gemessen habe. Den Hildesheimer Annalen zufolge ereignete sich am 2. November 839 ein so gewaltiger Sturm, daß viele Häuser zerstört und große Schäden angerichtet wurden.[6] Dennoch scheinen die Auswirkungen auf die Landwirtschaft nicht allzu folgenreich gewesen zu sein. Kein zeitgenössisches Zeugnis erwähnt eine Hungersnot im Winter oder dem nachfolgenden Jahr. Erst 843 ist eine Nahrungsmittelknappheit wieder in den Quellen belegt.[7]

Bis zur Jahrtausendwende finden sich immer wieder vereinzelte Nachrichten über das Auftreten von Unwettern. Dem Bericht Adalberts in seiner Fortsetzung der Chronik Reginos von Prüm zufolge brachte ein heftiger Sturm die Kirche des Trierer Klosters St. Maximin zum Einsturz.[8] Nach dem Jahre 1000 häufen sich in den Quellen die Hinweise auf verheerende Gewitter, Hagelschauer und Orkane. Rüdiger Glaser hat zwei hochmittelalterliche Phasen verstärkter Unwetteraktivitäten nachgewiesen.[9] Die erste erreichte ihren Höhenpunkt um 1020. Die zweite erstreckte sich von 1120 bis 1225 mit deutlichen Steigerungen der Unwetterfrequenz um 1150 und 1225.

In diesen Befund fügt sich der Bericht Thietmars von Merseburg ein, der für den Februar 1016 von einem großen Unwetter mit Blitz, Donner und Sturm spricht.[10] Am 10. Februar sei durch diese Wetterkatastrophe vielerorts großer Schaden entstanden. Orkan und Gewitter zerstörten die Häuser. Zahlreiche Menschen kamen ums Leben, andere wurden durch Trümmer lebensgefährlich verletzt. Besonders schwere Schäden richtete der Sturm auch in den Wäldern an. Überall seien Bäume gefallen und entwurzelt worden, führt Thietmar beredt aus.

Ein Jahrhundert später berichtet Cosmas von Prag in seiner böhmischen Chronik von der verheerenden Wirkung eines Sturmes im Sommer 1119.[11] In den Abendstunden des 30. Juli begann der Orkan heftig zu toben. Der Sturm oder, wie Cosmas betont, »vielmehr der Satan selbst« richtete aus südlicher Richtung wehend große Schäden an der Burg Wissegrad an, deren Mauern unter der Kraft des Windes zusammenstürzten. Die Wirkung des Sturmwindes auf das Gebäude erstaunte den Chronisten am meisten. So betont er, das Sonderbarste sei gewesen, daß der vordere und hintere Teil des Palastes völlig unversehrt blieben, der Mittelteil jedoch voll-

kommen vernichtet wurde. Dabei seien die hölzernen Balken von
der Gewalt des Sturmes so schnell zerbrochen und zerstreut worden
wie ein Span. Die Zerstörungen blieben indes nicht allein auf den
Palast oder auf Gebäude beschränkt. Wie schon im Bericht Thietmars von Merseburg wurde auch 1119 der Wald stark in Mitleidenschaft gezogen. Freistehende Bäume auf den Feldern wurden entwurzelt. Inwieweit sich das Unwettergeschehen neben den Schäden
an Wald und Flur möglicherweise direkt auf die kommende Ernte
auswirkte, zeigen die chronikalischen Schilderungen mancher
Zeitgenossen, die im Jahre 1120 vielerorts eine Hungersnot erwähnen.[12]

Ulm wurde 1144 von sintflutartigen Regenfällen schwer geschädigt.[13] Die Annalen von Pöhlde berichten, 1158 habe ein furcht-
barer Wirbelwind zahllose Bäume entwurzelt und Kirchen, Häuser sowie andere Gebäude zerstört.[14] Folge des Sturmes oder besser
dessen Begleiterscheinung war offenbar eine Überschwemmung
der Flüsse, die Mensch und Vieh das Leben kostete.

Im Jahre 1184 griff nach den beredten Schilderungen des Abtes
Otto von St. Blasien ein Sturm sogar in den Ablauf der politischen
Geschäfte ein.[15] Kaiser Friedrich I. hatte zu Pfingsten zu einem
Reichstag nach Mainz geladen. Seine Söhne Heinrich und der
Schwabenherzog Friedrich sollten bei dieser Gelegenheit feierlich
mit dem Schwert umgürtet und mit den Waffen geziert werden.
Fürsten des ganzen Reiches, so sagt Otto, sollten zu diesem Ereignis
zusammentreffen; »Franken, Deutsche, Italiener, von Illyrien bis
Spanien versammelt«, heißt es in dem Bericht. Auch aus anderen
Gegenden seien Vornehme und andere Menschen nach Mainz zu-
sammengeströmt. Die Stadt bereitete sich auf das Großereignis vor.
Auf dem Feld war eine hölzerne Pfalz errichtet worden, die Fürsten
wurden in hölzernen Häusern einquartiert. Die weniger vornehmen Besucher des Reichstages mußten mit Zelten vorliebnehmen.
In der Nacht vor Pfingsten brach jedoch von Westen ein so gewaltiger Sturm los, das die hölzerne Kaiserpfalz wie auch die angebaute

Kirche und viele andere der Gebäude völlig zerstört wurden. Zweifel und Schrecken erfaßte die Besucher, die beinahe den Ort fliehend verlassen hätten. Anscheinend ging das Unwetter trotz der Schäden glimpflich ab. Zwar werteten »die Verständigen« das Unwetter als schlechtes Zeichen für die bevorstehenden Handlungen, doch fanden diese in den kommenden Tagen trotzdem statt. Die Söhne des Kaisers nahmen den Rittergürtel, nachdem ihnen zuvor die Waffen feierlich übergeben worden waren.

Auch nach der Wende zum 13. Jahrhundert blieb das durch Stürme angerichtete Bild unverändert. Im Jahre 1224 etwa, so wissen zahlreiche Chroniken zu berichten, habe ein heftiger Sturm die Körner aus den Ähren herausgeschüttelt.[16] Die Kölner Königschronik erwähnt, der Winter des Jahres 1227 sei ungewöhnlich regenreich gewesen.[17] Im Dezember entwurzelte ein Sturm zahlreiche Bäume und zerstörte die Häuser. Keiner der hochmittelalterlichen Chronisten erwähnt die Reaktionen der Menschen angesichts von Zerstörung und existentieller Bedrohung durch Unwetter. Läßt sich das Ausmaß der Schäden zumindest andeutungsweise ermitteln, bleiben dessen konkrete Auswirkungen nicht selten völlig im Dunkeln. Erst im späten Mittelalter werden vereinzelt Reaktionsformen in ihren Konturen erkennbar.

Zwischen Hexen und Gewitterleuten. Unwetter in der spätmittelalterlichen Lebenswelt

Verminderte sich die Sturmfrequenz zwischen 1200 und 1400 mit einem kurzzeitigen Ansteigen kurz um 1270, so blieb das Schadensbild bei jedem Auftreten eines Unwetters ähnlich. Im Januar 1264 erhob sich dem Bericht Hermanns von Altaich zufolge ein so schwerer Sturm, daß wieder einmal zahlreiche Bäume in den Wäldern umstürzten und Häuser zerstört wurden.[18] Von Blitz und Gewitter berichten auch die Annalen von Colmar im Februar 1288.[19] Doch lassen insbesondere die Zeugnisse des 15. Jahrhunderts den von Glaser festgestellten drastischen Anstieg der Sturmhäufigkeit erkennen. Seit 1420, besonders aber seit der Mitte des Jahrhunderts verging etwa in München kaum ein Jahr ohne Sturm.[20] Zu dieser Zeit beauftragte der Rat der wittelsbachischen Residenzstadt die Fronboten bereits damit, die Bevölkerung vor Sturm und anderen Unwettern zu warnen. In der Woche vor dem Palmsonntag des Jahres 1421, dem 9. bis 15. März, zahlte die städtische Kasse den Lohn dafür, *von den vyr winden zu ruffen.*[21] Eine ähnliche Praxis, die Entwicklung der Wetterlage zu beobachten, um notfalls die Bevölkerung warnen zu können, läßt sich auch andernorts belegen. Im rheinischen Andernach etwa wurden die Menschen von den sogenannten »Gewitterleuten« durch das Läuten der Glocken deutlich vernehmbar vor der möglicherweise hereinbrechenden Katastrophe gewarnt.[22] Wie in München, sind auch in den Rechnungsbüchern von Andernach Zahlungen an die Gewitterwächter erwähnt. Das Frühjahr 1461 scheint in der wittelsbachischen Stadt besonders sturmreich gewesen zu sein. Nach einer Sturmwarnung durch die Ausrufer Ende Januar schließen sich weitere am 15. Februar, drei weitere am 28. Februar und wiederum drei weitere im März an. Auch der Winter wurde stürmisch. Fünf Sturmwarnungen verzeichnet das Rechnungsbuch zwischen Ende November und dem 6. Dezember. Ein weiteres Jahr hoher Sturmfrequenz war 1473, wo allein im Frühjahr sechs Sturmwarnungen erfolgten, übertroffen noch vom Winter 1493/1494 mit 23 Sturmwarnungen zwischen dem 20. November und dem 5. Januar.[23]

Hinzu kam ein schweres Gewitter. Welche besonderen Gefahren für die Städte von Blitzen ausgingen, zeigt exemplarisch der Bericht des Augsburger Chronisten Burkhard Zink.[24] Im Jahre 1381 schlug der Blitz in eine Mühle in Oberhausen nahe der schwäbischen Reichsstadt ein, die infolge des dadurch entstehenden Feuers gänzlich in Flammen aufging. Innerhalb der Städte konnten solche durch Blitzschlag ausgelösten Brände katastrophale Folgen für die gesamte Stadt oder zumindest einige Stadtviertel haben, wie insbesondere zahlreiche Einblattdrucke des 16. Jahrhunderts zeigen.

Ist die Anstellung von Sturmausrufern und Gewitterleuten nur ein Aspekt, der den Wandel im Umgang mit Unwetterphänomenen zeigt, so lassen sich seit dem 15. Jahrhundert auch tiefgreifende Verschiebungen hinsichtlich der mittelalterlichen Reaktionen auf diese feststellen. Verheerende Gewitter, Hagelschlag und Stürme, die die Feldfrüchte vernichteten und Existenzen bedrohten, wurden schon im frühen und hohen Mittelalter nicht ausschließlich als Ausdrücke göttlichen Zorns gedeutet. Immer wieder wurden auch Stimmen laut, die widrige Witterungsverhältnisse auf böses Zauberwerk zurückführten. Schon frühmittelalterliche Rechtstexte enthalten Ausführungen über den Umgang mit vermeintlichen Zauberern und die Formen der von ihnen angerichteten Schäden. Darunter wird, so etwa in einem westgotischen Gesetz des 6. Jahrhunderts, auch der Wetterzauber – das Herbeirufen von Hagelschlag und Unwetter – erwähnt.[25] Die Synode von Freising legte im Jahre 800 fest, daß Personen, die der Wahrsagerei oder des Wetterzaubers verdächtigt wurden, dem Oberhaupt der jeweiligen Diözese zum weiteren Verfahren zu überstellen seien. Falls kein freiwilliges Geständnis erfolgte, war die Anwendung von Folter vorgesehen. Der Tod eines Verdächtigen lag dabei nicht in der Absicht der Autoritäten. Vielmehr sollte dieser die Möglichkeit zum Abbüßen seiner schweren Sünden erhalten. Wie ambivalent jedoch das Verhältnis der Kirchenvertreter in Fragen der Magie war, zeigt das beredte Beispiel Bischof Agobards von Lyon.[26] Um 820, zwei Jahrzehnte nach der Synode von Freising, ereiferte sich der Kirchenmann in einer Schrift gegen den Aberglauben, Unwetter könnten von Menschen herbeigezaubert werden. Allein Gott beherrsche das Wetter. Christen, so resümiert er, hielten bisweilen Dinge für möglich, die zu anderer Zeit selbst Heiden nicht geglaubt hätten. Ähnliche Gedanken äußert der anonyme Verfasser eines Beichtbuches, das um 1020 Eingang in die Sammlung kanonischer Rechtsvorschriften des Burchard von Worms fand. Den Glauben an die Existenz bösen Wetterzaubers vermochten solche Traktate dennoch nicht auszurotten. Anklagen, daß jemand durch Zauberkräfte die Ernte geschädigt habe, wie sie Agobard von Lyon beschreibt, tauchten während der mittelalterlichen Jahrhunderte allerorts immer wieder auf. Zu großangelegten und systematischen Verfolgungen vermeintlicher Hexen und Hexer führten solche Beschuldigungen indes noch nicht.[27] Erst mit dem 15. Jahrhundert verstärkte sich allmählich die Tendenz, die vermeintlichen Verursacher wetterbedingter Mißernten zur Rechenschaft zu ziehen. Als beispielsweise in Süddeutschland im Jahre 1445 schwere Hagelschauer niedergingen und Stürme tobten, erklärte man diese Unbilden der Natur mit der Einwirkung von Hexerei.[28] Eine Anschuldigung, die in diesem wie in zahllosen anderen Fällen Männer, Frauen und sogar Kinder nunmehr in steigender Zahl das Leben kosten sollte.[29] Die Dokumente über gerichtliche Verfahren gegen vermeintliche Hexen und Hexer häufen sich seit dem 15. Jahrhundert.[30] In ihnen spiegeln sich stets die gleichen Grundmuster wider. Der Wetterzauber spielt dabei eine besondere Rolle und gehört gewissermaßen zum klassischen Kanon der Anklagepunkte. Sturm und Hagelschlag wirkten insbesondere in Regionen mit ausgeprägten landwirtschaftlichen Monokulturen nachhaltig und bedrohten nicht allein kurzfristig Existenzen. Nicht von ungefähr erlebte das Trierer Land mit seiner Konzentration auf den Weinbau die schlimmsten Hexenverfolgungen der frühen Neuzeit.[31] So verursachten die unaufhaltsam immer wiederkehrenden Unwetter nicht nur Schäden in Städten, Wald und Flur, sie schlugen sich auch auf die Geisteshaltung der Zeitgenossen folgenschwer nieder.

Hexensabbat. Links, im Bildhintergrund, »braut« eine vermeintliche Hexe das Wetter

Darstellung des Rattenfängers von Hameln in der Mörsperger Chronik, 1592

4. KAPITEL
... eine ungeheuere Menge an Heuschrecken.
Ratten- und Heuschreckenplagen

Nager in der Stadt

Im Jahre 1284 tauchte im niedersächsischen Hameln an der Weser plötzlich ein wundersamer Mann auf, heißt es in dem bekannten Märchen vom »Rattenfänger«.[1] Der Erzählung zufolge versprach der Fremde den Stadtvätern, sie gegen ein gewisses Entgelt von ihrem Problem zu befreien. Dieses zeigte sich allerorts in Gestalt von Mäusen und Ratten, die sich über die Vorräte hermachten. Nachdem die Obrigkeiten eingewilligt hatten, schritt der Unbekannte zur Tat. Zu den Klängen eines Pfeifchens lockte er die ganze Mäuse- und Rattenschar hinter sich her aus der Stadt heraus und in die Weser, in der alle Nager ertranken. Um seinen verdienten Lohn geprellt, kehrte der Rattenfänger bald darauf in anderer Gewandung zurück und führte zum Klang seiner Pfeife alle Kinder aus der Stadt.

Diese im 16. Jahrhundert erstmals aufgezeichnete Legende über den Rattenfänger von Hameln liefert trotz ihres von der Forschung unterschiedlich gedeuteten Inhalts – insbesondere im Hinblick auf den Auszug der Kinder – einen deutlichen Hinweis darauf, daß Häufungen von Mäusen und Ratten in spätmittelalterlichen Städten vorkamen und als Plage empfunden wurden.[2] Daß dies auch schon im frühen Mittelalter der Fall war, zeigt zwischen den Zeilen abermals ein legendenhafter Bericht des Bischofs Gregor von Tours.[3] In Paris war seinen Worten zufolge im Jahre 582 bei der Reinigung einer Kloake nahe einer Brücke eine eiserne Schlange nebst einer Ratte im Schmutz gefunden worden. Was der fromme Chronist als Überreste eines heidnischen Kultes identifiziert, hatte in seinem Verständnis dennoch einem eher guten Zweck gedient. Man erzähle sich, so der Chronist, daß die Stadt »von alters her gleichsam geweiht gewesen sei, so daß dort kein Feuer Schaden anrichten und keine Schlange und Ratte sich zeigen dürfe.« Seit nun die beiden Figuren entfernt worden seien, hätten sich unzählige Ratten und Schlangen in der Stadt gefunden. In eine gesunde Stadt, so die Quintessenz aus Gregors Geschichte, gehören keine Ratten.

Das Zeugnis des frühmittelalterlichen Chronisten ist eben so ungewöhnlich wie selten. Sprechen Geschichten und Legenden dafür, daß Ratten- und Mäuseplagen mit verheerenden Folgen für die Vorratshaltung während der mittelalterlichen Jahrhunderte ein durchaus vertrautes Bild waren, finden sich in zeitgenössischen Chroniken nur wenige Hinweise auf die schädliche Anwesenheit der Nager. In den Kreuzfahrerstaaten stellten Mäuseplagen während des 12. Jahrhunderts eine herausragende, von zeitgenössischen Chronisten festgehaltene Gefahr für die Ernte dar. Zwischen 1120 und 1124 sowie ein weiteres Mal 1127 führte ihr massives Auftreten zu schwerwiegenden Schädigungen der Kulturpflanzen.[4] Daß Mäuse und Ratten in Verbindung mit Hungersnöten auch im hochmittelalterlichen Europa ein durchaus vertrautes Szenario gewesen sein müssen, veranschaulicht die bekannte Sage vom Mäuseturm zu Bingen.[5] Diese erzählt, der Bischof Hatto I. habe nach dem verwaisten Bischofsstuhl von Mainz gestrebt und beim Kaiser all seinen Einfluß geltend gemacht, um sich diesen Wunsch zu erfüllen. Der Kaiser gab nach. Hatto wurde Erzbischof von Mainz (891–913). Die Geschichten um den politisch einflußreichen Mainzer Erzbischof Hatto I. beinhaltet zahlreiche Facetten, die nicht zuletzt Gerd Althoff treffend analysiert hat.[6] In unserem Falle jedoch interessiert nicht die Bewertung der Person Hattos, sondern eine Annäherung an den realen Informationsgehalt über die Wahrnehmung von massenhaft auftretenden Mäusen. Der harte, tyrannische und grausame Hatto, so fährt die Sage fort, der seinen Untertanen hohe Steuern auferlegte und diese mit schwerer Hand führte, ließ unterhalb von Bingen in der Nähe des sogenannten Binger Loches gegenüber den heutigen Burgruinen Ehrenfels und Rheinstein inmitten des Rheins einen Zollturm erbauen. Bald nachdem der Turm errichtet war, litten die Rheinlande der Sage zufolge unter einer Mißernte. Dürre, Hagelschläge und Ungeziefer hatten die Feldfrüchte zerstört. Die drohende Hungersnot wurde zusätzlich dadurch verschärft, daß Bischof Hatto fast das gesamte Korn der vorangegangenen Ernte angekauft hatte und unerreichbar in seinen Speichern verschlossen hielt. In ihrer Not wandten sich die Armen bald an den Erzbischof, der diese jedoch unter dem Versprechen einer Kornzuteilung in eine Scheune lockte und bei lebendigem Leib verbrennen ließ. Aus der Asche aber, so weiß die Sage, krochen Tausende von Mäusen hervor. Sie bahnten sich ihren Weg zum Palast des Bischofs und waren bald überall. Der gottlose Hatto floh in seinen Turm. Doch auch dort erreichten ihn die Mäuse und fraßen ihn mit Haut und Haar. Ungeachtet des unverkennbaren Symbolgehalts der Sage ist es zumindest wahrscheinlich, daß das geschilderte Schreckensszenario nicht allein auf Fiktion beruht. Vielmehr gehörte das massenhafte Auftreten von Nagern und dessen Wirkung möglicherweise in den Erfahrungshorizont der Zeitgenossen.

Katastrophenereignisse anderer Art bewirkten Ratten in spätmittelalterlichen Städten: die Pest. Die schwarze Hausratte *Rattus rattus,* die in der 1898 durch Paul Louis Simond, einen Schüler von Louis Pasteur, nachgewiesenen Überträgerkette der Pest eine wichtige Rolle spielt, ist nachweislich seit dem 11. Jahrhundert in den westeuropäischen Städten beheimatet.[7] Ungeachtet der in jüngster Zeit vorgebrachten Zweifel an der Rolle der schwarzen Hausratte bei der Übertragung der mittelalterlichen Pest ist sicher, daß die massenhafte Anwesenheit von Ratten in spätmittelalterlichen Städten in jedem Fall die hygienischen Rahmenbedingungen verschärfte und die Verbreitung epidemischer Erkrankungen förderte.[8] Letzteres war den spätmittelalterlichen Stadtbewohnern noch unbekannt.

Es kann als sicher gelten, daß die hygienischen Bedingungen und die Wohnverhältnisse in den spätmittelalterlichen Städten die Ansiedlung von Nagern begünstigten. Mäuse und Ratten dürften allein angesichts der unhygienischen Zustände auf den Straßen reichlich Nahrung gefunden haben. Steht außer Frage, daß Ratten in den spätmittelalterlichen Städten zuhauf lebten, so läßt sich die Größe der jeweiligen Populationen schwerlich ermitteln.[9] In einem gewissen Umfang wurde ihr Vorkommen wahrscheinlich als Normalität betrachtet. So erschien für die städtischen Obrigkeiten Handlungsbedarf offenbar erst dann gegeben, wenn Ratten in größerer Zahl als gewöhnlich auftauchten. Dies könnte beispielsweise 1570 in Wesel der Fall gewesen sein. Am 25. Februar des Jahres weist die Stadtrechnung eine Zahlung von sechs Albus an einen *Rattenfainger* namens Gerrit aus, ein höchst seltener Beleg für das organisierte Vorgehen gegen Ratten in Städten des deutschsprachigen Reichsgebiets.

Heuschreckenplagen

In anderer Weise als Ratten- oder Mäuseplagen wirkte das plötzliche, massenhafte Auftreten von Heuschrecken in Mitteleuropa. Bereits in der Antike richteten Heuschreckenschwärme im östlichen Mittelmeer und in Nordafrika häufiger größte Schäden auf den Feldern an.[10] Wie aus dem Nichts tauchten die geflügelten Insekten zu Hunderttausenden urplötzlich auf und fraßen in Windeseile alles kahl. Hungersnöte waren die unausweichliche Folge. Nur sporadisch wurden auch West- und Mitteleuropa von Heuschreckenschwärmen heimgesucht.

Die Seltenheit des von der historischen Forschung in seinen Auswirkungen noch immer unzureichend behandelten Phänomens verstärkte unter den mittelalterlichen Augenzeugen zweifelsohne den Eindruck, sie würden von der achten biblischen Plage heimgesucht, mit der der Herr die Ägypter schlug (Ex. 10, 12ff.). Die Heuschreckenschwärme, die während des Mittelalters in West- und Mitteleuropa gelegentlich einfielen, bewirkten zumeist eine regional begrenzte Schädigung der Ernte.

Im Jahre 584 waren die geflügelten Insekten dem Bericht des Bischofs Gregor von Tours zufolge über Teile der Iberischen Halbinsel hergefallen.[11] Ein Gesandter König Chilperichs, der aus Spanien heimkehrte, erzählte von den unvorstellbaren Verwüstungen, die die Heuschrecken in einigen Regionen angerichtet hatten. Kein Weinstock, kein Baum, keine Feldfrucht und überhaupt nichts Grünes sei mehr übriggeblieben, das die Heuschrecken in ihrer Unersättlichkeit nicht vertilgt hätten.

Nach diesem ersten frühmittelalterlichen Zeugnis über ein katastrophales Auftreten von Heuschreckenschwärmen in Westeuropa finden sich über nahezu drei Jahrhunderte keine weiteren Belege für ein massenhaftes Auftreten der Insekten.

Erst im Sommer des Jahres 873 fielen die gierigen Heuschrecken wieder über die Ernten her. In der Mitte des Monats August, so berichten die Xantener Annalen, erhob sich »die alte Plage der Ägypter«.[12] Wie die Bienen aus ihrem Korb, so sei ein unzählbarer Schwarm an Heuschrecken von Osten her über das Land gekommen. Töne wie kleine Vögelchen hätten die Insekten von sich gegeben, und wenn sich ihre Schar nach dem Kahlfraß wieder von den Feldern erhob, so habe man kaum den Himmel sehen können. Die Geistlichkeit reagierte den Ausführungen der Annalen zufolge umgehend. Mit heiligen Gefäßen und Kreuzen seien sie unter Anrufung Gottes der Plage entgegengezogen. Nicht überall, sondern nur mancherorts hätten die gefräßigen Heuschrecken denn auch die Feldfrüchte geschädigt, schließt der Verfasser seinen Bericht.

Detaillierter schildert Regino von Prüm den verhängnisvollen Heuschreckeneinfall.[13] Unermeßliche Mengen der Tiere hätten nahezu ganz Gallien verwüstet. Um das Ausmaß der Katastrophe noch eindrucksvoller zu gestalten und den Charakter einer biblischen Heimsuchung zu unterstreichen, betont Regino, die Insekten seien viel größer gewesen als gewöhnliche Heuschrecken. Sechs Flügelruder hätten sie besessen, und sie seien in Abteilungen geflogen. Organisiert wie eine Armee erscheint der Heuschreckenschwarm in Reginos Bericht. Die Führer, so schildert er, seien dem »Heer« stets um eine Tagesreise voraus gewesen, als hätten sie die idealen Plätze erkunden wollen. Bis zu 5000 Schritten hätten sie auf diese Weise in organisierten Rotten zurückgelegt. Erst das Meer gebot ihrem unersättlichen Freßtrieb Einhalt. Durch Gottes Willen, so betont der Chronist, habe sie das britannische Meer verschlungen. Ihre verfaulenden Überreste aber seien bei Ebbe an die Gestade gespült worden und hätten mit ihrem Gestank Seuchen unter den Küstenbewohnern bewirkt. Dort, wo die Heuschreckeninvasion vor den Beginn der Ernte fiel, in den östlichen Teilen Deutschlands, folgte eine schwere, in vielen Schriftzeugnissen belegte Hungersnot.[14] Die übrigen Gebiete kamen mit dem Erschrecken über das gespenstische Auftreten der geflügelten Freßinsekten davon.

Ist während der Karolingerzeit in größeren zeitlichen Abständen vom Auftreten solcher Heuschreckenschwärme die Rede,[15] finden solche Ereignisse in den Schriftzeugnissen der Folgezeit nur noch selten Erwähnung. Wie in Ungarn, wo ihrem plötzlichen Auftauchen 1242 eine Hungersnot folgte, beschränkten sich die von den Heuschrecken verursachten Schäden auf einzelne mehr oder minder große Regionen. Erst im Jahre 1338 ereignete sich ein neuerlicher großflächiger Heuschreckeneinfall in Mitteleuropa.[16] Von Osten kommend, überzogen die Tiere im Sommer 1338 Bayern, Schwaben und die Rheinlande. Teile der Ernte fielen ihrer Unersättlichkeit zum Opfer. Wieder fühlten sich die Zeitgenossen an die biblischen Plagen der Ägypter erinnert, als die Insekten in

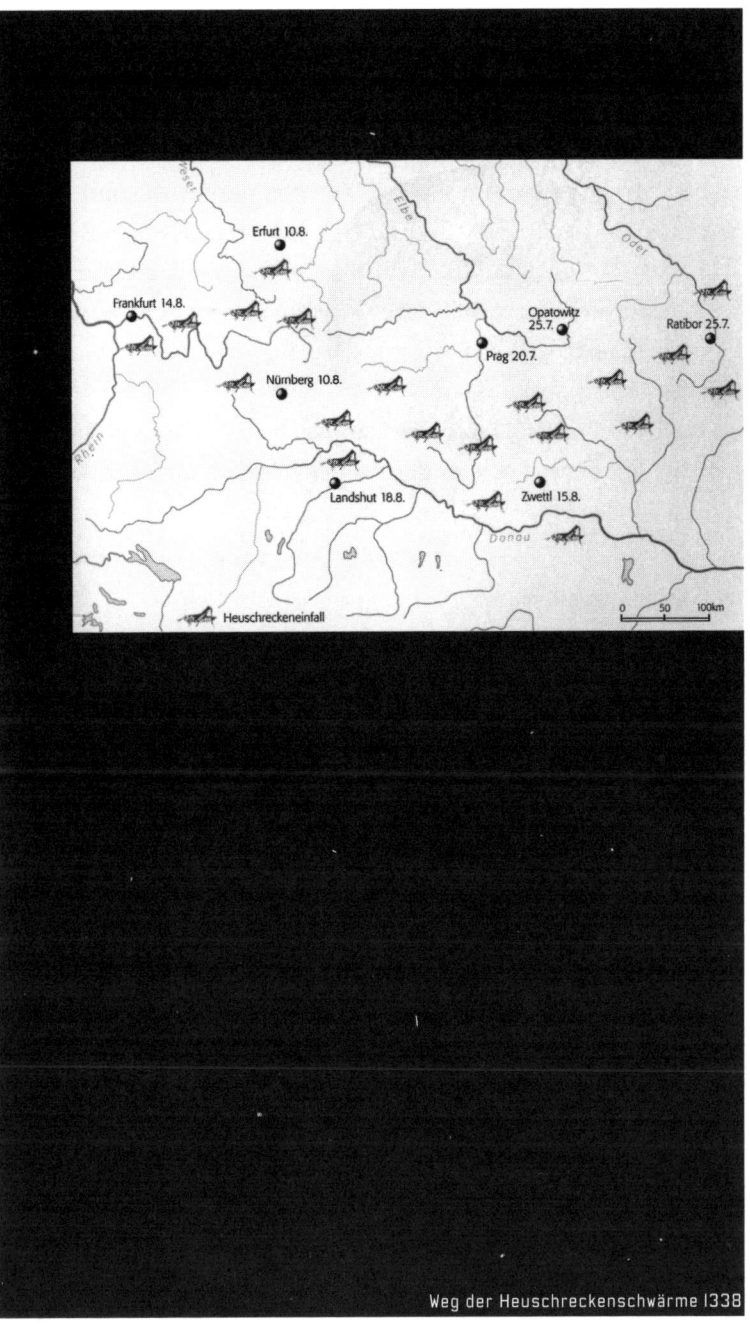

Erfurt 10.8.

Frankfurt 14.8.

Opatowitz 25.7.

Ratibor 25.7.

Prag 20.7.

Nürnberg 10.8.

Landshut 18.8.

Zwettl 15.8.

Donau

Heuschreckeneinfall

0   50   100km

Weg der Heuschreckenschwärme 1338

dichten Schwärmen die Felder überfielen, diese in Windeseile kahl-fraßen und ihnen die Nahrung raubten. Mitte Oktober war der große Spuk zunächst vorüber. Ein früher Kälteeinbruch mit Schneefällen, der nun allerdings die Trauben und Bäume schädig-te, hatte die gefräßigen Insekten vernichtet. Schon im kommenden Sommer und auch 1340 sollten sich jedoch erneut große Heu-schreckenschwärme auf die Ernte stürzen. Lang andauernder Regen im August verhinderte im Jahre 1340 offenbar das Schlimmste. Die Heuschrecken zogen sich aufgrund der für sie widrigen Witterung zurück oder gingen zugrunde.

Nach 1340 traten Heuschreckenplagen mit katastrophalen Fol-gen für die Ernte auch weiterhin gelegentlich auf. Ihr Ausmaß blieb jedoch, so etwa 1362, regional begrenzt.

5. KAPITEL
... denn eine Feuersbrunst wird sie zerstören.
MITTELALTERLICHE STADTBRÄNDE UND IHRE BEKÄMPFUNG

Feuersbrünste, Prophezeiungen und Wunder –
Schilderungen frühmittelalterlicher Stadtbrände
im Werk des Gregor von Tours

»Fliehet aus dieser Stadt, denn wisset, eine Feuersbrunst wird sie zerstören!«[1] Mit dieser Prophezeiung warnte eine Frau dem Bericht Gregors von Tours zufolge die Einwohner von Paris vor der Brandkatastrophe des Jahres 583. Im Traum habe sie gesehen, wie von der Kirche des heiligen Vincentius am Benediktinerkloster von Saint-Germain-des-Prés ein von hellem Glanz umgebener Mann gekommen sei. Dieser habe eine Wachskerze getragen und damit die Häuser der Kaufleute eines nach dem anderen in Brand gesteckt. Viele, so betont der Bischof in seinem Bericht, hätten die Warnungen in den Wind geschlagen und die Frau für ein Opfer törichter Traumgesichte oder der heißen Mittagssonne gehalten. Andere deuteten ihre Weissagung gar als das Resultat einer unglaubwürdigen heidnischen Orakelbefragung.

Wenige Tage später indes erfüllte sich Gregors Ausführungen zufolge die dunkle Prophezeiung. Die Stadt stand lichterloh in Flammen. Will man den symbolbefrachteten Worten des Chronisten Glauben schenken, wurde die Brandkatastrophe vermutlich aber

Eine Hexe und ein Hexenmeister verursachen einen Stadtbrand

nicht durch Brandstiftung, sondern durch Unachtsamkeit ausgelöst. Während der Dämmerung habe sich ein Mann Licht angezündet, um Öl und anderes aus seinem Speicher zu holen. Dabei vergaß er die Kerze in der Nähe des Ölfasses. Kurz darauf brannte sein Haus, das unweit der besagten Kirche an das südliche Stadttor angrenzte. In Windeseile griff das Feuer auf die nebenstehenden Gebäude über. Als die Flammen das Gefängnis erreichten, geschah nach Schilderung Gregors das erste Wunder während dieser Feuersbrunst. Deutlich tritt die Intention des Geschichtsschreibers zutage, die Brandkatastrophe als Beweis für Gottes allmächtiges Eingreifen in die Geschicke der Menschen und als unabänderbaren Teil eines übergeordneten Heilsplans herauszustellen. Den Gefangenen sei der heilige Germanus erschienen, schreibt Gregor. Dieser habe ihre Ketten zerbrochen, die Türen des Kerkers geöffnet und sie unversehrt aus dem flammenden Inferno entkommen lassen. Eingedenk ihrer wunderbaren Rettung suchten die befreiten Häftlinge Schutz in der Kirche des heiligen Vincentius. Unterdes breitete sich das Feuer immer weiter über die Stadt aus. Nun geschah den Ausführungen des Chronisten zufolge ein weiteres Wunder. Ein frommer Mann, der sich um die würdige Pflege des Bethauses des heiligen Martin gesorgt hatte, floh mit seiner Frau und seiner Habe in das kleine Gotteshaus. Er habe alle Hoffnung auf die Wunderkraft des heiligen Martin gesetzt, der einst an der nämlichen Stelle einen Aussätzigen durch einen Kuß geheilt hätte, unterstreicht Gregor. Bald hatte das Feuer auch das Bethaus eingeschlossen. Glühende Klumpen durchschlugen dessen Außenwände. Doch der gottesfürchtige Mann blieb trotz der warnenden Rufe standhaft. Die Kraft des Heiligen, so konstatiert der Chronist, habe sowohl das Bethaus als auch die umstehenden Häuser in der Feuersbrunst bewahrt. Sämtliche Gebäude auf der größeren Seineinsel, der Ile-de-la-Cité, wurden dem Bericht zufolge ein Raub der Flammen. Auf der südlichen Seineseite, dort, wo der Brand seinen Anfang genommen hatte, blieben einige Häuser unversehrt. Alle Kirchen und Kapellen jedoch, so beschließt Gregor seine wunderbaren Ausführungen, blieben vom Feuer verschont.

Rahmenbedingungen mittelalterlicher Brandkatastrophen

Die von frommer Fiktion durchzogene Schilderung des Bischofs von Tours zeigt in einer gefilterten Essenz trotz aller Vorbehalte gegen die Glaubwürdigkeit verschiedener Erzählelemente eine Reihe grundlegender Hinweise auf die Entwicklungs- und Verlaufsmuster mittelalterlicher Stadtbrände. Diese blieben in ihrem Kern über Jahrhunderte unverändert, wenngleich sich die Formen der Brandverhütung wie –bekämpfung im Laufe der Zeit wandeln sollten und die Städte bisweilen umfangreiche Reglungen im Umgang mit der stetigen Feuergefahr entwickelten. Ein grundsätzliches Problem mittelalterlicher Städte war die zumeist hohe Bebauungsdichte innerhalb eines einengenden Mauerrings.[2] Der Ausbruch eines Feuers hatte daher zumeist verheerende Folgen für das gesamte Gemeinwesen, zumindest aber für das betroffene Stadtviertel. Schon Gregor von Tours verweist darauf, daß das Feuer rasend schnell auf die nahegelegenen Nachbargebäude des Ausgangsbrandherdes übergriff. Der hoch- und spätmittelalterliche Bevölkerungszuwachs in den Städten verschärfte die Situation zusätzlich. Noch mehr Menschen errichteten ihre teils ärmlichen, brandanfälligen Behausungen auf der ummauerten Fläche, die nicht immer und höchstens langfristig durch die Erweiterung des Mauergürtels vergrößert wurde. Aachen etwa begann in der zweiten Hälfte des 13. Jahrhunderts mit der Anlage eines neuen Mauerrings, der um 1350 fertiggestellt war. Von den schätzungsweise rund 10.000 Menschen, die zur Mitte des 14. Jahrhunderts auf den 175 Hektar ummauerter Fläche der Krönungsstadt lebten, drängte sich jedoch die Mehrheit nach wie vor innerhalb des 60 Hektar kleinen und vom ersten Mauergürtel umschlossenen Zentrums.[3]

Jedes Haus war dabei ein potentieller Brandherd, denn offene Feuerstellen zum Heizen und Zubereiten der Mahlzeiten oder Kerzen und Öllampen zur Beleuchtung waren im Alltag unverzichtbar. Auch dies veranschaulicht die Schilderung Gregors von Tours. Als Gefahrenquellen kamen verschiedene Handwerksbetriebe hinzu, die das Feuer ständig nutzten, wie etwa Schmieden oder Töpfereien.

Die zum Hausbau verwendeten Materialien waren oftmals leicht entflammbar. Überwog südlich der Alpen die Steinbauweise, waren besonders in den waldreichen Gebieten des Nordens Holz-Lehm-Konstruktionen der Regelfall.[4] Eine individuell unterschiedliche Mischung aus Fach- und Steinwerken prägte etwa das Erscheinungsbild westfälischer und niederrheinischer Städte. Die am äußeren Baukörper sichtbare Fachwerkbauweise blieb in der rheinischen Großstadt Köln bis ins 16. Jahrhundert hinein weit verbreitet.[5] Auch in den meisten anderen Städten Westfalens und des Rheinlands, so in Soest, Minden, Aachen oder Wesel dominierten Fachwerkbauten unterschiedlichen Typs.[6] Hingegen war für das Stadtbild Münsters bereits die Steinbauweise vorherrschend.[7] In Soest richtete sich der Steinbau bei den Häusern der gemeinen Stadtbewohner allein an funktionalen Erwägungen wie dem Brandschutz und der Diebstahlsicherung aus und war bis ins 16. Jahrhundert hinein zumeist auf die Hinterhäuser beschränkt.[8] Hingegen blieb die Verwendung des Steinbaus für die gesamte Außenhülle des Baukörpers über Jahrhunderte den wohlhabenderen Stadtbewohnern vorbehalten. Neben den größeren Wohnhäusern fanden sich allerorts mehr oder weniger dicht gedrängt bescheidenere Behausungen, die Gademe, für die ärmeren Stadtbewohner.[9] Insbesondere strohgedeckte Dächer gerieten schon durch Funkenflug leicht in Brand. Auch die in mittelalterlichen Städten anzutreffenden strohgefüllten Scheunen und Ställe sowie Warenspeicher waren in erhöhtem Maße feuergefährdet.

Die Brandursachen reichten von grober Fahrlässigkeit im Umgang mit offenem Licht und Feuer über kriminelle Brandstiftung

und die Einwirkung von Naturgewalten wie Blitzschlag und Erdbeben bis hin zu Kriegsgeschehen.

Schon das römische Recht ahndete die vorsätzliche Brandstiftung
an Häusern und Getreidehaufen in der Regel mit der Todesstrafe.[10]
Nur hochgestellte Personen konnten auf die Gnade der Deportation
hoffen. Doch auch der fahrlässige Umgang mit dem Feuer zog im
Schadensfall rechtliche Konsequenzen nach sich. Wer durch Unachtsamkeit einen Brand verursacht hatte, wurde mit Stockhieben
oder mindestens deren Androhung bestraft. Mildere Strafen galten
lediglich auf dem Land. In spätklassischer Zeit scheint die Grenze
zwischen Vorsatz und Versehen gefallen zu sein. Finanzielle Scha-
densersatzleistung war in jedem Fall geboten und verhinderte im
Falle der Fahrlässigkeit die Ausführung von Körperstrafen. Die
Volksrechte des frühen Mittelalters behandelten die Brandstiftung
hingegen wahrscheinlich als ein sogenanntes Bußdelikt, dem noch
in karolingischer Zeit zumeist der Bann folgte. Deutlich auf der
Grundlage der römischen fußten indes die hochmittelalterlichen
Rechtssätze bezüglich der Brandstiftung. Wurden Brandstifter nach
römischem Recht selbst dem Flammentod überantwortet, den
Tieren zum Fraß vorgeworfen oder auf andere Weise gerichtet, be-
strafte man das schwerwiegende Delikt im Hochmittelalter nahezu allerorts durch Enthaupten, Rädern oder Verbrennen. Im *Sach-
senspiegel* des Eike von Repgow, der um 1225 entstandenen ältesten
und bekanntesten der privaten mittelalterlichen Rechtssammlun-
gen, wurde bei der Bemessung des Strafmaßes zwischen der sach-
beschädigenden und der lebensbedrohenden Brandstiftung unterschieden. Unachtsamkeit im Umgang mit Feuer wurde gemäß den
hochmittelalterlichen Stadtrechten als unabhängiger Tatbestand
betrachtet.

Fließend erscheinen die Grenzen zwischen Brandstiftung und
Fahrlässigkeit im Bericht Gregors von Tours. Deutet sich in der ein-
leitenden Prophezeiung zur Brandkatastrophe im Paris des Jahres
583 der Vorwurf vorsätzlicher Brandstiftung an, beschreibt der

Chronist im weiteren Verlauf eher die Folgen einer Fahrlässigkeit. Doch auch Naturkatastrophen und Kriegseinwirkung weiß er an anderer Stelle als ursächlich für eine Brandentwicklung zu benennen.

Erdbeben und Fehden. Frühmittelalterliche Städte in Flammen

Für das Jahr 580 berichtet Gregor von Tours von allerlei Wunderzeichen am Himmel, die große Katastrophen ankündigten.[11] Überschwemmungen, Hagelschlag und Erdbeben suchten die Bevölkerung in vielen Gegenden des fränkischen Reiches heim. Hinzu kamen gewaltige Feuersbrünste in der Gegend von Bordeaux, die der Geschichtsschreiber göttlicher Fügung zuschreibt. Doch schon in der Schilderung wird der Zusammenhang zwischen den Bränden und den Erdbeben offensichtlich. Der Gang der Ereignisse läßt sich auf der Grundlage von Gregors Bericht nicht genau rekonstruieren. Der Bischof von Tours schildert, daß plötzliche Feuersbrünste Häuser, Scheunen und Felder in Brand setzten. Besonders verheerend wirkte offenbar ein Stadtbrand in Orléans. Selbst den Reichen, so betont der Geschichtsschreiber, sei nichts geblieben. Die Not beflügelte zugleich die Gewalt. Wer etwas aus den Flammen habe retten können, sei ein Opfer der Diebe geworden, schildert Gregor.

Im Jahre 584 brannte die Kirche des heiligen Martin in Brives.[12] Im Zuge kriegerischer Auseinandersetzungen war das Gotteshaus planmäßig eingeäschert worden. Das Feuer tobte derart, das selbst der Altar und die marmornen Säulen der Glut nicht standhielten. Das Szenario der Brandstiftung im Kriegsfall, das Gregor von Tours beschreibt, wiederholte sich in größerer oder kleinerer Dimension immer wieder. Die Taktik der verbrannten Erde und der vom Feuer zerstörten Felder zur Schädigung des Feindes gehörten mit all ihren weitreichenden Konsequenzen auch zum mittelalterlichen Fehdegeschehen.[13] Dabei traf es Stadt und Land gleichermaßen, wie etwa die an großen Flußläufen gelegenen Gemeinwesen in ihrer Begegnung mit den kriegerischen Wikingern erfahren sollten.

Hochmittelalterliche Brandkatastrophen und erste Regeln zur Feuerverhütung

Im Jahre 839 legten die Nordmänner Hamburg in Schutt und Asche.[14] Dem Bericht Adams von Bremen zufolge wurden die Gotteshäuser mitsamt ihrer wertvollen Bibliothek ein Raub der Flammen. Opfer eines während der kriegerischen Auseinandersetzungen mit dem Kaiser Konrad II. planmäßig gelegten Feuersbrunst wurde 1038 auch das stolze Parma.[15] Der Kaiser, so weiß Wipo zu berichten, ließ aus Zorn über den Tod seines Truchsessen in der Schlacht einen großen Teil der Stadtmauern durch Feuer zerstören, um ein Exempel zu statuieren.

Offenbar ganz ohne mutwilliges Zutun ereignete sich 1043 ein verheerender Stadtbrand in Bremen.[16] Die dem heiligen Petrus geweihte Kirche ging mitsamt dem Kloster und den zugehörigen Werkstätten im flammenden Inferno unter. Der Chronist Adam von Bremen betont, das Feuer habe so schwer gewütet, daß keine Spuren des früheren Wohnortes mehr übriggeblieben seien. Groß war der Verlust an Kirchenschätzen, Büchern und Meßgewändern. Ein knappes Jahrhundert später, im Jahre 1157, gingen große Teile Augsburgs bei innerstädtischen Unruhen in Flammen auf.[17] Auch Lübeck brannte 1157.[18]

Im Jahre 1179 traf es im Zuge einer Fehde Halberstadt.[19] Der Chronist Arnold von Lübeck betont in seiner Schilderung der Ereignisse, die Bürger seien sich der Gefahr eines Stadtbrandes bewußt gewesen. Entsprechend hätten sie darauf geachtet, möglichst ohne offenes Feuer auszukommen. Dennoch gelang es dem Feind, Halberstadt in Brand zu setzten. Arnold führt aus, die Glut habe so rasch zugenommen, daß in Windeseile die ganze Stadt in Asche verwandelt worden sei. Die Liste der Städte, die in den hochmittelalterlichen Jahrhunderten ganz oder teilweise durch Brandkatastrophen geschädigt wurden, ließe sich fortsetzen. So erlebte Wien 1193 und 1194 gleich zwei Großbrände in kurzer Zeit.[20] Manche, etwa London, traf es im Abstand nur weniger Jahre gar noch öfter. Nachdem die Stadt 982 schwer vom Feuer geschädigt worden war, ereigneten sich weitere Brände 1077, 1087, 1098, 1102, 1105, 1108, 1113 und 1132.[21] Auch in der zweiten Hälfte des 12. und während des 13. Jahrhunderts riß die Serie der Brandkatastrophen in der Stadt an der Themse nicht ab. Besonders schwer traf die Stadt der Brand vom 11. Juli 1212, als ein Feuer alle Häuser auf der London Bridge, die Kirche von St. Mary, weite Teile von Southwark sowie die Viertel am nördlichen Themseufer nahe des Tower zerstörte.

Angesichts der häufigen Brände versuchten die städtischen Obrigkeiten 1189 im Rahmen einer Verordnung Feuerschutz und -bekämpfung strikt zu organisieren.[22] Alle Bewohner größerer Gebäude sollten eine oder zwei Leitern besitzen, um im Brandfall ihren Nachbarn zur Hilfe kommen zu können. Während der Sommermonate, während derer Brände aufgrund der Witterung noch leichter als gewöhnlich entstehen konnten, mußte jeder Hausbesitzer ein gefülltes Wasserfaß vor seiner Tür aufstellen. Je zehn Bürger eines Stadtbezirks waren gehalten, einen eisernen Einreißhaken mit Zugketten sowie starken Tauen bereitzuhalten. In der Folgezeit finden sich solche Verordnungen zu Brandprophylaxe und -bekämpfung innerhalb städtischer Satzungen und landesherrlicher Ordnungen in steigender Zahl und ähnlicher Form für alle größeren europäischen Städte. Brügge sorgte sich spätestens seit 1232 um Maßnahmen des Brandschutzes, Lübeck 1276.[23] Diese umfaßten in lokal unterschiedlicher Ausprägung Regelungen über die Bauweise, etwa die Einhaltung bestimmter Fluchtlinien und ausreichender Abstände zwischen den Häusern oder Bestimmungen über die zum Bau – insbesondere für das Dach – zu verwendenden Materialien. Darüber hinaus gaben Feuerordnungen Leitlinien zum sachgemäßen Umgang mit offenem Feuer und Licht sowie Ver-

haltensanweisungen im Brandfall. Die Anfänge der mittelalterlichen Feuerschutzmaßnahmen reichen indes weiter zurück. So
wird die Aufstellung von Brandwachen auf den Höfen schon in
dem karolingischen *Capitulare de villis vel curtis imperii* aus dem
Jahre 795 erwähnt.[24]

Brandkatastrophen und Feuerbekämpfung im späten Mittelalter

Trotz der weiteren Festlegung von Baunormen, Maßnahmenkata-
logen zum Brandschutz und Verordnungen zur Feuerbekämpfung
waren die spätmittelalterlichen Städte naturgemäß nicht vor Brandkatastrophen gefeit. Das größte Risiko, die zahlreichen offenen
Feuerstellen, ließ sich auch mit den ausgefeiltesten Verfügungen
nicht aus der Welt schaffen. Zudem lagen Norm und Praxis nicht
selten weit auseinander.[25]

Am Beispiel des spätmittelalterlichen München lassen sich die
normativen Entwicklungen und ihre Umsetzung schlaglichtartig
aufzeigen. Im Jahre 1310/1312 setzte die Stadt erstmals eine in der
Folgezeit mehrfach modifizierte Feuerlöschordnung auf. Feuer-
wachen, die Wächter auf dem Turm von St. Peter, die vor allem allgemein über die Sicherheit der Stadt wachten, werden erstmals in
der Stadtrechnung des Jahres 1318/1319 erwähnt.[26] Seit 1342 lassen
sich auch im Bereich der Bauvorschriften Maßnahmen zur Brandprophylaxe erkennen. Mit der Übertragung der alleinigen Zuständigkeit für die städtische Bauordnung durch den Kaiser an die
Stadt wurde zugleich festgelegt, daß zur Feuerverhütung alle Neu-
bauten fortan mit Ziegeln gedeckt und – sofern möglich – aus Stein
errichtet werden sollten. Im sogenannten *Liber Rufus* findet sich
1365 eine erneuerte Version der Feuerlöschordnung. Weitere Verfügungen bezüglich der Feuersicherheit und der Nachtwache, die
der Rat am 25. Juli 1371 erließ, sahen vor, daß in jeder Gasse drei
Wächter umhergehen sollten. Ferner sollten die Tore von je zwei

Leitern wurden bei Belagerungen, aber auch bei der Brandbekämpfung eingesetzt

Darstellung einer Steckstrickleiter, 1480

Modell einer zahnradgetriebenen Einholmleiter nach einer Zeichnung von Leonardo da Vinci

Frühneuzeitliche Hand- und Stockwasserspritzen aus Metall

Wächtern besetzt sein sowie je vier Häuser von einem Wachmann, der auch den rückwärtigen Teil der Gebäude überwachen sollte. Zudem sollte jedes Haus einen Zuber mit Löschwasser besitzen. Zur Organisation des Wachdienstes bestellte der Rat seit 1384 aus seinen Reihen zwei sogenannte »Zirkermeister«.

Trotz der umfangreichen Vorsorgemaßnahmen gelang es den Obrigkeiten jedoch nicht, Brände gänzlich zu verhindern und deren Übergreifen auf ganze Straßenzüge durch Löscharbeiten zu unterbinden. Im Sommer 1407 kam es zu einem großflächigen Brand an der Schwabinger Gasse. Unter dem Datum vom 31. Juli verzeichnet das städtische Rechnungsbuch die Kosten für die Löscharbeiten mit zwei Pfund, sechs Schillingen und zehn Pfennigen für die fremden Knechte, die Tag und Nacht mit der Brandbekämpfung beschäftigt gewesen waren. Hielt sich das Ausmaß des Brandes in der Schwabinger Gasse in Grenzen, so erfaßte am 22. April 1418 eine neuerliche Feuersbrunst weite Teile Münchens. Das Rathaus, das Heiliggeistspital und auch die Stadtmauer waren von den Flammen erfaßt worden. Im September des folgenden Jahres geriet das Haus des Bürgers Murnauer in Brand.

Unter der Abrechnung über die Kosten dieses Löscheinsatzes am 3. Februar 1420 wird deutlich, daß es der Stadt an eigenem Löschgerät bislang mangelte. Nun verzeichnete das Rechnungsbuch eine Ausgabe von 35 Pfennigen für den Ankauf von 15 wohl eisernen Stangen zum *fewrhacken*. Das gleiche Dokument listet am 30. März 1420 weitere Aufwendungen für Gerätschaften zur Brandbekämpfung auf. So ließen die städtischen Obrigkeiten bei einem Schäffler namens Haidenkopf zwölf Löschzuber herstellen. Diese sollten in den Badestuben, wo im Notfall reichlich Wasser vorhanden war, bereitgehalten werden. In den folgenden Jahren intensivierte die Stadt ihre Bemühungen um den Brandschutz und die Aufrüstung ihres Löschgerätearsenals. Am 23. April 1421 rechnet die Stadt ein weiteres Mal Ausgaben für den Lohn eines Schäfflers zur Anfertigung weiterer 25 Zuber ab. Im Juli des gleichen Jahres sorgte sich der Magistrat um die Aufstellung großer Fässer mit Löschwasser in der Nähe der Brunnen. Am 21. Dezember 1422 verzeichnet die Stadtrechnung weitere Ausgaben für Löschgerät. Vier Schapfen aus Kupfer ließen die Obrigkeiten zum Feuerlöschen anfertigen. Schon bald sollten sich diese im Einsatz bewähren.

Am 30. April 1434 um 11 Uhr morgens begann eine Feuersbrunst in der Stadt zu wüten und verheerte das Areal von der Prannenstraße bis zur Rörenspeckergasse, der heutigen Herzogspitalstraße. Ein Salzstadel brannte vollständig nieder, und auch die Stadtmauer wurde durch das Feuer in Mitleidenschaft gezogen. Brandstiftung war die Ursache der letzten großflächigen Feuersbrunst in der wittelsbachischen Residenzstadt, die zu weiteren Maßnahmen des Brandschutzes und der Brandbekämpfung Anlaß gab. Noch im gleichen Jahr stellte der Magistrat abermals eine Feuerlöschordnung auf. Ein Brand in der Sendlinger Straße im Frühsommer 1477 zeigt im Spiegel der Stadtrechnung, wie die Feuerbekämpfung in der Praxis funktionierte. Nicht weniger als 16 Schäffler erhielten Zahlungen für die Anlieferung von Löschzubern und -kübeln. Verschiedene Bürger hatten sich an den Löscharbeiten tatkräftig beteiligt. So erhielten ein Schuster, ein Schuster- und ein Gewandschlachterknecht sowie ein Tagelöhner Belohnungen für ihren Einsatz, bei dem sie sich, wie der Eintrag vermerkt, »fast verbrannt hätten«. Ein weiterer Löschhelfer bekam eine Zuwendung für das überaus eifrige Heranholen von Löschwasser. Einen Monat später ersetzt die Stadtkasse dem Salzlader Martin und seinem Knecht den Verlust zweier Äxte während der Bekämpfung der Feuersbrunst. Für acht besonders tatkräftige Brandhelfer ließ der Magistrat im September 1477 gar ein Mahl ausrichten. Die neuerliche, wenngleich beschränkte Brandkatastrophe bewirkte, daß der Rat nur sechs Tage nach dem Ereignis seine Kontrollen der Feuerstellen in der Stadt verstärkte. In Begleitung der vier Viertelshauptleute zogen die Fronboten zu diesem Zweck durch München. Zwischen 1489 und 1490 erreicht die mittelalterliche Löschausrüstung der

Stadt ihren technischen Höchststand. Erstmals belegt die Stadtrechnung den Ankauf von Wasserspritzen zum Feuerlöschen, deren Anfertigung der Rat bei Hans Ligsaltz in Nürnberg in Auftrag
gegeben hatte. Um die Wende des 15. Jahrhunderts war die Stadt
führend in der Manufaktur von Feuerlöschgerät.

Andernorts verlief die spätmittelalterliche Entwicklung von
Maßnahmen zur Brandverhütung und -bekämpfung ähnlich. Für
die Wiener Vorstädte finden sich etwa 1432 erste Regeln zur Feuer-
vermeidung, die in der Stadt selber jedoch nicht zur Anwendung
kamen.[27] Die sogenannten geschworenen Vierer der Vorstädte, die
im weitesten Sinne feuer- und baupolizeiliche Aufgaben wahr-
nahmen, sollten gemeinsam mit den Grundrichtern die Feuerstät-
ten eines jeden Hauses zweimal jährlich kontrollieren. Die Stadt
Wien selber beschäftigte spätestens seit 1444 einen Türmer in St. Ste-
phan, der auch für die Feuerwarnung mittels Läuten der Sturm-
glocke zuständig war. Glockengeläut und lautes Rufen zur Feuerwarnung sind auch andernorts nachweisbar. Ihre ersten normativen
Regelungen über das Vorgehen im Brandfall erhielt die Stadt Wien
jedoch nicht vor 1454, nachdem im Jahre 1452 ein Brand von einem
Gewitter ausgelöst worden war. Sie sahen unter anderem vor, Hand-
werker zu Löscharbeiten heranzuziehen. Dem Stadtkämmerer, der
von Amts wegen ursprünglich nur für die Vergütung der anfallenden Löscharbeiten zuständig war, oblag zugleich die Überwa-
chung der Brandbekämpfung. Auch in Wien hielten die Badestuben die Löschzuber bereit, doch verfügte die Stadt zur Mitte des 15.
Jahrhunderts über weit weniger Löschgerät als München. So mußten die meisten Handwerkerzünfte Feuerhaken auf eigene Rechnung bereithalten. Um etwa die gleiche Zeit, im Jahre 1459, sah die
Feuerordnung der Stadt Regensburg vor, daß all diejenigen, die zur
Zeit eines Brandausbruchs Wachdienst leisteten, unverzüglich zur
Bekämpfung des Brandherdes schreiten sollten. Von dieser Pflicht,
so betont die Regelung, waren auch die in der Stadt lebenden Juden
nicht ausgenommen.[28]

Wie begrenzt im 15. Jahrhundert die Möglichkeiten waren, einem Großbrand effektiv entgegenzutreten, zeigt exemplarisch das Beispiel der großen Berner Feuersbrunst im Mai 1405.[29] Von einem starken Wind in Gang gehalten, breitete sich in den Nachmittagsstunden das in der Brunnengasse aus ungeklärter Ursache entstandene Feuer rasch über die Stadt aus. Mehr als 100 Menschen ließen ihr Leben, und über 600 Häuser wurden ein Raub der Flammen. Innerhalb von nur 15 Minuten fing die gesamte westliche Zähringerstadt Feuer. Alle Versuche zum Löschen und Eindämmen blieben aufgrund des starken Windes erfolglos. Im Laufe des Abends hatte sich der Brand bis in das Innere der Neustadt vorangefressen. Auch die Gewerbesiedlung Marzili, Teile der Stadtmauern sowie die Klöster der Dominikaner und der Franziskaner fielen dem Feuer zum Opfer. Erst am Fluß, der Aare, kam der Brand ob des natürlichen Hindernisses zum Stehen.

Über die exemplarische Betrachtung von Maßnahmen zur Brandverhütung und –bekämpfung sowie deren Erfolg oder Mißerfolg sollen die langfristigen Auswirkungen großer Stadtbrände für das Gemeinwesen nicht unerwähnt bleiben. Der Wiederaufbau einer durch die Flammen verwüsteten Stadt war kostspielig und bisweilen langwierig. Vermochte etwa das 1356 von Erdbeben und anschließendem Brand schwer geschädigte Basel die zum Wiederaufbau geliehenen Finanzmittel rasch zurückzuzahlen, fiel dies kleineren Gemeinwesen weit schwerer.[30] Das kleine Sursee, das 1363 bei einem Brand vollständig in Flammen aufgegangen war, nahm in Straßburg ein Darlehen über 3000 rheinische Gulden auf. Die Summe, die über knapp einhundert Jahre regelmäßig verzinst wurde, sollte 1461 zurückgezahlt werden. Indes geschah ein Unglück: Die Gesandtschaft, die zur Überbringung des Geldes ausgeritten war, mußte von Eilboten abgefangen und zur Umkehr gebracht werden. Erneut hatte ein Feuer Sursee verwüstet.

6. KAPITEL
... wenn die Erde sich bewegt.
ERDBEBEN IM MITTELALTER UND DIE KATASTROPHE VON 1348

Früh- und hochmittelalterliche Zeugnisse

Erdbeben und ihre Auswirkungen auf die früh- und hochmittelalterlichen Gesellschaften in Mittel- und Westeuropa sind von der me-
diävistischen Forschung bisher nur begrenzt wahrgenommen worden.
Vielleicht nicht zuletzt wegen der sehr viel verheerenderen Auswirkungen von Erdbeben in der östlichen Mittelmeerregion, in Südost-
asien oder Mittelamerika, die heute in den modernen Massenmedien
mehr oder weniger ausführlich dokumentiert werden. Trotz ihres
vergleichsweise geringeren Ausmaßes hatten Erbeben auch in hiesi-
gen Breitengraden verheerende Folgen für die Kulturgüterlandschaft
und wirkten sich destabilisierend auf das wirtschaftliche Gesamtge-
füge aus.[1] Nicht zuletzt die für Italien für den großen Zeitraum zwischen 461 vor Christus bis in die 1990er Jahre hinein erhobenen Daten sprechen in ihrer Deutlichkeit für sich. In den Quellen finden sich
nicht weniger als 8995 Erwähnungen von Erdbeben für 4692 Loka-
litäten im Bereich des italienischen Stiefels. Erdbeben sind ein von der
historischen Forschung noch immer weitgehend unterschätztes Problem der vormodernen Gesellschaft Europas.

Dabei berichtet schon Gregor von Tours in seinem großen Geschichtswerk des öfteren von Erdbeben. Allerdings hält der Bischof

seine Ausführungen derart knapp, daß sich zumeist weder Rückschlüsse auf die Auswirkungen des Ereignisses noch auf die zeitgenössischen Reaktionen gewinnen lassen. So vermerkt der Chronist für das Jahr 471 lediglich, im September habe sich ein Erdbeben
ereignet.[2] Eine ähnliche Erwähnung findet sich für das Jahr 483.
Selbst die räumliche Ausdehnung der Erdstöße verschweigt der
Geschichtsschreiber. Im Jahre 580 wurde die Stadt Bordeaux dem
Bericht Gregors zufolge von Erdstößen erschüttert. Will man den
Ausführungen des Bischofs Glauben schenken, so muß das Beben
äußerst heftig gewesen sein. Die Stadtbewohner, schildert er, fürchteten um ihr Leben und suchten ihr Heil in der Flucht. Die Erde, so
meinten diese, würde sie verschlingen. Viele seien deshalb in benachbarte Orte ausgewichen. Nicht die Erde, wohl aber die anschließende Feuersbrunst forderte möglicherweise zahlreiche Opfer. Der Brand war offenbar infolge des Erdbebens ausgebrochen;
der Chronist sieht seine Ursache in göttlicher Fügung. Häuser,
Scheunen und die Ernte seien durch das Feuer zerstört worden. Das
Beben selber hatte indes weit mehr als nur lokale Ausmaße. Gregors
Ausführungen gemäß war es bis auf die Iberische Halbinsel spürbar. In den Pyrenäen hätten sich aufgrund der Erdstöße Felsbrocken
gelöst und Mensch wie Vieh erschlagen, vermerkt der Geschichtsschreiber. Weitere Erdbeben hält Gregor von Tours bereits für die
Jahre 582 in Soissons und Angers fest.

Im Spiegel der Quellen wird deutlich, daß sich auch in den folgenden Jahrhunderten immer wieder Erdbeben von lokaler oder regionaler Dimension ereigneten, die Häuser einstürzen ließen, Brände entfachten und Ernten vernichteten. So berichten etwa die
Reichsannalen für das Jahr 801 von einem »gewaltigen« Beben, das
in ganz Italien spürbar war.[3] Das Dach des Petersdoms zu Rom sei
mitsamt der Balken eingestürzt, weiß der Geschichtsschreiber zu
berichten. Städte seien von den Erdstößen zerstört worden, Geröll-
lawinen in den Bergen abgegangen. Auch entlang des Rheins und
in Gallien habe sich das Erdbeben geäußert, führt der Verfasser

aus. Schon im Jahre 815 konnte er ein weiteres Mal von der bedrohlichen Kraft der Erdstöße berichten, die in Aquitanien spürbar wurden. Rund vier Jahrzehnte später wurde Worms den Xantener Annalen zufolge durch einen Erdstoß erschüttert. In Mainz hingegen bewegte sich der Boden 858 gar dreizehnmal, schildert dieselbe Quelle.[4] Auch Städte auf der Iberischen Halbinsel hatten im frühen und hohen Mittelalter des öfteren unter Erdbeben zu leiden. Besonders intensiv wirkten dabei offenbar die Beben vom Juli 365, sowie jene, die 881 Cádiz, 944 und 955 Córdoba, 1024 das heutige Andalusien, 1033 das heutige Portugal, 1048 Orihuela sowie 1079/1080 und 1169 Andújar erschütterten.[5] Am Weihnachtsmorgen des Jahres 1222 verwüstete ein großes Erdbeben zwischen Genua und Venedig Städte in ganz Oberitalien.[6] Keine noch so intensive Erschütterung reichte jedoch an die große Erdbebenkatastrophe des Jahres 1348 heran.

Das große Erdbeben des Jahres 1348 und seine Folgen

Am 25. Januar des Jahres 1349 gegen 16 Uhr begann ein verheerendes Erdbeben, das in einem Radius von nicht weniger als 600 Kilometern Landschaften nachhaltig veränderte, ganze Städte zerstörte sowie Tausende von Opfern forderte.[7] Bis zu zwei Minuten dauerten die Erdstöße mit einer geschätzten Stärke von 7 auf der Richterskala. Bis zu zwanzig Nachbeben täglich waren in den folgenden fünf Wochen in der betroffenen Region spürbar. Soweit sich aus den Angaben der Schriftzeugnisse erschließen läßt, lag das Epizentrum des Bebens in der Nähe von Villach in Kärnten. Nicht weniger als 80 von Arno Borst im Rahmen seiner Untersuchung von 1981 detailliert ausgewertete Zeugnisse erwähnen dieses Erdbeben.

Zur Veranschaulichung der Auswirkungen, die das ungewöhnlich starke Beben für die betroffene Region zeitigte, sowie der zeitgenössischen Wahrnehmung des Ereignisses seien im folgenden verschiedene Schilderungen angeführt. Der Regensburger Kaufmann Heinrich Sterner befand sich mit einigen Geschäftspartnern unmittelbar am Ort des Geschehens in Villach.[8] Die Gewalt des Bebens brachte das Gebäude, in dem sich die Kaufleute aufhielten, zum Einsturz. Sterners Landsmann Heinrich Baumburger kam ebenso wie sein Prager Geschäftspartner Stocker mit dem heillosen Schrecken über die Katastrophe davon. Heinrich Sterner selber wurde unter den Trümmern ihres Durchgangsquartiers verschüttet, bevor er nach einer Weile wohlbehalten geborgen werden konnte. Weniger Glück hatten die vier anderen Kaufleute, die sich zur gleichen Zeit mit den beiden Regensburger und dem Prager Kaufherren aufgehalten hatten. Für sie kam jede Hilfe zu spät. Die Stadt war verwüstet. Die Burgmauer, das Kloster, die Kirchen sowie alle Mauern und Türme seien bis auf elf Zinnen hinabgestürzt, heißt es in dem Augenzeugenbericht. Mitten in der Stadt habe sich das Erdreich gespalten, worauf Wasser gleich Schwefel hervorgetreten und danach wieder verschwunden sei, fährt die Schilderung fort. Das Schreckensszenario schien zudem endlos. Selbst im Freien herrschte tagelang die Angst, der Boden könne sich plötzlich auftun. Eine Befürchtung, die angesichts der zahlreichen Nachbeben keineswegs unbegründet schien. Acht Tage lang, so setzt sich der Bericht fort, habe sich das Erdreich weiter zerklüftet. Ein Mann sei gar bis zum Gürtel in eine Erdspalte gefallen, als ob er im Boden versänke.

Der Augenzeugenbericht findet eindringliche Worte. Deutlich spricht aus ihnen die Angst, die die vom Erdbeben Betroffenen tagelang durchlebten. Als die schlimmste Gefahr vorüber war, verließen die Kaufleute schnellstens die Stadt. Spuren der Zerstörung säumten ihren Rückweg nach Regensburg. Die Burg Kellerberg lag in Ruinen. Das Dorf Arnoldstein war dem Erdboden gleichgemacht. Viele Täler waren durch gewaltige Bergrutsche unpassierbar geworden. Hinzu kamen im näheren Umkreis des Bebens verheerende Überschwemmungen.

Rund zweihundert Kilometer vom Epizentrum in Kärnten entfernt war die Wirkung des starken Bebens noch immer zerstörerisch genug, um Häuser zum Einsturz zu bringen. Der Trienter Domherr Johannes von Parma etwa berichtet, daß die starken, etwa zwei Minuten andauernden Erschütterungen die Glocken im Kirchturm zum Läuten gebracht hätten. Das Wasser des Taufbeckens floß über den Rand. Wirkte sich das Erdbeben auf das unmittelbare kirchliche Umfeld des Geistlichen eher milde aus, hielten zahlreiche Gebäude den vehementen Erdstößen nicht stand. Nicht nur in Trient, auch in Udine habe das Beben Schäden angerichtet, schildert Johannes. Der halbe Palast des Patriarchen von Aquileia sei dort eingestürzt.

Auch in Bayern zeigte sich die Wirkung des Erdbebens. Der unbekannte Verfasser der Annalen des Benediktinerklosters Weihenstephan, der in seinen Ausführungen nicht von ungefähr Parallelen zwischen dem gewaltigen Beben seiner eigenen Zeit und den in der Bibel geschilderten seismischen Störungen am Tag von Christi Kreuzigung zieht, betont, diese Erschütterungen seien die schwersten in der bisherigen Geschichte seines Konvents gewesen.

Die Schadensbilanz des Erdbebens von 1348 ist lang, und lange dauerte es, die Schäden leidlich zu beheben. Noch zwanzig Jahre nach dem Ereignis waren seine markanten Spuren deutlich in der Landschaft sichtbar. Während sich der Bischof von Bamberg als politischer Herr der betroffenen Landschaft um einen baldigen Wiederaufbau der Wehranlagen sorgte und die Bürger Villachs die Schäden in ihrer Stadt schnellstmöglich beseitigten, erfolgte die Schadensbehebung im kirchlichen Bereich weitaus langsamer. Dem Benediktinerkloster Arnoldstein wurde erst 1376 und noch einmal 1391 wirksame Aufbauhilfe durch die Unterstellung kapitalkräftiger Pfarreien zuteil. Die verspätete Hilfestellung wirkte sich unweigerlich auf die Situation der hungernden Bewohner im Umkreis des Erdbebengebietes aus. Noch 1391 äußerte der Patriarch von Aquileia sein Bedauern darüber, daß die Armen noch immer

Hunger leiden müßten, da dem Kloster die Mittel zu Unterstützung fehlten.

Blieb das Erdbeben von 1348 in seinen Ausmaßen während der mittelalterlichen Jahrhunderte unerreicht, so folgten weitere, für die betroffenen Regionen nicht minder katastrophal wirkende Erderschütterungen nach. Im Jahre 1356 etwa verwüstete ein Erdbeben mit anschließender Feuersbrunst Basel.[9] Besonders stark wüteten Erdbeben im ausgehenden 15. Jahrhundert auf der Iberischen Halbinsel. Im November 1487 etwa traf es Almería.[10] Der Turm der städtischen Zitadelle stürzte ein, ebenso ein bedeutender Teil der Stadtmauer. Am 26. Januar 1494 traf es Malaga. Das starke Beben verwüstete weite Teile der Stadt und der umliegenden Dörfer. Die Zerstörungen, die die jeweiligen Beben anrichteten, variierten von Ort zu Ort. Die Angst vor der unheimlichen Bedrohung, die sich durch nichts verhindern oder aufhalten ließ, blieb über die Jahrhunderte hinweg unverändert.

II. TEIL
MITTELALTERLICHE MENSCHEN IM ANGESICHT VON HUNGER UND SEUCHEN

7. KAPITEL

... daß sie allerlei Hund, Pferd und Dieb vom Galgen fraßen.

HUNGERSNÖTE IN DER MITTELALTERLICHEN LEBENSWELT

Das Schwert Gottes

[handschriftliche Notiz: Keine Ausbeutung, nur Naturgewalt!]

Keine Katastrophe zeigt die Abhängigkeit des mittelalterlichen Menschen von der Witterung so deutlich wie Hungersnöte. Kaum ein Jahr verging während des Jahrtausends, das das Mittelalter umspannt, in welchem nicht in der einen oder anderen Region Europas Hunger herrschte.[1] Es bedurfte nicht viel, um eine Katastrophe herbeizuführen. Ein strenger, langer Winter, der es unmöglich machte, die Saat rechtzeitig in den Boden einzubringen. Zu langer Regen oder eine zu große Trockenheit reichten aus, um eine Mißernte zu bewirken. Hinzu kamen Überschwemmungen, Unwetter und gelegentliche Heuschrecken- oder Mäuseplagen, die die Ernte schädigten und im schlimmsten Falle gänzlich vernichteten. Kriegshandlungen, während derer die Felder durch planmäßige Brandstiftung vernichtet wurden, spielten als nicht witterungsabhängiger Faktor eine kaum zu unterschätzende Rolle für die Entstehung von Hungersnöten. Viehseuchen taten mitunter ein übriges, um bereits bestehende Nahrungsmittelknappheiten zu verschärfen. Hauptnahrungsmittel nicht nur der Landbevölkerung war – trotz besitzabhängiger und individueller Ergänzungen des Speiseplans durch Fleisch, Fisch, Milch und Käse – jahrhundertelang Getreide in unterschiedlicher Zubereitungsform.[2] Da aber langfristige Vorratshaltung in großem Stil vor allem im ländlichen Bereich in aller Regel unterblieb, folgte einer schlechten Ernte zwangsläufig eine Hungersnot.

In der Interpretation zeitgenössischer Chronisten waren Hungersnöte wie andere Katastrophen vor allem eine göttliche Strafe für die Sünden der Menschheit und Zeichen eines direkten Eingreifens des Allmächtigen in deren Geschicke. Als »Schwert Gottes« bezeichnet denn auch der Verfasser der *Gesta abbatum Gemblacensium*, den Schilderungen des Wirkens der Äbte des Klosters Gembloux, die Hungersnot des Jahres 1095.[3] Auch von der göttlichen Zuchtrute ist in verschiedenen Quellen die Rede. Doch auch dunkle Mächte konnten zeitgenössischen Auffassungen zufolge Hungersnöte hervorrufen. So berichtet kein geringerer als Einhard im 9. Jahrhundert davon, daß der Leibhaftige von einem sechzehnjährigen Mädchen Besitz ergriffen habe. Durch sie habe der Böse geredet und bekannt, daß er seit vielen Jahren gemeinsam mit elf Genossen Getreide, Wein und andere Feldfrüchte im gesamten Frankenreich verdorben habe. Zudem habe er das Vieh durch Krankheit getötet und Seuchen über die Menschen gebracht.

Welche Auswirkungen Nahrungsmangel zeitigen konnte und wie man damit umging, veranschaulicht der exemplarische Blick auf Hungersnöte in verschiedenen Jahrhunderten.

Hungerjahre am Beginn des 9. Jahrhunderts

Kurz nach der Wende des 9. Jahrhunderts führte offenbar eine länger anhaltende Phase ungünstiger Witterungsverhältnisse zu mehreren Hungerjahren. Ende 805 werden die Spuren einer weitreichenden Hungersnot, die im ganzen fränkischen Reich bis in das Jahr 810 hinein anzudauern scheint, erstmals in den Schriftzeugnissen sichtbar. Verschiedene Kapitulare Karls des Großen zeigen,

Darstellung eines reichen Ernteertrags in einer Nürnberger Handschrift aus dem 15. Jahrhundert

daß der Herrscher darauf bedacht war, die schlimmsten Folgen der Hungersnot zu verhindern. So wurden Verfügungen erlassen, um die Getreidepreise leidlich stabil zu halten und eine Ausfuhr von Lebensmitteln zu unterbinden. Daneben griff Karl aber auch auf begleitende Maßnahmen der Frömmigkeitsbezeigung zurück. Seine erste Sorge galt Anordnungen zum Lesen der Messe und zum Fasten. Im Jahre 809 verfügte der Herrscher, daß jeder Bischof, jeder Abt und jede Äbtissin bis zur kommenden Ernte vier Notleidende versorgen sollte. Andere Regelungen zielten darauf ab, Hungernden Rechtsschutz bei ihren Kaufgeschäften zu gewähren und Almosen zur aktiven Unterstützung der Armen mittels einer besonderen Steuer zusammenzutragen. Inwieweit die Anstrengungen des Herrschers die größte Not tatsächlich zu lindern vermochten, läßt sich im Spiegel der Quellen nicht rekonstruieren.

Während der großen Hungersnöte in der zweiten Hälfte des 9. Jahrhunderts lassen sich von Seiten der Herrscher keine derartigen Ansätze erkennen. Die Notleidenden versuchten mit allen Mitteln und allem Einfallsreichtum, die fehlende Nahrung zu ersetzen. Sofern das Getreide als Hauptnahrungsmittel der breiten Masse knapp war, griffen die hungernden Menschen auf alles Eßbare zurück, das sich ihnen in ihrer natürlichen Umgebung bot. War genügend Fleisch vorhanden, erlaubten Geistliche in Notzeiten, auch in der Fastenperiode darauf zurückzugreifen. Den *Annales Bertiniani* zufolge vermischten die Menschen etwa während der Hungersnot von 843 Erde mit Mehl und verspeisten dieses in Brotform.[4] Doch trieb die Not bisweilen auch zu anderen Maßnahmen.

Im Sommer 868 hatten Sturm und Überschwemmungen nach dem Bericht der *Annales Xantenses* in vielen Regionen, vornehmlich in Gallien und Burgund, die Ernte vernichtet. Um das Ausmaß der anschließenden Hungersnot plastisch zu schildern, vermerkt der Verfasser, viele hätten das Fleisch von Hunden und gar von Menschen verzehrt.[5] Kannibalismus infolge von Hungersnöten – ob nun tatsächlich aufgetreten oder als erzählerisches Mittel eingesetzt – ist ein Phänomen, das bis in die erste Hälfte des 11. Jahrhunderts hinein verschiedentlich von den Chronisten geschildert wird.[6] Erst während des 12. Jahrhunderts tauchen derartige Erwähnungen nicht mehr regelmäßig in den Quellen auf.

Eine weitere Begleiterscheinung der Hungersnot von 868 waren offenbar die großen Migrationen aus den Hungergebieten. Schon die karolingischen Kapitulare berichten von planlosen Massenwanderungen Hungernder, die ihre Heimat in der Hoffnung verlassen hatten, andernorts Nahrung zu finden. Strukturell unterschieden sich regionale nicht wesentlich von großräumigen Hungersnöten. Einzig die Möglichkeit, dem Hungertod durch Migration zu entgehen, waren im Falle begrenzt auftretender Nahrungsmittelknappheit größer.

Das Angesicht des Hungers

Während Papst Urban II. die abendländische Christenheit im November 1095 in Clermont zum Kreuzzug aufrief, litten weite Teile Europas wieder einmal unter einer schweren Hungersnot. Die Klöster, die traditionell durch Zuteilungen aus ihren Speichern die größte Not zu lindern versuchten, vermochten der Lage nicht Herr zu werden.[7] Die Ernte war derart schlecht ausgefallen, daß selbst in den größeren Konventen die Vorräte lediglich für zwei Monate reichten und man auswärts Getreide anzukaufen versuchte. Getreideankäufe durch die Klöster zur Versorgung der Armen sind in den Quellen immer wieder belegt. Erzbischof Engelbert I. von Köln etwa ließ 1224 über den Rhein Getreide aus Mainz in die Domstadt bringen. Die Versorgung der Hungernden um nahezu »jeden Preis« bildete den Kern kirchlicher Notstandspolitik, die gerade in den Zeiten der allmählichen Verarmung der Massen immer häufiger bemüht werden mußte. Bischöfe und Klöster öffneten ihre Vorratsspeicher immer weiter zur Linderung der größten Not, wie etwa 1315 im Falle des Deutschen Ordens belegt.[8] Dem Bericht Sigeberts von Gembloux zufolge waren die hungernden Massen 1095 derart aufgebracht, daß es zu zahlreichen Diebstählen und Brandstiftungen kam, durch die sich die Armen an den Reichen zu rächen gedachten.[9] Der Kreuzzug, der Aufbruch ins »Gelobte Land«, wirkte in dieser Situation wie ein Ventil.

Die Beschreibungen mittelalterlicher Chronisten über die Auswirkungen und Begleiterscheinungen von Hungerkatastrophen variieren über die Jahrhunderte nur wenig, wie Fritz Curschmanns vergleichende Betrachtung einer Vielzahl zeitgenössischer Schriftzeugnisse belegt. Insbesondere auf das Preisniveau wirkte sich die Nahrungsmittelknappheit unweigerlich aus. Die Getreidepreise stiegen bis hin zum Wucher. In legendenhafter Form hat sich dieser Zusammenhang auch in der Sage von Bingener Mäuseturm niedergeschlagen.[10] Der grausame Bischof Hatto von Mainz hatte dieser Geschichte zufolge reichlich Korn in seinen Speichern angesammelt, während das Volk litt. Wie nahe sich die Beschreibung an realen Verhältnissen in Hungerzeiten orientierte, zeigt ein Bericht Sigeberts von Gembloux über die Ereignisse in Flandern während der Hungersnot des Jahres 1126.[11] Während viele Arme Hungers starben, so führt der Chronist aus, hätten Kaufleute aus Südfrankreich mit Schiffen große Mengen an Getreide angebracht. Daraufhin kauften die Ritter Lambert van Straet und sein Sohn die gesamte Lieferung sowie die Zehntabgaben der Stifte und Klöster Saint-Winnoc in Bergues, Saint-Bertin in Saint-Omer, Saint-Pierre und Saint Bavon in Gent billig auf. Das Getreide horteten sie in ihren Speichern und verkauften es so teuer, daß die Armen nichts davon erwerben konnten. Für die spätere Hungerperiode von 1194 bis 1196 ist bekannt, daß sich der Preis für Weizen mancherorts verzehnfachte!

In Zeiten der Nahrungsmittelknappheit galten vielerorts strikte Ausfuhrverbote für Getreide. Mitunter, wie in Köln 1225, führte der Mangel an Getreide aber auch zu Bierbrauverboten. Vermochten die Obrigkeiten mit all ihren Interventionen den Hunger bisweilen zumindest in Maßen zu lindern, so blieben auch sie machtlos gegen ein Phänomen, das die Hungersnöte nur allzu oft begleitete – das Heilige Feuer.

Das Heilige Feuer –
Spuren einer mittelalterlichen Massenvergiftung

Im Jahre 856 trat jene Geißel erstmals als Begleiterscheinung von
Hungersnöten im Rheingebiet auf, die in der Folge noch häufig
wiederkehren sollte. Die Xantener Annalen berichten, daß eine
große Plage mit anschwellenden Blasen das Volk heimgesucht und
in derart abscheulicher Fäulnis verzehrt habe, daß sich Gliedmaßen
ablösten und vor dem Tod abfielen.[12] Dies ist das früheste Zeugnis der
»mysteriösen« Massenerkrankung, die in den folgenden Jahrhunderten immer wieder ihre Opfer fordern sollte. Die Chronisten des
9. bis 11. Jahrhunderts nannten sie *ignis sacer*, das Heilige Feuer,
spätere Zeitgenossen zumeist »Antoniusfeuer«.[13]

Obwohl während des hohen Mittelalters gemäß den Ausführungen der Geschichtsschreiber mehrfach Massenerkrankungen
mit tödlichem Verlauf in der beschriebenen Weise auftraten, ist das
Heilige Feuer keine übertragbare Infektionskrankheit. Vielmehr
waren die bemerkenswerten Häufungen von Krankheitsfällen das
Resultat massenhafter Vergiftungen. Deutliche Parallelen des von
den mittelalterlichen Autoren geschilderten Symptomkomplexes
und den beiden Formen der heutzutage unter dem Namen Ergotismus bekannten Krankheit sind unübersehbar.[14] Diese wird ausgelöst durch den Verzehr von Mutterkorn, der Dauerform eines
Schlauchpilzes, der den Roggen befällt. Getreide war in ganz Europa
das Hauptnahrungsmittel der mittelalterlichen Gesellschaft, wobei
sich die Ärmeren vornehmlich mit dem für sie erschwinglichen
Roggen begnügen mußten.[15] Die wesentliche Grundlage für ein
wiederholtes Ausgreifen der Krankheit auf weite Teile der Bevölkerung war damit gelegt. Hunger und Erkrankungsrisiko standen
in untrennbarem Zusammenhang. Ausgerechnet solche Witterungsverhältnisse, die sich ungünstig auf das Getreidewachstum
und damit auf den Ernteertrag auswirkten, waren für ein ver-
mehrtes Auftreten der Mutterkornpilze förderlich. Deshalb ge-

langten gerade in Notzeiten große Mengen des giftigen Mutter-
korns in das Mehl. Die später für das 17. und 18. Jahrhundert ermittelten Anteile von bis zu einem Drittel am Gesamtvolumen lassen unschwer erahnen, daß sich die Verhältnisse während des
Hochmittelalters kaum anders gestaltet haben dürften.[16] Erschwe-
rend kam hinzu, daß der Giftstoff unmittelbar nach Einbringung
der neuen Ernte, auf die man gerade in Zeiten des Mangels sehn-
süchtig wartete, am stärksten wirkt. Im frischen Mehl lauerte nicht
selten ein qualvoller Tod.

Beide Formen des Ergotismus – die erste gekennzeichnet durch
Krampfanfälle, die zweite durch den Brand – beginnen mit Wür-
gereiz, Erbrechen, Kopfschmerzen sowie einem unangenehmen
Kribbeln am gesamten Körper.[17] Eine weitere Gemeinsamkeit sind
die Halluzinationen, die die Vergifteten quälen. Der weitere Krankheitsverlauf gestaltet sich unterschiedlich. Im ersteren Fall treten zu
den Anfangssymptomen insbesondere an Armen und Beinen
schmerzhafte Kontraktionen von Muskelgruppen auf, die in Mus-
kelschwund und andauernden Krampfzuständen gipfeln. Dazwischen werden die Kranken von maßlosem Durst- und Hungerge-
fühl gepeinigt. Mitunter kommt es zu dauerhaften Schädigungen
zentraler Nervenbahnen, veitstanzähnlichen Anfällen und spür-
barer Beeinträchtigung des Geisteszustandes. Die zweite Form des
Ergotismus geht einher mit Verengungen der Blutgefäße bis hin
zur Unterbindung der Blutzirkulation.[18] In der Folge bilden sich
zunächst Blasen auf der Haut. Die betroffenen Gliedmaßen werden
durch den Brand schwarz und lösen sich, wie vom Verfasser der
Xantener Annalen plastisch beschrieben, schließlich ab. Aufgrund
der brennenden Schmerzen, die dieses Geschehen begleiten, ver-
liehen mittelalterliche Zeitgenossen der Krankheit den bezeich-
nenden Namen Heiliges Feuer.[19]

Nachdem die Wirkung des verzehrenden Feuers sich 856 vielerorts gezeigt hatte, ging elf Jahre später die Furcht vor einem
neuerlichen Massensterben um. Den Ausführungen der Xantener

Jahrbücher zufolge ordneten die Könige im Herbst 867 ein dreitägiges Fasten an, um die drohende Hungersnot und »Pestilenz« abzuwenden.[20] Eine solche Maßnahme kurz nach dem Einbringen der Ernte deutet unmißverständlich auf deren schlechten Ertrag hin. Es war zu dieser Zeit schon lange keine neue Erkenntnis mehr, daß der Hunger häufig genug mit Krankheit einherging. Ein mögliches, wenngleich nicht das einzige Übel, das bei dieser Konstellation zu erwarten stand, war ein neuerliches Auftreten des Heiligen Feuers. Nach dem Bericht der Annalen von Fulda forderte die unheilvolle Allianz von Hunger und »Pestilenz« schon 874 in ganz Gallien und Germanien wieder unzählige Opfer.[21] Allerdings läßt sich auch in diesem Fall nicht mit Sicherheit darauf schließen, daß sich hinter der angeführten »Pestilenz« keine Seuche, sondern eine Massenvergiftung infolge des Verzehrs von Mutterkorn verbirgt.

Im 10. Jahrhundert brannte das Heilige Feuer vor allem in verschiedenen Regionen Frankreichs. So traf es die Ile-de-France 912 und 945.[22] Auch in der Champagne zeigte sich die Massenvergiftung. Als sich gegen Ende des Jahrhunderts Mißernten häuften, entzündete sich das Heilige Feuer vielerorts in einem zuvor nie gekannten Ausmaß. Zwischen 993 und 994 erfaßte es unter anderem das Limousin, das Angoumois und das Périgord.[23] Zugleich wütete es in diesem wie dem folgenden Jahr in zahlreichen Regionen des Deutschen Reiches, das bereits zuvor unter Hunger und außergewöhnlich hoher Sterblichkeit zu leiden gehabt hatte.[24] Noch fehlten Kenntnisse, medizinische Mittel und institutionelle Strukturen, um dem Problem leidlich wirkungsvoll zu begegnen.

Zuflucht zu den Heiligen

Die Auseinandersetzung mit der allgegenwärtigen Bedrohung durch das Heilige Feuer erfolgte vor allem auf einer religiösen Ebene. Hilfesuchend wandten sich die Menschen an die Heiligen und hofften, der allmächtige Gott möge durch deren Fürsprache das

Der heilige Antonius

Schicksal gütlich wenden. Bevor der Eremit Antonius mehr als ein Jahrhundert später allmählich zum herausragenden und in weiten Teilen Europas verehrten Heiligen im Kampf gegen das Heilige Feuer avancierte, war es im Norden Frankreichs die Jungfrau Maria, im Südwesten der heilige Martial, an die die Verzweifelten ihre Gebete richteten.[25]

Nicht nur dem heiligen Antonius, auch anderen Heiligen wandten sich Menschen angesichts des Hungers zu und richteten ihre Hoffnungen im Gebet auf deren Intervention. Eine berühmte Wundererzählung aus der *Legenda aurea*, der Goldenen Legende, aus der Feder des Dominikaner Jacobus de Voragine (1226–1298) erzählt vom Wirken des heiligen Nikolaus zur Abwendung einer Hungersnot und versinnbildlicht wie keine andere die Wünsche der Hungernden.[26] Darin heißt es, als der heilige Nikolaus Bischof war, sei ein großer Hunger in das Land gekommen. Nachdem Schiffe vollbeladen mit Weizen in den Hafen eingelaufen waren, begab sich der Heilige zu den Schiffern und bat um Korn für die Armen. Nach einigem Zögern willigten die Schiffsbesatzungen ein, Nikolaus das Korn zu übergeben, denn er hatte ihnen zugesagt, daß sie dadurch nichts von ihrer Ladung einbüßen würden. Genauso geschah es, weiß die Legende zu berichten. Als die Schiffe ihren Bestimmungshafen Alexandria erreichten, waren ihre Laderäume genauso voll wie zuvor. Den Armen aber war nach ihrer Speisung noch genügend Korn für die nächste Aussaat geblieben.

Unter dem Eindruck eines massenhaften Sterbens begann zugleich die Suche nach neuen Hoffnungsträgern. Auf diese Weise gelangte die aufstrebende Klostergemeinschaft von Cluny zu einem heiligen Abt. Der hochbetagte Maiolus stand den Brüdern bereits seit vier Jahrzehnten vor, als er sich im Frühjahr des Jahres 994 auf eine letzte große Reise begeben sollte. Der französische König Hugo Capet hatte den ehrwürdigen Abt bekniet, ihn zu Gesprächen über die Reform des Königsklosters Saint Denis aufzusuchen.[27] Die Unterredung fand nicht mehr statt. Am 11. Mai 994 starb der Cluniazenserabt in Souvigny. Bald nach Maiolus' Tod begann die cluniazensische Gemeinschaft, ihren langjährigen Abt als Heiligen zu verehren. Kurz darauf war von Wundern an seinem Grab die Rede. Und auch zu Lebzeiten habe der Abt bereits Mirakel gewirkt, wußten seine Lebensbeschreibungen zu berichten. Derlei Schriften förderten eine Verehrung des Maiolus auf breiter Grundlage. Als nur drei Jahre nach dem Ableben des cluniazensischen Abtes das Heilige Feuer erneut um sich griff, pilgerten der Schilderung des burgundischen Mönchs Rodulf Glaber zufolge zahllose Menschen von überall her in der Hoffnung auf Heilung zum Grab des Maiolus nach Souvigny. Der Abt ist in einer Papsturkunde vom 22. April 998 erstmals mit dem Attribut der Heiligkeit versehen.[28]

Im Jahre 1089 schildert der Benediktinermönch Sigebert von Gembloux als Augenzeuge massenhafter Mutterkornvergiftungen in Lothringen die Wirkung des Heiligen Feuers.[29] Ein »Pestilenzjahr« sei dieses besonders für den westlichen Teil Lothringens gewesen. Dort, so schreibt er, verfaulten viele, deren Inneres das Heilige Feuer verzehrte, an ihren zerfressenen und schwarz wie Kohle werdenden Gliedern. Starben die Unglücklichen nicht elendig, so waren sie dazu verurteilt, ein noch elenderes Leben fortzusetzen, nachdem ihre verfaulten Hände und Füße abgetrennt waren. Zahlreiche wurden von nervösen Krämpfen gequält. Der Benediktiner sollte noch mehrfach Augenzeuge von Massenvergiftungen werden. Nur fünf Jahre nach dem Schreckensszenario folgte 1094 bereits die nächste Hungersnot mit den altbekannten Begleiterscheinungen.

Massenhafte Mutterkornvergiftungen traten auch im 12. Jahrhundert weiterhin auf. In der Ile-de-France etwa befiel das Heilige Feuer 1128/1129 ein weiteres Mal zahllose Menschen.[30] Wenngleich der große Kreis der Heiligen auch weiterhin eine wichtige Rolle für die religiöse Auseinandersetzung mit dem Phänomen spielte, so trat mit der Bruderschaft der Antoniter bereits vor dem Ende des 11. Jahrhunderts eine Gemeinschaft von Laien hervor, die sich in einem kleinen Dorf in der Dauphiné der Opfer des Heiligen Feuers annahm.

Die Antoniter und die Opfer des Heiligen Feuers

Um das Jahr 1070, so will es die Überlieferung, gelangten die angeblichen Reliquien des heiligen Eremiten Antonius aus Byzanz in das bis dahin bedeutungslose La-Motte-aux-Bois in der Dauphiné.[31] Mit der Ankunft der kostbaren Gebeine sollte sich dies alsbald ändern. Schon vor dem Jahre 1083 trug der Ort den Namen des großen Heiligen: Saint-Antoine.[32] Die Reliquien zogen in großer Zahl Hilfesuchende an. In Saint-Antoine hatte sich zu dieser Zeit bereits eine Laienbruderschaft gebildet, die sich ebenso eifrig wie erfolgreich der Versorgung von Pilgern und der Krankenpflege annahm.[33] Bereits vor 1130 war ein eigenes Haus errichtet worden, das den Pilgern mehr als nur Obdach bot. Die Antoniter-Brüder widmeten sich vielmehr den Opfern des Heiligen Feuers.[34] Durch die Lage Saint-Antoines am Rande einer Hauptpilgerroute zum berühmten Wallfahrtsort Santiago de Compostela verbreitete sich die Kunde von der Krankenpflegetätigkeit der Antoniter im Gefolge der Jakobspilger über ganz Westeuropa.[35] Bald entstanden weitere Antoniterhäuser, zunächst in Gap, Chambéry und Besançon. Um 1200 führte die Bruderschaft bereits Spitäler in Flandern, Oberitalien, Spanien, im deutschsprachigen Reichsgebiet und in Rom.[36] Als Papst Innozenz IV. die Antoniter im Jahre 1247 zum Orden erhob, stützte sich die Spitalgemeinschaft bereits auf ein europaweites Netz von rund 370 Häusern.[37]

Grundpfeiler der von den Antonitern durchgeführten Heilbehandlungen war ein untrennbares Zusammenspiel des Glaubens an die Kraft des heiligen Antonius und der therapeutischen Maßnahmen.[38] Die Behandlungen konnten nach gängiger Überzeugung allein durch die Wirkmächtigkeit des Heiligen zum Erfolg führen. Die erste Stufe der Behandlung begann unmittelbar nach der Aufnahme eines Kranken in das Antoniterspital. Die Patienten bekamen gutes Brot gereicht, das frei war vom Gift des Mutterkornpilzes. Zusätzlich gab man ihnen den sogenannten Antoniuswein zu trinken, der durch Eintauchen einer Reliquie des Heiligen besondere Heilkraft entfalten sollte. Darüber hinaus enthielt der Wein eine Reihe von Kräuteressenzen, die den Vergiftungserscheinungen entgegen wirkten. Ein Flügel des sogenannten Isenheimer Altars, den der Meister Matthias Grünewald am Beginn des 16. Jahrhunderts für das elsässische Antoniterhaus fertigte und der sich heute im Musée d'Unterlinden in Colmar befindet, zeigt deutlich 14 der zu Behandlungszwecken verwendeten Heilkräuter.[39] Sie lassen sich insgesamt in vier Wirkgruppen unterscheiden, von denen die drei ersten bei der Zubereitung von Antoniuswein und Antoniuswasser Verwendung fanden.[40] Einige der Kräuter, die harntreibend und abführend wirken, sollten eine schnelle Entgiftung des Patienten bewirken. Andere treten der Verengung der Blutgefäße durch ihre gefäßerweiternde Wirkung unmittelbar entgegen. Schließlich finden sich in der dritten Gruppe betäubende und schmerzstillende Substanzen. Die Pflanzen der vierten Gruppe sind bekannt für ihre antibakterielle, blutstillende und wundschließende Wirkung. Diese fanden bei der Herstellung des sogenannten Antoniusbalsams Verwendung, der auf brandige Wunden oder zur Beschleunigung der Wundheilung nach Amputationen aufgetragen wurde.[41] Seit dem späten Mittelalter verpflichteten die Antoniterspitäler städtische Wundärzte, die im Bedarfsfall Amputationen brandiger Gliedmaßen vornahmen.[42] Wer die Behandlung überstand, wurde bis zu seinem Lebensende in den Spitälern der Antoniter versorgt.

Die größte Hungerkatastrophe des mittelalterlichen Europa

Zwischen 1315 und 1317 erlebte Europa die größte Hungerkatastrophe des Mittelalters.[43] Zahlreich sind die zeitgenössischen Chroniken, die über das Elend berichten, das durch mehrere Mißernten in Folge ausgelöst worden war. Schon 1312 war die Witterung ungün-

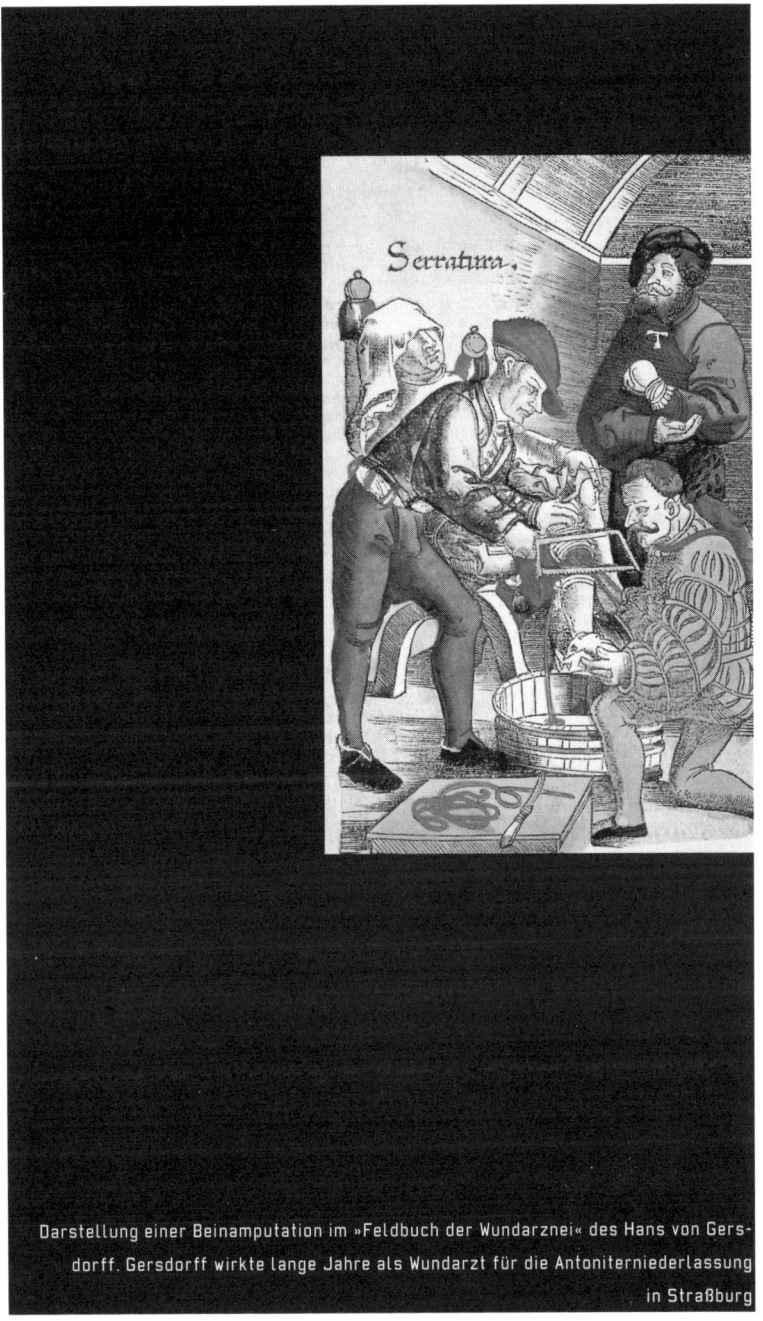

Darstellung einer Beinamputation im »Feldbuch der Wundarznei« des Hans von Gersdorff. Gersdorff wirkte lange Jahre als Wundarzt für die Antoniterniederlassung
in Straßburg

stig gewesen. Als sich die Situation auch in den folgenden drei Jahren nicht besserte, war die Not der Windsheimer Chronik zufolge 1315 bereits so groß geworden, daß die Menschen *allerleyß, hund, pferd und dieb vom Galgen gefreßen*.[44] Doch auch in den kommenden Jahren zeigte sich keine Besserung der Witterungsverhältnisse. Zahlreiche Flüsse traten 1316 über die Ufer, überschwemmten die Äcker und bewirkten eine neuerliche Mißernte. Am 30. Juni 1318 fiel in Köln Schnee. Wie viele Menschen während dieser lang anhaltenden Hungerperiode in ganz Europa ihr Leben gelassen haben mögen, läßt sich nur erahnen.

In der Magdeburger Schöffenchronik heißt es zu den Ereignissen des Jahres 1316, es sei so viel Vieh gestorben, daß sich die Hungernden vom Fleisch der gefallenen Tiere ernährt hätten.[45] Vor den Stadttoren, aber auch innerhalb der Stadt hätten die Menschen das Fleisch gebraten oder gesotten und verkauft. Die Bäcker, die in ihren Häusern noch Brot hatten, mußten dieses mit Stöcken in der Hand bewachen und sich Scharen von Hungernden erwehren. Die Mönche eines Klosters in der Nähe von Braunschweig hätten täglich bis zu vierhundert Arme gespeist. Doch auch 1317 war die Not noch nicht vorbei.

In den Jahren 1437/1438 kam es erneut zu einer europaweiten Hungersnot mit massiven Auswirkungen.[46] England und Frankreich waren von der neuerlichen, lang andauernden Hungerkatastrophe ebenso betroffen wie Flandern, viele deutsche Territorien und die Schweiz. Nicht nur hatte die schlechte Witterung zu Mißernten geführt, auch die Wirkung der Hussitenkriege sowie eine Mäuse- und Hamsterplage verschärften die Situation. Im Jahre 1438, als die Not ihren Höhepunkt erreicht hatte, notiert die Thüringische Chronik, die Teuerung sei so groß gewesen, daß die Leute in Dörfern, Flecken und Straßen tot niedergefallen und lange Zeit unbegraben geblieben seien.

8. KAPITEL
... und blieb der dritte Teil nicht am Leben.
SEUCHEN IM FRÜHEN UND HOHEN MITTELALTER

Pestilenz, groet sterff und pestis magna –
Eine Frage der Wahrnehmung

Seuchen, die besonders seit der Mitte des 14. Jahrhunderts in dichter Folge vor allem die Städte heimsuchten, gehörten zu den größten Bedrohungen der mittelalterlichen und frühneuzeitlichen Gesellschaft. Sie waren im wahrsten Sinne nicht selten die noch verheerendere Katastrophe nach der Katastrophe, die den Überschwemmungen, Unwettern, Hungernöten oder Erdbeben häufig auf dem Fuß folgte.

Epidemisch oder gar pandemisch, über zahlreiche Länder hinweg, auftretende gefährliche Infektionskrankheiten forderten immer wieder unzählige Opfer. Niemand, weder reich noch arm, jung oder alt, vermochte ihnen zu entgehen. Welch gewaltigen Anteil Seuchen an der Sterberate hatten, läßt sich anhand der beredten Aufzeichnungen des Kölner Ratsherren Hermann von Weinsberg (1518–1598) exemplarisch aufzeigen. Ihnen ist zu entnehmen, daß rund 23 Prozent von Weinsbergs engerer oder weiterer Verwandtschaft im Laufe von 80 Jahren durch die »Pestilenz« hingerafft wurden.[1] Eindeutig identifizieren lassen sich diese Geißeln der Vergangenheit durch heutige medizinische Definitionen für bestimmte Krankheiten allerdings nicht. Krankheitserreger unterliegen der Evolution. So bemerkte unlängst David Herlihy, es sei keineswegs ausgemacht, das jene Erreger, die unsere Vorfahren quälten, noch die gleichen seien, die uns heute begegneten.[2] Denn die Pest, die moderne Zeitgenossen gemeinhin gern mit dem vermeintlich »finsteren« Mittelalter in Verbindung bringen, ist keineswegs vom Angesicht der Erde verschwunden. Pestfälle traten 1997 in Madagaskar, Malawi, Mozambique, Tansania, Sambia, Zimbabwe, China, Kasachstan, der Mongolei, Bolivien und sogar den USA auf.[3] Lokale Herde der Infektionskrankheit werden alljährlich gemeldet, die sich in jüngerer Vergangenheit glücklicherweise nie mehr in eine Epidemie verwandelt haben. Ob und inwieweit die heutzutage als »Pest« bezeichnete Krankheit mit den von mittelalterlichen Zeitgenossen *pestilenz, groet sterf* oder *pestis magna* genannten Phänomenen tatsächlich Gemeinsamkeiten aufweist, läßt sich selbst mit naturwissenschaftlichen Methoden nicht zweifelsfrei klären. Osteoarchäologie, die »Archäologie der Knochen«, und Paläopathologie, die das Wissen über Krankheiten in vergangenen Gesellschaften, deren medizinische Behandlungsmethoden oder Ernährungsgewohnheiten in unschätzbarem Maße erweitert haben, vermögen hierauf keine eindeutigen Antworten zu geben. Im Gegensatz etwa zur Lepra hinterläßt die Pest am Skelett keine Spuren.

Was bleibt, um sich den gefährlichen, epidemisch auftretenden Infektionskrankheiten des Mittelalters anzunähern, ist vor allem eine Vielzahl unterschiedlicher Schriftquellen. Bei ihrer Auswertung gilt es, verschiedene Umstände zu berücksichtigen: Die Produzenten der überwältigenden Mehrheit mittelalterlicher Schriftzeugnisse waren keine Heilkundigen. Ihnen ging es nicht um eine möglichst genaue Beschreibung von Krankheitsverlauf und Symptomen. Ausführungen zum Erscheinungsbild der Krankheit sind eher die Ausnahme denn die Regel. Vielmehr stellen die Verfasser Seuchen und deren Wirkung gemäß ihrer individuellen, zeitspezifischen Wahrnehmung dar. Erwähnungen ein und desselben Seuchengeschehens sowie Ausführungen zur Natur der Krankheit unterschieden sich im Detail zumeist erheblich und lassen sich mit gegenwärtigen medizinischen Definitionen nicht in Deckung bringen.[4] Zu hinterfragen ist auch die Art der jeweiligen Quelle respektive ihre Hauptintention. Nicht wenige Chronisten verwendeten Seuchenschilderungen als stereotype Topoi. Dies gilt insbesondere für jenen Berichtszeitraum, der vor die Abfassung ihrer Werke fällt und für den Informationen aus älteren Vorlagen zusammengetragen wurden. Ein Massensterben infolge göttlichen Zorns fügt sich nahtlos in ihre Absicht zur moralischen Belehrung ein. Individuelle Züge erhält die Darstellung vor allem dann, wenn die Geschichtsschreiber selbst Augenzeugen eines Seuchenausbruchs wurden.

Städtisches Schriftgut, in dem sich seit der Mitte des 14. Jahrhunderts in zunehmendem Maße Informationen über die Auswirkungen epidemisch auftretender Infektionskrankheiten finden lassen, enthält in aller Regel keine weiteren Angaben zu Symptomkomplexen oder Krankheitsverläufen. Die städtischen Schreiber begnügen sich damit, etwa in Rechnungsbüchern Ausgaben oder Zahlungsausfälle als »pestilenzbedingt« zu vermerken. Welche Seuche sich im Einzelfall dahinter verbarg, blieb für sie irrelevant. Auch die Ratsprotokolle, die Nachrichten über das Verhalten der Obrigkeitsvertreter in Seuchenzeiten liefern, halten ausschließlich den Inhalt der Ratsentscheidungen in dieser Angelegenheit fest.

Doch selbst wenn das Schriftzeugnis von einem Vertreter der Heilkunde verfaßt wurde, bleiben die Möglichkeiten moderner Interpretationen beschränkt. Ärzte, die Verhaltensempfehlungen zur Seuchenprophylaxe verfaßten, orientierten sich naturgemäß an zeitgenössischen medizinischen Lehrmodellen. Diese aber wurden während des gesamten Mittelalters nahezu dogmatisch durch die Prinzipien der griechisch-römischen Heilkunde, vor allem des Hippokrates und des Galen, bestimmt. Die Beschreibung der Krankheiten (Nosologie) wie auch die Interpretation ihrer Ursachen

(Ätiologie) stützten sich auf die antiken Vorgaben.[5] Diesen zufolge wurde Krankheit durch ein Ungleichgewicht der vier Körpersäfte ausgelöst (Humoralpathologie). Blut, Schleim, gelbe und schwarze Galle hießen jene Säfte, deren Mangel oder Übermaß krankmachend wirkte. Massenerkrankungen erklärte diese Theorie nicht. Seuchen wurden der antiken Lehrmeinung zufolge, die sich bis zur Entdeckung der Erreger Ende des 19. Jahrhunderts hartnäckig hielt, durch verdorbene Luft, sogenannte Miasmen, hervorgerufen.

Das Bild, das mittelalterliche Schriftquellen von den Seuchen liefern, wird demnach gelenkt durch unterschiedlich motivierte und teilweise individuelle zeitspezifische Wahrnehmungen. Diesen gilt es sich anzunähern, will man die Auswirkungen infektionsbedingten Massensterbens auf die mittelalterliche Gesellschaft deuten. Die von zeitgenössischen Verfassern meist uniform als *pestilenz, pestis magna, groet sterf* oder ähnlich bezeichneten Seuchen wirkten dabei mitunter sehr verschieden. Phänomene, die dem heute unter dem Namen Pest bezeichneten stark ähneln, überwogen dabei offenbar und forderten die meisten Todesopfer. In Ermangelung eines treffenderen Begriffskatalogs werden die folgenden Ausführungen auf die heutzutage bekannten Krankheitsbezeichnungen zurückgreifen müssen. Dies geschieht in dem Bewußtsein, daß die mittelalterliche »Pest« viele Gesichter besaß, die jedoch durch die Jahrhunderte bis zur Unkenntlichkeit entstellt wurden. Übriggeblieben sind Nuancen des Schreckens, den der »Schwarze Tod« zur Mitte des 14. Jahrhunderts auf einen zuvor nie gekannten Gipfel führte.

Die »Justinianische Pest« im Westen

»Es werden sein Pestilenz und teuere Zeit und Erdbeben hin und wieder, und es werden sich erheben falsche Christi und falsche Propheten, die Zeichen und Wunder tun, daß sie auch die Auserwähl-

ten verführen«, zitiert der Chronist Gregor von Tours bei seiner
Beschreibung der Ereignisse des Jahres 591 aus dem Matthäusevan-
gelium.[6] Im Rahmen seines großen Geschichtswerks läßt der Bischof von Tours keine Zweifel daran aufkommen, daß der Grund all
der Trübsal seiner Zeit in Gottes Zorn über die Verderbtheit des
Menschengeschlechts begründet liegt. Die Prophezeiung des Evan-
geliums, so betont er, sei denn auch in allem eingetroffen.

Schon für das Jahr 470 weiß Gregor zu berichten, daß eine große Seuche in Gallien wütete. Nähere Angaben zu Erscheinungsbild
und Wirkungsweise der Krankheit liefert der Kirchenmann nicht.
Doch wenngleich sich möglicherweise ein Massensterben schon
mehr als sechzig Jahre vor der Geburt des Chronisten ereignet haben mag, so fiel doch der Schatten der größten Seuchenkatastrophe
des frühen Mittelalters in Gregors eigene Schaffenszeit – die sogenannte Justinianische Pest.[7]

Die im Jahre 541, während der Herrschaft des byzantinischen
Kaisers Justinian (527–565), ausbrechende Pandemie hatte ihren
Ursprung in Ägypten. Von dort verbreitete sie sich in Windeseile in
die levantinischen Hafenstädte. Dem Augenzeugenbericht des
Chronisten Prokop zufolge war die Seuche im Frühjahr 542 bis in
die oströmische Hauptstadt Konstantinopel vorgedrungen. In folgenden Jahr war die Pest im gesamten Reichsgebiet spürbar geworden. Im Osten war sie bis nach Aserbaidschan, im Westen über
Nordafrika bis auf die Iberische Halbinsel gelangt. Entlang der
großen Flüsse bahnte sich die Seuche ihren Weg durch Westeuropa. Auch in den Bischofsstädten Reims und Trier hatte sie bereits ihren Tribut gefordert. Allerorts war der Blutzoll hoch.

Prokop und der gegen Ende des 6. Jahrhunderts als Sekretär des
Patriarchen von Antiochia tätige Evagrios lassen in ihren Berich-
ten über das Erscheinungsbild der Seuche deutliche Parallelen zur
Pest erkennen. Sie erwähnen Fieberschübe, die von Lähmungen,
Umnachtung und fürchterlichen Alpträumen wie auch von Blu-
tungen unter der Haut, Schwellungen der Drüsen und Gelenk-

Mosaikdarstellung Kaiser Justinians I. (527–565) an der Nordwand der Apsis von San Vitale in Ravenna

schmerzen begleitet wurden. Zudem zeigen ihre Schilderungen, daß die Seuche offenbar in ihren beiden Formen – der Bubonen- wie der Lungenpest – auftrat. Prokop beschreibt nach eigener Beobachtung, daß der Tod der Erkrankten entweder innerhalb weniger Stunden eintat oder sich Erkrankungen über mehrere Tage hinzogen, bis der Infizierte schließlich starb.

Im März 544 erklärte Kaiser Justinian die Pest für beendet. Tatsächlich jedoch überrollten ihre Ausläufer in der Folgezeit mehrfach Europa. Immer wieder flammten regionale Seuchenherde auf, die sich im Abstand von zehn bis fünfzehn Jahren zu Flächenbränden ausweiteten. Entsprechend häufig berichtet Gregor von Tours, der wichtigste Gewährsmann für die Geschehnisse des 6. Jahrhunderts, von den Heimsuchungen durch die Seuche. Im Jahre 546 trat die Pest wieder in vielen Gegenden Galliens auf. Besonders schwer wütete sie Gregors Ausführungen zufolge im Gebiet um das provençalische Arles. Seine Schilderung über die Auswirkungen der Seuche verknüpft der Bischof von Tours mit der hagiographischen Erzählung von den Wundertaten des heiligen Bischofs Gallus von Clermont.[8] Dieser war trotz der Vehemenz der Seuche nicht um sein eigenes Wohlergehen besorgt, sondern flehte in inbrünstigem Gebet um die Gnade Gottes für das ihm anvertraute Kirchenvolk. Die Hinwendung zu Gott erwies sich nach der Darstellung des Chronisten denn auch als geeignetster Weg, dem Übel zu entgehen. Der fromme Bischof schaute des Nachts ein Traumgesicht. Ein weißgewandeter Engel sprach zu ihm und lobte ihn für seine gottgefälligen Gebete, die der Herr erhört habe. Niemand in der Gegend, so versprach der himmlische Gesandte, werde an der Pest sterben müssen. Gallus führte nun öffentliche Bettage ein und ordnete eine Prozession zur Kirche des heiligen Julianus an. Auf dem langen Weg dorthin entdeckten die Menschen überall auf den Wänden der Kirche und Häuser Kreuzeszeichen. Während die Seuche in der gesamten Umgegend ihre Opfer forderte, wurde die Stadt durch die Fürbitte ihres Bischofs verschont. Ungeachtet des intentionalen Charakters von Gregors Bericht wird hier offenkundig, daß die Ausläufer der Justinianischen Pest massiv auf die Zeitgenossen wirkten. Gebet und Frömmigkeitsbezeigungen prägten die Auseinandersetzung mit der Katastrophe.

Im Jahre 571 flammte die Pest ein weiteres Mal auf.[9] Bei diesem neuerlichen Auftreten scheint die Seuche noch heftiger gewirkt zu haben als 546. Gregor von Tours führt aus, sie habe eine so hohe Sterblichkeit verursacht, daß man die Zahl der Toten nicht einmal habe errechnen können. Massengräber mußten angelegt werden. Bald standen Gregors Worten zufolge nicht mehr genügend Bretter zur Fertigung von Särgen zur Verfügung. Zehn und mehr Leichen seien daraufhin in einer Grube beigesetzt worden. Die Krankheit tötete äußerst rasch. Der Bischof von Tours betont, daß an einem einzigen Sonntag dreihundert Leichen in die Kirche des heiligen Petrus gebracht wurden. Mag die Höhe der angegebenen Zahl einmal mehr Anlaß zu Zweifel geben, so unterstreicht sie doch, daß die Sterblichkeit bei weitem das gewohnte Maß übertraf. Schließlich liefert der Chronist nach seiner Wahrnehmung noch eine Beschreibung der Krankheitssymptome. In der Leistengegend oder der Achsel habe sich eine Geschwulst wie von einem Schlangenbiß gebildet. Das Gift aus derselben habe jeden Betroffenen so schnell durchdrungen, daß er am zweiten oder dritten Tag nach dem Erscheinen der Schwellung starb. Doch noch davor verloren die Erkrankten ihre Besinnung.

Das klinische Bild der Pest

Heute stellt sich das klinische Bild einer Pesterkrankung folgendermaßen dar:[10] Am Beginn der Infektionskette steht der Floh *Xenopsylla Cheopis Roth*. Der Proventrikel, eine kleine Tasche der Speiseröhre, ist bei infizierten Pestflöhen durch einen Pfropfen aus Bakterien und Blut verstopft. Durch den Biß des Flohs gelangt der hochinfektiöse Pfropf in die Blutbahn des Opfers, zunächst bestimmter, als Wirtstiere bevorzugter Rattenspezies. Innerhalb einer Rattenpopulation wird die Infektionskrankheit schnell von den infizierten auf die noch gesunden Artgenossen übertragen. Sofern der Erreger unter Wanderratten auftritt, hält sich die Pest zumeist endemisch. Wird jedoch eine Hausratte mit dem Pesterreger *Yersinia pestis* infiziert, deren Lebensraum sich mit dem des Menschen unmittelbar berührt, besteht höchste Gefahr einer Seuchenausbreitung. Nach dem Aussterben der Rattenpopulation sucht sich der Floh mit dem Menschen einen neuen Wirt. Eine sogenannte Epizootie, ein massives Tiersterben, unter den Nagern geht in aller Regel einer Pestepidemie voraus. Findet der Floh danach nicht sofort einen neuen Wirt, kann er rund dreißig Tage in Kleidern, Betten und Spalten überleben. Sofern die Temperaturen unter 10 Grad fallen, tritt beim Floh eine vorübergehende Kältestarre ein. Die Beulenpest breitet sich deshalb in der kälteren Jahreszeit langsamer aus. Der Menschenfloh *(Pulex irritans)* vermag zwar auch den Erreger zu übertragen, doch spielt er als Überträger lediglich eine untergeordnete Rolle. Neben einem Flohstich oder der Infektion mit dem Kot des Ungeziefers über kleinere Hautverletzungen ist eine Übertragung über den Nasen-Rachen-Raum mittels Tröpfcheninfektion möglich. Die Art der Übertragung bedingt die Form der Erkrankung.

Infektionen über die Haut verursachen die sogenannte Beulen- oder Bubonenpest. Ihr Name resultiert aus der für diese Erscheinungsform der Pest typische Schwellung der Lymphknoten in der Leistengegend, unter den Achseln oder am Hals. Die Inkubationszeit ist kurz. Zwischen einer Ansteckung und dem sichtbaren Auftreten der ersten Krankheitssymptome vergehen unter Umständen kaum mehr als 48 Stunden. Schon nach kurzer Zeit verfärbt sich die Einstichstelle des Flohbisses aufgrund einer Nekrose bläulich-schwarz. Zwei bis drei Tage später schwellen die Lymphknoten stark an. Je nach individuellem Krankheitsverlauf schließen sich weitere Symptome wie Fieberschübe, unerträgliche Kopfschmerzen, Blutungen unter der Haut und Halluzinationen an. Der Tod des Erkrankten tritt nach Delirium und anschließendem Koma oder sehr schnell durch Blutvergiftung (Septikämie) ein.

Die zweite Form der Pest ist die sogenannte Lungenpest. Die hochinfektiöse und noch schneller wirkende Krankheit wird wie ein gewöhnlicher Schnupfen durch Tröpfcheninfektion über den Nasen-Rachen-Raum direkt von Mensch zu Mensch übertragen. Nach nur 24 bis 48 Stunden zeigen sich massive Krankheitssymptome wie Herzrasen, Bluthusten und Atemnot. Eine Nervenlähmung und Zerstörung des Lungengewebes bedingen einen qualvollen Erstickungstod, der unter Umständen bereits wenige Stunden nach den ersten Anzeichen einer Erkrankung eintreten kann. Bricht eine Pestepidemie aus, ist es eine Frage der Zeit und der jeweils herrschenden lokalen Bedingungen, bis beide Formen der Krankheit sich äußern.

Die Entdeckung des Bakteriums *Yersinia Pestis* gelang während eines Pestausbruchs im Juni 1894 in Hongkong dem Schweizer Alexandre Yersin (1863–1943), einem Schüler von Louis Pasteur (1822–1895), und wohl nur wenige Tage vor ihm dem Japaner Shibasaburo Kitasato (1852–1931). Als erstem glückte Yersin eine Züchtung des Erregers in Reinkultur. Paul Louis Simond, ebenfalls ein Schüler Pasteurs, konnte 1898 den Übertragungsweg des Bakteriums aufklären. Stehen heutzutage wirksame Antibiotika zur Bekämpfung der Pest zur Verfügung, so war der mittelalterliche Mensch der Krankheit hilflos ausgeliefert.

Bischof Gregor von Tours und die Ausläufer der Justinianischen Pest in der zweiten Hälfte des 6. Jahrhunderts

Nicht alle Geistlichen brachten den Mut auf, bei den Kranken auszuharren, wie jener Priester Cato, den Gregor von Tours in seiner Beschreibung der Ereignisse des Jahres 571 deutlich hervorhebt. Er sorgte für ein ordnungsgemäßes Begräbnis der Toten und las weiterhin die Messe, bis auch er der Seuche erlag. Die meisten Kirchenmänner waren aus Furcht vor der Pest geflohen. Die Flucht vor dem übermächtigen Gegner, die sich allerorts beim Ausbruch einer Epidemie über die Jahrhunderte stets wiederholte, galt schon in den antiken medizinischen Verhaltensempfehlungen als einzig probates Mittel zum Schutz vor der Seuche.[11] So hatte auch der Bischof Cautinus aus Angst um sein Leben seinen Wirkungsort verlassen und war von Stadt zu Stadt gezogen. Als er jedoch zurückkehrte, traf auch ihn die Seuche. Lyon, Bourges, Châlons und Dijon wurden von der Pest nahezu entvölkert, wie Gregor betont.

In den 580er Jahren brach die Pest vielerorts erneut aus. Das südfranzösische Narbonne und das am Atlantik gelegene Nantes hatten 582 schwer unter der Seuche zu leiden.[12] Zwei Jahre später erreichte das Massensterben in Albi seinen Höhepunkt. Im Jahre 585 will Gregor von Tours vom Beginn eines langwährenden Massensterbens in Marseille wissen. Ihren Anfang nahm die Pest angeblich durch das ruchlose Verhalten des Herzogs Rathar gegen den Bischof Theodorus und das Kirchengut. König Childebert II. († 596) hatte den Herzog mit eindeutigem Befehl in die Stadt entsandt. Rathar jedoch widersetzte sich den Anweisungen seines Herrschers. Er setzte den Bischof gefangen, verlangte Bürgen für ihn und überstellte ihn dann in die Gewalt König Gunthrams († 592), damit auf der Synode von Mâcon über sein weiteres Geschick entschieden würde. Die anschließende eigennützige Plünderung des Kirchengutes blieb jedoch nach Aussage Gregors von Tours nicht ohne Folgen für den Übeltäter Rathar. »Doch es blieb die Rache Gottes nicht aus, der immer seine Diener dem Rachen räuberischer Hunde zu entreißen pflegt«, betont der fromme Geschichtsschreiber. In seiner Schilderung folgt dem Frevler die Seuche als Strafe Gottes und zur moralischen Belehrung der Nachwelt auf dem Fuße. Sobald Herzog Rathar das Kirchengut geplündert hatte, wurden seine Diener von einer todbringenden Krankheit geschlagen und starben am Fieber.

Inwieweit der Chronist sich bei seinem Bericht an Fakten hält und inwieweit er die Ereignisse der Intention seines Werkes anzupassen sucht, läßt sich nicht mit Sicherheit ergründen. Auch Rathars Sohn wurde Gregors Bericht zufolge ein Opfer der Seuche.

Der Ausbreitungsweg der Pest der 580er Jahre läßt sich aufgrund der recht vagen Angaben des Chronisten nicht rekonstruieren. Möglicherweise hielt sich die Pest endemisch in der Gegend um Marseille, um drei Jahre später erneut vehement aufzuflammen. Von der südfranzösischen Hafenstadt scheint sich die Krankheit 588 bis nach Lyon ausgebreitet zu haben. König Gunthram ordnete »gleich einem guten Bischof«, so Gregor, die Einführung von Gebets- und Andachtstagen an.[13] In diesen Ausführungen wird erstmals im frühmittelalterlichen Abendland ein Hinweis auf Reaktionen der weltlichen Obrigkeiten im Umgang mit der Seuche gegeben. Diese, wie der Chronist treffend urteilt, lehnen sich jedoch eher an die eines geistlichen Fürsten an. Von Maßnahmen zur Isolierung Kranker oder Versuchen einer wie auch immer gearteten medizinischen Therapie der Erkrankung finden sich keine Spuren. Die Bewältigung der Seuchenkatastrophe erfolgte ausschließlich mit religiösen Mitteln. So befahl der König allen Untertanen zu fasten, Gerstenbrot und Wasser sollten ihre einzige Nahrung sein. Bei allen Vigilien sollten sie zugegen sein. Der Herrscher übernahm als Repräsentant seines Volkes gegenüber den himmlischen Mächten zusätzliche Verpflichtungen, um den göttlichen Zorn zu besänftigen. Seine Almosen flossen nun noch reichlicher, und er betete persönlich um Erbarmen für sein Volk. Im Moment der größten Verzweiflung läßt Gregor den von ihm hochgeschätzten Gunthram gar zum Wunderheiler werden. So berichtet er, eine Frau, deren Sohn vom viertägigen Fieber geplagt wurde – ob es sich hierbei um die in Frankreich zu dieser Zeit noch verbreitete Malaria oder doch um die Folgen den Justinianischen Pest handelt, läßt sich nicht ergründen – habe heimlich Fransen des Königsmantels an sich gebracht.[14] Diese habe sie in Wasser gelegt und dem Kranken zu trinken gegeben. Spontan sei dieser geheilt worden. Der Chronist betont, er habe hieran keine Zweifel. Die wunderbare Heilkraft der französischen Könige, denen man jahrhundertelang die Fähigkeit zur Heilung der Skrofulose zuschrieb, nahm im frühen Mittelalter ihren Anfang.[15]

Im folgenden berichtet der merowingische Chronist ausführlich von den Ereignissen in Marseille unter dem Eindruck der Seuche. Diese sei durch die Handelsware spanischer Schiffe in Südfrankreich eingeschleppt worden, erzählt der Bischof von Tours. Angesichts der heute bekannten Verbreitungsmöglichkeiten der Pest erscheint die Erklärung durchaus plausibel. Gregor spricht wörtlich vom »ansteckenden Stoff der Krankheit«, den die Schiffe mit sich brachten. Diejenigen, die Waren aus der Schiffsladung erstanden hatten, ereilte alsbald der Tod. Herd des Massensterbens war ein Haus, das Gregors Angaben zufolge von acht Menschen bewohnt wurde. Alle Hausbewohner starben rasch an derselben Krankheit. Kurz darauf brach die Seuche in der ganzen Stadt aus. Zwei Monate währte die erste Phase. Der Bischof Theodorus, der in seine Stadt zurückgekehrt war, versuchte durch inbrünstige Gebete das Übel abzuwenden. Seinen Bemühungen war indes nur ein kurzfristiger Erfolg beschieden. Nachdem die Pest vorübergehend abgeebbt war, flammte sie nur zwei Monate später ein weiteres Mal auf. Diejenigen, die vor der Seuche aus der Stadt geflohen und nun in ihre Häuser zurückgekommen waren, ereilte jetzt der Seuchentod. Noch oft, so schließt Gregor seinen Bericht, wurde die Stadt von der Plage heimgesucht.

Im Jahre 590 hielt der Tod Gregors Angaben zufolge reiche Ernte in Rom.[16] Nach einer großen Überschwemmung des Tiber wurde die Stadt im Winter von einer tödlichen Massenerkrankung heimgesucht. Angesichts der ernsten Lage ermahnte Papst Gregor der Große persönlich das Volk zur Buße und befleißigte sich eines asketischen Lebenswandels. Immerhin war sein Vorgänger Pelagius der Seuche bereits zum Opfer gefallen.

Doch nicht nur die Folgeepidemien der Justinianischen Pest, die aus ungeklärten Gründen nach einem letzten vehementen Ausbruch in Italien im Jahre 750 zunächst für sechs Jahrhunderte wieder aus Europa verschwand, forderte in der frühmittelalterlichen Gesellschaft ihre Opfer.[17] Die Chronik des Bischofs von Tours enthält zahlreiche Hinweise auf das Auftreten weiterer epidemischer Krankheiten, die sich in der Beschreibung von der der Justinianischen Pest deutlich unterscheiden.

Tödliche Infektionserkrankungen des Magen-Darm-Trakts im frühen und hohen Mittelalter

Infektiöse, epidemisch auftretende Darmerkrankungen waren jahrhundertelang ein häufig wiederkehrendes Übel in der mittelalterlichen Gesellschaft.[18] Häufig traten sie nach Überschwemmungen, Unwettern, Erdbeben oder in Verbindung mit Hungersnöten auf. Welche der verschiedenen Erreger die schweren und nicht selten blutigen Durchfälle mit Todesfolge hervorriefen, läßt sich heute nicht mehr nachvollziehen. Hinter den Dimensionen des Schwarzen Todes oder denen der Cholera im 19. Jahrhundert blieben solche Dysenterie-Epidemien weit zurück. Doch auch sie erschienen in den Augen der Zeitgenossen verheerend, auch sie forderten unzählige Opfer. Hauptinfektionsquelle war stets verunreinigtes Trinkwasser, das in den Ländern der sogenannten Dritten Welt noch heute den Armen zum Verhängnis wird.[19] Im Gegensatz zu den Choleraepidemien der Neuzeit trafen die von mittelalterlichen Geschichtsschreibern »Ausfluß des Bauches«, »Blutfluß«, »Dysenterie« oder ähnlich genannten Darminfekte jedoch unabhängig von Vermögen und sozialer Stellung jeden gleichermaßen.

Gregor von Tours beschreibt ausführlich die Auswirkungen und Erscheinungsbild einer Ruhrepidemie im Jahre 580.[20] Diejenigen, die von der Krankheit befallen wurden, litten seinen Worten zufolge unter Erbrechen, hohem Fieber und unerträglichen Schmerzen in den Nieren. Ihr Kopf und Nacken schmerzte. Ihre Ausscheidungen waren von gelblich-grüner Farbe. Nach gegenwärtigen medizinischen Erkenntnissen sind im Falle einer bakteriellen Ruhrerkrankung 25 und mehr mitunter blutige Darmentleerungen keine Seltenheit. Das gemeine Volk, so fährt Gregor in seiner Schilderung fort, habe die Krankheit die inneren Blattern genannt. Offenbar versuchte man, mit zeitgenössischen therapeutischen Mitteln die Erkrankung zu behandeln. Der Chronist erwähnt, daß Schröpfköpfe an Schultern und Schenkeln angesetzt worden seien. Aus der eitrigen Materie, die aus den dadurch entstandenen Blasen austrat, schloß der Bischof von Tours im Einklang mit zeitgenössischen Erklärungen der Säftelehre auf eine gewisse Berechtigung dieser Theorie. Leider verschweigt er, wer das Schröpfen übernahm und über welche medizinische Bildung diese wahrscheinlich heilkundigen Personen verfügten. Immerhin verrät er, daß nach seiner Interpretation durch das Auslaufen von Eiter während des Schröpfens Kranke geheilt werden konnten. Darüber hinaus verabreichte man den Patienten Kräutertränke, die gemeinhin als Gegengifte verwendet wurden. Auch diese halfen laut Gregors Ausführungen vielen Erkrankten.

Die Seuche brach während der heißen Sommermonate aus. Sie traf auch König Chilperich († 584). Während der Herrscher knapp dem Tod entging, starben seine kindlichen Söhne. Die Verzweiflungstat ihrer Mutter, die königlichen Steuerrollen den Flammen zu überantworten, um göttliche Gnade zu erflehen, blieb vergebens. Wenig später starb auch Austrichilde, die Frau König Gunthrams, an der Dysenterie. Die hinzugezogenen Ärzte vermochten ihr nicht zu helfen, was die Heilkundigen ihrerseits das Leben kostete. Gebunden durch ein Versprechen, ließ Gunthram zwei der Ärzte hinrichten. »Daß er dadurch schwere Schuld auf sich lud, sieht jeder Verständige ein«, schließt Gregor von Tours seinen Bericht.

Die tödliche Kraft der Dysenterie mußten einige Jahrhunderte später offenbar auch die ungestümen Wikinger erfahren, unter deren Beutezügen die Küstenregionen und Ansiedlungen entlang der Flußläufe während des 9. Jahrhunderts des öfteren zu leiden hatten. Im Oktober 865 hatten Horden der gefürchteten Nordmänner das berühmte Königskloster von St. Denis nahe Paris überfallen. Seine reichen Schätze waren geplündert worden.[21] Glaubt man der beredten Schilderung des Chronisten und Erzbischofs Hinkmar von Reims, blieb die Untat nicht lange ungesühnt. Bald nach der Freveltat, so berichtet er, wurden die Plünderer von zahlreichen Krankheiten gepeinigt. Während einige den Verstand verloren, befiel andere der Aussatz. Weitere starben, indem ihnen mit dem Stuhlgang allmählich alle Eingeweide abgingen. Welche Schreckensvision mit einem solchen Tod verbunden war, führt der Berichterstatter deutlich vor Augen. Das Bild des elenden Kranken, den ein nicht enden wollender Durchfall um sein Leben bringt, war den Zeitgenossen demzufolge nicht nur gut vertraut, es galt gewissermaßen als Metapher für den Tod eines Ketzers. Schon deshalb bleibt fraglich, ob die Plünderer tatsächlich auf diese Weise ihr Ende fanden oder Hinkmar von Gerechtigkeitssinn geleitetes Wunschdenken wiedergibt. Krankheit als göttliche Strafe infolge von Sünde war ein gängiges Erzähl- und Interpretationsmotiv.[22] Schon in der Heiligen Schrift findet sich bei Jesus Sirach der Vers: *Nur wer vor seinem Schöpfer sündigt, wird in des Arztes Hände überliefert.*[23] Dem Erzbischof von Reims war in seiner Schilderung der Ereignisse vor allem daran gelegen, zur erbaulichen Belehrung seiner Leser den Übeltätern ihre gerechte Strafe durch den Allmächtigen zukommen zu lassen.

Daß todbringende Durchfallerkrankungen während des gesamten Mittelalters weit verbreitet auftraten, zeigen zahlreiche Schilderungen in den Annalen und Chroniken. So etwa im Falle Karls des Kahlen. Als dieser nach dem Tod seines Bruders, Ludwigs des Deutschen, im Jahre 876 den Versuch unternahm, seine Neffen zu seinen eigenen Gunsten um ihr Erbe zu bringen, stieß er auf erbitterten Widerstand.[24] Er verlor die Schlacht bei Andernach am

Rhein und mußte seine hochfliegenden Pläne zur Wiedervereinigung des einstigen Großreiches Karls des Großen als gescheitert erkennen. Im Sommer 877 sah sich Karl der Kahle angesichts der übermächtigen Streitmacht seines Neffen Karlmann gar genötigt, sich auch aus Italien wieder zurückzuziehen. Den Rückmarsch sollte Karl nicht überleben. Am 6. Oktober 877 starb er in Avrieux in Savoyen. Die Annalen von Fulda, die in ihm den feigen Tyrannen sehen, schildern die Umstände seines Ablebens.[25] Darin heißt es, Karl sei auf dem Weg von Italien an der Dysenterie erkrankt und in großem Jammer gestorben. Der Versuch seiner Getreuen, den Leichnam in die vorgesehene Grablege ins Kloster St. Denis bei Paris zu überführen, scheiterte kläglich. Die Reise erwies sich als zu weit. Als der Gestank der Leiche unerträglich zu werden begann, setzte man ihn statt dessen in einem burgundischen Kloster bei.

Eine ähnlich schwere Durchfallerkrankung wurde ein knappes Jahrhundert später vielleicht auch Kaiser Otto dem Großen zum Verhängnis. Die in einigem Abstand zu Berichtsgeschehen verfaßten Annalen von Pöhlde bringen den Tod des Kaisers mit einem mysteriösen Traumgesicht in Verbindung.[26] Anfang Mai des Jahres 973 sah Otto im Traum die geisterhafte Erscheinung einer Frau über den Bäumen schweben. Auf seine Frage, wer sie sei und warum sie zu ihm komme, antwortete diese, ihr Name sei »Ausfluß des Bauches«. Sie sei gekommen, um in seinen Bauch zu fahren. Die gespenstische Erscheinung prophezeite zugleich, sieben weitere Fürsten würden dasselbe Schicksal erleiden wie ihr Kaiser. Wenig später trat das Besagte ein. Einer nach dem anderen starb an der Seuche. Kaiser Otto I. verschied am 7. Mai 973 in Memleben.

Wie häufig sich hinter den Seuchenschilderungen mittelalterlicher Quellen Dysenterieerkrankungen verbergen mögen, läßt sich nicht bestimmen. Mit großer Sicherheit läßt sich dies jedoch annehmen für jenes im Heer Friedrichs I. Barbarossa bei der Belagerung von Rom im August 1167 auftretende Massensterben, das in zahlreichen Schriftzeugnissen ihren Niederschlag gefunden hat.[27]

Der rotbärtige Kaiser hatte seinen vierten Zug nach Italien unternommen, um durch den Sturz Papst Alexanders III. dem Schisma ein Ende zu setzen.[28] Nach erreichtem Ziel plante er einen Angriff auf das süditalienische Normannenreich. Aus der Lombardei kommend, stieß der Kaiser nach einer erfolglosen Belagerung Anconas im Mai 1167 nach Rom vor. Am 24. Juli traf er mit seinem Heer vor Rom ein und bezog Stellung auf dem Monte Mario. Strategische Erwägungen waren nicht die einzigen Gründe für die Wahl des hochgelegenen Lagerplatzes. Nach zeitgenössischen Auffassungen sammelten sich schlechte Dünste in den Niederungen. Tiefgelegene Plätze galten von vornherein als krankheitsbringend und damit als ungeeignete Lagerstätten. Besonders im heißen römischen Sommer war die Entscheidung des Kaisers gewiß klug, denn in den Niederungen des Tibers wimmelten Myriaden von Mücken.[29] Zum Zeitpunkt von Friedrichs Eintreffen vor der Ewigen Stadt hatten seine Parteigänger die ersten Schlachten bereits siegreich geschlagen. Am 29. Mai hatten sie den Römern eine empfindliche Niederlage am Monte Porzio beigebracht und zahlreiche Gefangene gemacht. Tote und Verwundete gab es jedoch auch unter den Siegern. Verletzte, die im Feldlager versorgt werden mußten und dort mitunter ihren Wunden erlagen, trugen ihren Teil zu einer Verschärfung der unzureichenden hygienischen Situation bei. Noch aber ahnte niemand, welches Fiasko nur wenige Tage später über das Heer hereinbrechen sollte. Friedrich war auf der Siegerstraße. Er nahm die Leostadt ein und drängte die Römer über den Tiber in die Altstadt zurück. Mit unerbittlicher Härte führte der Kaiser den Kampf um die Engelsburg und St. Peter. Am 29. Juli streckten ihre Verteidiger schließlich die Waffen. Derweil war Papst Alexander III. aus der Stadt geflohen. Schon am folgenden Tag nahm der vom Kaiser installierte Gegenpapst Paschalis III. den Stuhl Petri ein. Am 1. August krönte er zu Sankt Peter den Kaiser und seine Gemahlin. Zugleich gelang Friedrich die vertragliche Einigung mit den widerspenstigen Römern. Der Kaiser stand vor der Verwirklichung des ersten Ziels seines Italienzuges. Nun würde er, dessen war er sich gewiß, ohne weitere Verluste gen Süden marschieren können. Der Schein indes trog, kurz darauf geschah das Unerwartete.

Besonders anschaulich schildert die Chronik von St. Peter zu Erfurt die folgenden Ereignisse.[30] Gott, so heißt es darin, habe den Frevel an der Mutter des höchsten Königs und dessen Stellvertreter Petrus nicht ungesühnt gelassen. Ein giftiger und stinkender Nebel habe das Heer Barbarossas mit Krankheit überzogen. Viele unter den Großen seien daran gestorben. Zum Zeichen des göttlichen Strafurteils sei bei allen Seuchenopfern ein schwarzes Mal zwischen den Schultern erschienen. Augenzeugen der Ereignisse berichten über die Vorgänge mit anderem Akzent, jedoch nicht weniger dramatisch.[31] Um die Mittagszeit des 2. August brach ein schweres Unwetter los. Darauf folgte im Heer und unter der Bevölkerung Roms eine rasch tötende Pestilenz. Der Wolkenbruch dürfte dazu geführt haben, daß durch den Unrat auf den Straßen und die Leichen Getöteter das Trinkwasser verseucht wurde. Über den Kontakt mit Kranken oder das durch Fäkalien verunreinigte Wasser und Lebensmittel breitete sich die Seuche rasant aus.[32] Nach Gottfried von Viterbo waren Schmerzen des Kopfes, der Eingeweide und der Beine Leitsymptome der Krankheit. Ein unerträglicher, allgegenwärtiger Gestank – typisches Anzeichen der bakteriellen Ruhr – sei von den Kranken und Pferden ausgegangen. Der Kaiser reagierte prompt. Er befahl den sofortigen Abtransport der Erkrankten und die Anfertigung von Tragen. Zur Ausführung der kaiserlichen Order mangelte es indes sowohl an Holz als auch an Heilkundigen und Arzneimitteln. Am 6. August 1167, noch bevor der Tod die Reihen seiner Getreuen zu lichten begann, entschloß sich Friedrich I. zum Rückzug. In den folgenden Tagen fielen neben dem Kölner Erzbischof Rainald von Dassel zwischen dem 9. und dem 14. August die Bischöfe Daniel von Prag, Alexander II. von Lüttich und Hermann von Verden der Seuche zum Opfer. Später traf es auch noch die Bischöfe Eberhard von Regensburg und Gottfried von Speyer. Während des Rückmarsches starb in der Toskana der Sohn König Konrads III., Friedrich von Schwaben. Sein Vetter Berengar von Sulzbach überlebte ihn nur um zwei Tage. Am 12. September ereilte der Tod Welf VII. Damit war das Welfengeschlecht ohne Erben. Weitere Opfer der Dysenterie waren die Grafen Heinrich von Nassau, Burchard von Hallermund, Ludolf I. von Dassel, Bruder des Kölner Erzbischofs, Heinrich von Lippe, Heinrich von Tübingen, Markward von Leuchtenberg und der böhmische König Diethold.

Das Auftreten der Dysenterie in einem Belagerungsheer war nicht neu. Schon das Heer Karls des Dicken hatte im Zuge der kriegerischen Auseinandersetzung mit den Normannen im Sommer 882 leidvolle Erfahrungen mit epidemischen Magen-Darm-Erkrankungen machen müssen. Mit seiner Streitmacht aus Alemannen, Franken, Thüringern, Sachsen, Lombarden und Bajuwaren rückte er gegen das befestigte Normannenlager in der Nähe von Elsloo an der Maas vor.[33] Am 21. Juli wurden die kämpfenden Parteien plötzlich von einem gewaltigen Hagelschauer überrascht. Bis die Seuche ihre ersten Opfer forderte, verging in der Sommerhitze nur wenig Zeit. Die Annalen von Fulda unterstreichen, infolge der Verwesung der unzähligen Getöteten seien Belagerer wie Belagerte von Krankheiten heimgesucht worden. Nach der Rückkehr des bajuwarische Heereskontingents verbreitete sich die Seuche auch in dessen Heimat und wütete offenbar sehr stark. Um die verheerende Wirkung der Krankheit zu betonen, erwähnen die Jahrbücher Massenbestattungen.

Ludwig IX., der Heilige, König von Frankreich, sein Sohn Johann-Tristan und zahlreiche seiner Begleiter ereilte auf dem Kreuzzug vor Tunis im August 1270 ein ähnliches Schicksal wie die Belagerer Roms rund einhundert Jahre zuvor. Der 1247 zum König gewählte Landgraf von Thüringen, Heinrich, starb laut der Chronik von St. Peter noch im selben Jahr am »Ausfluß des Bauches«. In Eisenach wurde er bestattet.[34] Am 13. Dezember 1250 traf die Dysenterie den Stauferkaiser Friedrich II. im apulischen Castel Fiorentino.[35] Über die Jahrhunderte forderte die Dysenterie unzählige Opfer, doch nur die Namen der Großen blieben in der historischen Erinnerung bewahrt.

Die Grippe

Im Winter 877 trat möglicherweise zum ersten Mal in Europa eine tödliche Virusgrippe auf.[36] Gewöhnliche Erkältungsbeschwerden waren auch im Früh- und Hochmittelalter allwinterlich verbreitet. Diese Erkrankung jedoch war von anderer Qualität. Sie äußerte sich in hohem Fieber und einem ungewöhnlich starken Husten. Das »italische Fieber«, wie die Annalen von Fulda das Phänomen bezeichnen, war offenbar durch das zurückkehrende Heer Karlmanns aus Italien eingeschleppt worden.[37] In den Rheinlanden wütete die Grippe besonders stark. Viele, so heißt es in den Schriftzeugnissen, hauchten mit dem Husten ihre Seele aus. Die Infektionskrankheit verbreitete sich nicht nur schnell weiter, sie kehrte nach vorübergehendem Abflauen auch regelmäßig wieder. Schon 889 forderte das »italische Hustenfieber« erneut zahllose Opfer. Massenerkrankungen mit Todesfolge traten möglicherweise auch in den Jahren 927 und 1105 auf.[38] Abermals äußerte sich die Krankheit 1101. Den Quedlinburger Annalen zufolge war der Winter außerordentlich streng.[39] Die lang anhaltende Kälte hatte viele Menschen geschwächt. Pestilenz und Sterben in großem Ausmaß waren gemäß der Schilderung der Jahrbücher die Folge. Besonders schwer wütete das »Hustenfieber« im Winter des Jahres 1173. Die Geschichtsschreiber lassen in ihren Ausführungen keinen Zweifel daran, daß unheilvolle Vorzeichen die Sterbensläufte bereits anzukündigen schienen.[40] Um den 1. Dezember begann das Sterben.[41] Aus der Erde sei ein dichter Nebel aufgestiegen. Dieser habe den Menschen den gefährlichen Husten gebracht, heißt es in den Magdeburger Annalen. Die Kölner Königschronik erzählt, im ganzen Deutschen Reich und Frankreich sei die unerhörte Hustenkrankheit aufgetreten. Jung wie Alt seien ihr erlegen. Die Annalen von Magdeburg heben hervor, insbesondere Schwangere seien während der Epidemie gestorben. Einig sind sich die Zeugnisse darin, daß die Grippe dem Bischof von Münster, Ludwig von Wippra, zum Verhängnis wurde. Welche Rolle die Virusgrippe für Phänomene mittelalterlicher Massensterblichkeit spielte, läßt sich aufgrund der vieldeutigen Begrifflichkeiten in den zeitgenössischen Quellenzeugnissen nicht ergründen. Gleiches gilt im Hinblick auf die Pocken, deren Existenz im mittelalterlichen Westen nicht zweifelsfrei belegbar ist.

Pocken im mittelalterlichen Westeuropa?

Die Spuren einer Geißel, die bis in die jüngere Vergangenheit hinein Angst und Schrecken verbreitete, lassen sich im mittelalterlichen Westeuropa nicht verfolgen. Ob, wann und in welchem Ausmaß die Pocken in Antike und Mittelalter auftraten, bleibt weiterhin Gegenstand der wissenschaftlichen Diskussion.[42] Die Seuchenschilderungen zeitgenössischer Schriftzeugnisse können mit ihrer vereinheitlichenden Verwendung des Begriffs »Pestilenz« die offenen Fragen kaum befriedigend klären. Fest steht, daß sich die arabische Medizin in den Schriften des Rhazes (ca. 865–925) und des Haly Abbas (2. Hälfte des 10. Jahrhunderts) erstmals mit der hochansteckenden Infektionskrankheit auseinandersetzte. Deren Erkenntnisse fanden in zahlreichen Übersetzungen schon bald auch Eingang in das medizinische Wissen des Abendlandes. Von den möglichen Auswirkungen der Pocken auf die mittelalterliche Gesellschaft fehlt indes jede eindeutige Spur.

EXKURS
Mest, Dreck und Unfledichkeit.

STADT, HYGIENE UND SEUCHEN

Mit der Entwicklung der spätmittelalterlichen Städte begann sich das Seuchengeschehen drastisch zu verändern. Die Pest, die die europäische Bevölkerung über sechs Jahrhunderte verschont hatte, kehrte zur Mitte des 14. Jahrhunderts plötzlich in einer zuvor unbekannten Dimension zurück. Das Wüten des Schwarzen Todes veränderte das Antlitz Europas. Die Menschen durchlebten die fürchterlichste Katastrophe des Mittelalters. Entscheidend für das Ausmaß der Seuchen, die im späten Mittelalter und in der frühen Neuzeit immer wieder vehement auftraten, war nicht zuletzt die unheilvolle Affinität von gefährlichen Infektionskrankheiten und städtischen Lebensbedingungen. Krankheiten mit kurzen Inkubationszeiten wie etwa die Pest fanden angesichts der in den dichtbevölkerten Städten herrschenden hygienischen Bedingungen einen idealen Nährboden. Zum besseren Verständnis sei anhand einiger Beispiele im folgenden ein exemplarischer Blick auf jene Faktoren geworfen, die der Ausbreitung von Seuchen in spätmittelalterlichen Städten Vorschub leisteten.

Rahmenbedingungen für die Verbreitung von Seuchen in spätmittelalterlichen Städten

Spätmittelalterliche Städte waren in der Regel sehr viel dichter bevölkert als heute. Genaue Angaben über die Bevölkerungszahlen im späten Mittelalter oder am Beginn der frühen Neuzeit existieren nicht. Die erhaltenen Schriftzeugnisse vermögen lediglich Näherungswerte zu vermitteln. So taucht etwa in mittelalterlichen Steuerlisten ein beträchtlicher Teil der Stadtbewohner nicht auf. Mögliche vorsichtige Schätzungen ergeben sich aus dem ermittelbaren Flächeninhalt innerhalb des städtischen Mauerrings und archäologischen Befunden zur Bebauungsdichte. Allerdings gestaltet sich bereits die Ermittlung der städtischen Flächeninhalte, die eine wichtige Grundlage für eine Annäherung an die Populationsgröße darstellt, häufig als problematisch.[1] Die aus einer Reihe von Kriterien, etwa der festgestellten Dichte der Wohnbebauung sowie Schriftquellen von Feuerstättenverzeichnissen über Häuserlisten bis hin zu Listen wehrfähiger Bürger und Steuerlisten, errechneten Bevölkerungszahlen sind lediglich unter Vorbehalt verwendbar. Gleichwohl sind Rückschlüsse auf das Verbreitungspotential im zwischenmenschlichen Kontakt übertragbarer Erreger mit kurzen Inkubationszeiten möglich.[2]

Die Dichte der Besiedlung zeigen exemplarisch die folgenden Beispiele spätmittelalterlicher Städte Westfalens und des Rheinlands auf. Seit dem 12. Jahrhundert waren Mauerringe um die Städte entstanden. Diese wurden in der Folgezeit häufig weiter ausgebaut und verändert.[3] Städtisches Leben und Sterben spielte sich im wesentlichen innerhalb des durch diese Mauern begrenzten Areals ab. Der 1180 errichtete Kölner Mauerring umschloß eine Fläche von 400 Hektar, auf der Schätzungen zufolge zur Blütezeit der Stadt im 13. und 14. Jahrhundert maximal etwa 40.000 Menschen lebten.[4] Die rheinische Metropole war nicht nur die größte, sondern zugleich auch die bevölkerungsreichste Stadt des mittelalterlichen

Deutschen Reiches.[5] Die durchschnittliche Bevölkerungsdichte hätte – auf Grundlage der Schätzwerte berechnet – bei bis zu 100 Einwohnern pro Hektar gelegen. Dabei gilt es generell zu berücksichtigen, daß einige Viertel, Straßen oder Gassen absolut eine höhere, andere eine niedrigere Dichte aufwiesen. Infolgedessen gab es auch innerhalb ein und derselben Stadt durchaus unterschiedliche Voraussetzungen für eine Weiterverbreitung gefährlicher Infektionskrankheiten.[6]

Großstädte, wenngleich ihre Einwohnerzahlen weit hinter denen der Metropole Köln zurückstanden, waren im Spätmittelalter auch Aachen, Münster und Soest.[7] Innerhalb des neuen, nach 1257 begonnenen und um 1350 fertiggestellten Aachener Mauergürtels wohnten im 14. Jahrhundert schätzungsweise etwa 10.000 Menschen auf 175 Hektar.[8] Die meisten von ihnen scheinen sich jedoch noch immer im 60 Hektar kleinen, von einem ersten Mauerring umschlossenen Zentrum gedrängt zu haben.[9] Für die Zeit nach der Fertigstellung der neuen Stadtmauer ergibt sich nichtsdestotrotz ein Durchschnittswert von rund 57 Einwohnern pro Hektar. Anhand der für die folgenden Jahrhunderte ermittelten Bevölkerungszahlen läßt sich konstatieren, daß die Dichte bei gleichbleibend großer Siedlungsfläche kontinuierlich angestiegen zu sein scheint, um das Jahr 1500 zwischen 86 und 114 Einwohner pro Hektar erreichte und sich bis um das Jahr 1600 mit bis zu 143 Einwohnern pro Hektar möglicherweise weit mehr als verdoppelte.[10] Die Bevölkerungsdichte Aachens hätte zu dieser Zeit somit die Kölns, dessen Einwohnerzahlen stagnierten, noch übertroffen.[11]

Gut 10.000 Menschen auf 102 Hektar zählte um 1500 wahrscheinlich das westfälische Münster, was einer Zahl von 98 Einwohnern pro Hektar entspräche.[12] In Soest kamen im Spätmittelalter – nach den geschätzten Bevölkerungszahlen – nahezu 119 Menschen auf jeden Hektar innerhalb der Stadtmauern.[13] Für Westfalens einzige Reichsstadt Dortmund, das im 15. Jahrhundert inklusive der Vorstädte auf 6000 Einwohner geschätzte Wesel,[14] die mit 3500 bis 4000 veranschlagten Bischofsstädte Minden und Paderborn sowie die auf 3000 Bewohner kalkulierten Städte Essen und Duisburg ergeben sich überwiegend ähnliche Verhältnisse.[15] Demzufolge beliefe sich die durchschnittliche Bevölkerungsdichte in Dortmund um 1380 auf 99 bis 123 (um 1480: 86–99) Einwohner je Hektar. In Wesel betrug sie während des 15. Jahrhunderts bis zu 146, in Paderborn um die gleiche Zeit 90 (1571: 115), in Minden 83 bis 95, in Duisburg 91 und in Essen um 1380 etwa 81 Einwohner pro Hektar. Vorbehaltlich dessen, daß die bezüglich der Bevölkerungszahlen und Flächen errechneten Werte insgesamt nicht auf groben Irrtümern basieren, läßt sich konstatieren, daß die westfälischen und niederrheinischen Städte während des 14. und 15. Jahrhunderts insgesamt eine ebenso hohe wie annähernd gleiche durchschnittliche Bevölkerungsdichte aufwiesen. Ähnliche Zahlenwerte, Parallelen und Unterschiede in der Besiedlungdichte einzelner Stadtgebiete in anderen Regionen ermittelte auch Britta Padberg.[16]

Sofern die Stadtmauern keine Erweiterung erfuhren, erhöhte sich zwangsläufig die Bevölkerungsdichte auf einer gleichbleibend großen Fläche. Innerhalb des Mauerrings gelegene kleinere Äcker, Gärten und Hinterhöfe wurden nicht selten allmählich überbaut.[17] Zum Vergleich: Heute weisen Städte aufgrund anderer und mit den mittelalterlichen in keiner Weise vergleichbarer Siedlungsstrukturen keine derart hohe Bevölkerungsdichte mehr auf. Im westfälischen Münster beispielsweise lebten im Jahre 1975 rund 200.500 Menschen auf einer Fläche von 73,8 Quadratkilometern. Dies entspricht einer durchschnittlichen Dichte von 27 Einwohnern pro Hektar. Im dichter besiedelten Stadtkern lag die Dichte im Jahre 1987 bei etwa 40 Einwohnern pro Hektar und demnach deutlich unter den für die mittelalterlichen Jahrhunderte angenommenen Zahlen.

Diese Beobachtungen lassen unter den vorangestellten Vorbehalten den Schluß zu, daß für im direkten Kontakt von Mensch zu Mensch übertragbare Erreger mit kurzen Inkubationszeiten günstige Verbreitungsbedingungen in spätmittelalterlichen Städten

gegeben waren,[18] die sich regional kaum nennenswert voneinander
unterschieden.

Die Hygiene des öffentlichen Raumes

Die Quellen zeichnen kein geschlossenes Bild der hygienischen Zustände in spätmittelalterlichen Städten. Deutlich werden indes Um-
risse, die eine Einschätzung der Verhältnisse ermöglichen und gelegentlich Kontinuität und Wandel einiger der hygienische
Bedingungen prägenden Phänomene erkennbar machen. Dies gilt
vor allem für den öffentlichen Raum: die Straßen, Gassen und
Marktplätze, stehende und fließende Gewässer sowie Stadtgräben,
von der Allgemeinheit genutzte Kloaken und Abtritte, Friedhöfe,
den Schindanger und nicht zuletzt die städtischen Bauten vom Rathaus über die Stadtbefestigung bis hin zu den Gefängnissen. In
verschiedenen Zeugnissen tritt zutage, wie intensiv und auf welche
Weise sich die Stadtoberen in ihrem Zuständigkeitsbereich hygie-
nischer Belange annahmen.

In einem 1775 verfaßten Privatbrief heißt es über die im Mittelalter so große und einflußreiche, im Laufe der Zeit durch vielerlei
Umstände jedoch in relativer Bedeutungslosigkeit versunkene westfälische Stadt Soest: *Es gehört in die Zahl derer Städte, deren äußeres
Ansehen mit ihrer inneren Beschaffenheit gar nicht übereinstimmt.
Wegen der vielen Kirchen, Klöster, Tore und Mauertürme hat die Stadt
eine fürtreffliche Avenue. Kommt man aber hinein, so erblickt man ir-
reguläre, kotige Straßen.*[19] War die imposante Silhouette ein mehr als
deutlicher Hinweis auf längst vergangene Glorie, so war der Zustand
der Soester Straßen indes kein Zeichen des Bedeutungsverlusts. Dieser dürfte sich vielmehr in annähernd der gleichen Form präsentiert
haben wie zur Blütezeit der Hansestadt zwischen dem 12. und 14.
Jahrhundert. Die meisten Straßen des mittelalterlichen Soest waren
wahrscheinlich gepflastert. Die archäologischen Befunde wurden
aufgrund der zahlreichen neuzeitlichen Eingriffe in das Straßen-

pflaster erheblich gestört.[20] Fest steht, daß der Markt, der ursprünglich nicht die Form einer platzartigen Erweiterung, sondern die einer Straße hatte, verschiedene mittelalterliche Pflasterungen aufwies.[21] Das älteste, nicht datierbare Pflaster bestand demnach aus einer planierten Schotterschicht. Darüber wurde um 1300 eine weitere und aufwendige Pflasterung waagerecht verlaufender Kalksandsteinplatten von unterschiedlicher Größe verlegt, deren Fugen mit kleinen Steinchen ausgefüllt waren. Für die Reinigung dieser Marktstraße scheinen die Stadtväter, wenn überhaupt, so offenbar nur gelegentlich und nicht zu allen Zeiten regelmäßig gesorgt zu haben. Erst in der Stadtrechnung des Jahres 1481 lassen sich Aufwendungen für eine Straßenreinigung durch den *stratefeger* nachweisen.[22] Über seine Person finden sich jedoch ebensowenig Angaben wie über den Umfang seines Aufgabenbereichs. Im 16. Jahrhundert stand ein Straßenkehrer offenbar im Kreis der städtischen Bediensteten und wurde für jede geleistete Tätigkeit gesondert entlohnt.[23] Möglicherweise veranlaßte der Rat bereits vor 1481 in gewissen Abständen eine Säuberung der Straßen, doch läßt sich dies kaum überprüfen. Nicht selten verschwanden bei der Rechnungsführung Entlohnungen für Reinigungsarbeiten hinter anderen nichtssagenden Ausgabeposten oder wurden gar nicht aufgeführt.[24] Wie dem auch immer gewesen sein mag, die durchgeführten Straßenkehrtätigkeiten waren weit davon entfernt, die Marktstraße leidlich sauber zu halten. Das prächtige Pflaster war bis zum 15. Jahrhundert unter einer mehr als knöcheltiefen, 20 Zentimeter hohen Schicht von Abfällen versunken. Speisereste, gewerbliche Abfälle, Laubwerk und tierische Exkremente überdeckten die Pflasterung. Im 16. Jahrhundert begegnete man diesem Zustand kurzerhand mit der Anlage eines neuen, weit weniger aufwendigen Pflasters aus hochkant gestellten Steinen.[25] Nicht anders verhielt es sich in Hannover. Auch dort versank der um 1200 gepflasterte Marktplatz unter einer bis zu 30 Zentimeter dicken Schicht organischer Materialien.[26]

Erst im späten 16. und frühen 17. Jahrhundert erließ der Soester Rat nachweisbar entsprechende Verordnungen, die die Nahtstelle zwischen öffentlicher und privater Zuständigkeit sichtbar machen.[27] Im Rahmen einer am 8. Oktober 1614 verlautbarten Pestordnung forderten die Stadtoberen alle Einwohnerinnen und Einwohner nachdrücklich auf, ihre Häuser von *aller Unreinlichkeit* sauber zu halten, sämtlichen Unrat von der davorliegenden Straße und den Wassersteinen täglich oder sooft dies nötig sei zu entfernen sowie Mist und andere *übelriechende Unsauberkeiten* binnen einer zweiwöchigen Frist wegzuschaffen.[28] Jegliche Zuwiderhandlung sollte mit der empfindlichen Strafe von zehn Mark geahndet werden.

Die Räte der westfälischen und – deutlich stärker erkennbar – der niederrheinischen Städte legten im Spätmittelalter insgesamt ein gewisses Engagement bei der Pflasterung von Märkten, Straßen und Gassen sowie deren Reinigung an den Tag. In den oberdeutschen Städten verhielt es sich, wenngleich möglicherweise des öfteren von Erfolgen in der Ausführung gekrönt, nicht grundlegend anders.[29] Das Pflaster diente nicht allein repräsentativen Zwecken. Die Flächenversiegelung stellte für die Zeitgenossen vor dem Hintergrund der seit dem Schwarzen Tod allgemein akzeptierten Miasmentheorie vielmehr zugleich eine Form der Seuchenprophylaxe dar.[30] Sie half bei der Vermeidung übler, seuchenfördernder Ausdünstungen, zumal sich gepflasterte Straßen und Wege leichter reinigen ließen. Bei der Betrachtung der nordwestdeutschen Verhältnisse bestätigt sich die Feststellung, daß sich seit dem Ende des 14. Jahrhunderts eine Pflasterung der Straßen allmählich durchsetzte.[31] In Nürnberg begann man 1368 mit der Anlage eines Straßenpflasters, das mächtige Augsburg befestigte seine Straßen ab 1415, Erfurt seinen Rathausplatz und Fischmarkt jedoch erst 1448.[32]

Auch im westfälischen Minden an der Weser förderten archäologische Grabungen Reste einer mittelalterlichen Straßenpflasterung zutage.[33] Vereinzelte Rechnungsnotizen des 14. Jahrhunderts belegen die Entlohnung der Straßenpflasterer.[34] Hinweise auf eine kommunal organisierte und bezahlte Straßenreinigung im Spätmittelalter tauchen nur ein einziges Mal in einem Rechnungsfragment auf. In diesem findet sich für das Jahr 1453 eine Ausgabe an einen gewissen Johann, um *die gote reyne to maken*.[35] Offen bleibt aufgrund der fragmentarischen Überlieferung, ob Johann in städtischen Diensten noch andere Reinigungsarbeiten ausführte.

Erst im 16. Jahrhundert finden sich erneut Belege für das Verhalten städtischer Obrigkeiten in bezug auf die Säuberung von Straßen, Gassen und Plätzen. Als Bischof Franz I. von Braunschweig (1508–1529) der Stadt im Sommer 1528 das Privileg zur Abhaltung zweier achttägiger Jahrmärkte sowie eines Pferdemarktes an jedem Dienstag der Fastenzeit verlieh, verpflichtete sich der Mindener Rat *mit hande undt munde*, den Marktplatz nach Beendigung des Geschäfts mit den Rössern umgehend von deren wenig edlen Hinterlassenschaften zu reinigen.[36] Verordnungen, die die Einwohner zur Straßenreinigung anhielten, finden sich in der zweiten Hälfte des 16. Jahrhunderts. So bestimmten die Stadtoberen am 18. Februar 1566 bei einer Strafe von fünf Mark, daß jedermann allsonnabendlich und am Vorabend von Festtagen den Steinweg vor seiner Tür reinigen solle.

Im westfälischen Münster erweist sich die Fundsituation ebenso durch neuzeitliche Baumaßnahmen gestört wie in Soest.[37] Durch das Fehlen der spätmittelalterlichen Ratsprotokolle und den weitgehenden Verlust der Stadtrechnungen lassen sich Pflasterungs- und Straßenreinigungsarbeiten nicht nachweisen. Die aus dem 15. Jahrhundert erhaltenen Rechnungen verzeichnen keinerlei eindeutige Ausgaben für derartige Tätigkeiten, was aber – wie bereits erläutert – nicht zwingend bedeuten muß, daß die Stadtväter in dieser Hinsicht untätig waren. Wie in den übrigen westfälischen Städten waren wohl auch in Münster wenigstens die größeren Straßen gepflastert und dürften mehr oder weniger regelmäßig instand gehalten worden sein. Die Reinigung, falls eine solche von den städtischen Obrigkeiten überhaupt veranlaßt wurde, scheint zumindest im 16. Jahrhundert stark zu wünschen übriggelassen zu haben. Am 27. August 1599 erließ der städtische Magistrat erstmals eine Ordnung *wegen des drecks oder koth fahrens*.[38] Der Rat, so heißt es dort, habe *ein zeitero befunden, daß die straßen in desser Stadt tagliches mit Mest, Dreck und Unfledichkeit uberladen* seien. Dies rufe besonders in Zeiten von Krankheit *eine große feulniß unsauberkeit* [!] *und beschwer* hervor und gereiche auch sonst der Stadt Münster nicht zu Ansehen. Das Dokument führt aus, die Lage sei mit den Alderleuten und Meistern eingehend beredet worden und man habe sich dazu entschlossen, künftig ein Pferd mit einer »Dreckkarre« zu unterhalten. Der auf den Straßen liegende Unrat sollte entfernt und an einen vom Rat bestimmten Platz außerhalb der Befestigung gefahren werden, damit *also reinicheidt geschepffet, gehalden und gewardt* werde. Bezahlt werden sollten diese Dienste nicht allein aus der städtischen Kasse. Vielmehr waren alle Einwohner der Stadt gehalten, ihren finanziellen Beitrag zur Begleichung der Kosten zu leisten. Der zur Durchführung der Arbeiten in städtische Dienste genommene sogenannte Dreckfahrer verpflichtete sich in einem umfangreichen Eid, den Unrat jeden Morgen beizeiten von den Straßen zu entfernen und aus der Stadt zu schaffen. Gleichzeitig gelobte er, das Pferd für keine andere als die vorgesehene Tätigkeit zu gebrauchen. Die beiliegende Ausgabenrechnung zeigt, daß der Entschluß des Rates rasch in die Tat umgesetzt wurde. Der Lohn des namentlich nicht genannten Straßenreinigers betrug täglich vier Schillinge. Aufgeführt sind ferner die Aufwendung für den Unterhalt des Pferdes. Die Gesamtkosten für den Einsatz der Dreckkarre beliefen sich demzufolge im Jahre 1600 auf die Summe von 121 Talern. Der Beitrag des Dreckfahrers zur Verbesserung der hygienischen Situation auf münsterischen Straßen läßt sich indes kaum ermessen. Angesichts der Größe der Stadt im ausgehenden 16. Jahrhundert erscheint es fraglich, inwieweit dieser allein dem hochgesteckten Anspruch der alltäglichen Reinigung aller Straßen, noch dazu in einer auf den frühen Morgen begrenzten Zeit, gerecht geworden sein mag. Norm und Praxis dürften diesbezüglich, wie so häufig, einige Diskrepanz aufgewiesen haben.

Die Liste der Beispiele ließe sich leicht fortsetzen. Deutlich wird, daß sich die hygienischen Verhältnisse in den spätmittelalterlichen Städten im wesentlichen glichen. Dies zeigt auch der jüngste Überblick von Ernst Schubert.[39] Lediglich punktuell bemühte man sich dort um ein Mindestmaß an Sauberkeit, wo wie in Würzburg der Bischof und die Ratsherren bestimmte Straßen der Innenstadt nutzten. Zwar war den Stadtoberen allerorts an einem guten Erscheinungsbild gelegen. Bei ihren Bürger durchzusetzen vermochten sie solche hehre Ideen indes zumeist nicht.

Ein exemplarischer Blick auf die Verhältnisse im ostwestfälischen Paderborn etwa zeigt, daß die städtischen Obrigkeiten trotz Ermahnungen an die Stadtbevölkerung kaum in der Lage waren, eine Sauberhaltung der Straßen und Gassen durchzusetzen. Im Jahre 1347 einigten sich die Vertreter der Stadt und das Kapitel des Busdorfstiftes mit Bischof Balduin von Steinfurt (1341–1361), eine wohl über das erträgliche Maß hinaus verschmutzte Gasse zwischen der Busdorf-Immunität und der Giersstraße wegen der Ausdünstungen an beiden Enden durch Tore zu schließen.[40] Der Rat sollte die Schlüssel erhalten. Sofern ein Stadtbrand dies erforderte, sollten die Tore aufgebrochen werden können. In einer zahlreiche Klagen umfassenden Beschwerdeschrift warf Bischof Heinrich III. von Spiegel zum Desenberg (1361–1380) im Jahre 1378 den Stadtvätern unter anderem vor, *unse vryen strate bynnen der stad, de wy van dem keysere hebbet*, widerrechtlich zu bebauen, mit Steinen zu füllen und mit Mist zu verschmutzen.[41] Der Rat entgegnete auf diesen Vorwurf, daß er von alters her das Recht besitze, die innerstädtischen Straßen auszubessern und hierzu Leute in Dienst stellen dürfe. Diese Straßenmacher, die offenbar das Pflaster der Paderborner Wege unterhielten und neue Pflasterungen vornahmen, leisteten, so heißt es in der Erwiderung auf die Klageschrift, auf ihre Tätigkeit einen Eid. Mist liege nur dort, *dar men en von oldes plach to legende, unde anders nyrgen.*

Diese Beispiele zeigen, daß die westfälischen Städte bezüglich der Straßenpflasterung und -reinigung vergleichbare Strukturen aufweisen. Diese finden sich auch bei der Betrachtung der entsprechenden Verhältnisse in niederrheinischen Städten wieder. Allerdings scheinen dort früher Pflasterungen vorgenommen und eine obrigkeitliche Straßenreinigung organisiert worden zu sein. Zumindest aber lassen sie sich eher belegen als in Westfalen. Auffällig ist insgesamt, daß eine Verstärkung obrigkeitlicher Kontrollen sowie der Erlaß nicht weniger Ordnungen zur Straßenreinigung und – wie noch zu sehen sein wird – zur privaten Abfallbeseitigung oder zur Tierhaltung in die zeitliche Nähe von Seuchenausbrüchen fiel. Explizit verwiesen wurde in diesem Zusammenhang bereits auf die entsprechenden Vorschriften der Soester Pestordnung von 1614. Auch die Einführung der Dreckkarre in Münster erfolgte offenbar aufgrund einer vorangegangenen oder noch andauernden Epidemie.[42] Ein Blick auf die Verhältnisse in niederrheinischen Städten bestätigt diese Beobachtung.

Für Essen dokumentieren die Schriftzeugnisse zahlreiche Bemühungen des Rates um Erstellung, Unterhalt und Säuberung des Straßenpflasters während des 14., 15. und 16. Jahrhunderts.[43] Bereits die ältesten erhaltenen Fragmente städtischer Rechnungen von 1364 bis 1377 belegen die Sorge der Obrigkeiten um die Reinigung vor allem des Marktes. Dort heißt es: *Item dem Stumen vi pen. von dem myste to samene to werpene oppen markett.*[44] Deutlich wird durch die Form des Eintrags auch, wem die Reinigungsarbeiten zufielen. Zog man in Dortmund wie in manchen niederrheinischen Städten die Scharfrichter und henkersmäßige Leute als gesellschaftliche Außenseiter zu solch unangenehmen, schmutzigen und übelriechenden Tätigkeiten heran,[45] griff man im spätmittelalterlichen Essen offenbar auf die Dienste von Personen zurück, die aufgrund anderer Umstände im sozialen Abseits standen. Ob es sich aber stets, wie bei dem hier genannten Stummen, um Menschen mit einem Gebrechen handelte, läßt sich aufgrund der für diese Zeit nicht in geschlossenen Reihen überlieferten Stadtrechnungen und mangels anderer aussagekräftiger Quellen nicht ergründen. Aus dem gleichen Grund bleibt offen, wie regelmäßig und häufig der Markt gesäubert wurde. Somit läßt sich lediglich vermuten, daß der Marktkehrer bereits in der zweiten Hälfte des 14. Jahrhunderts in die Reihe der dauerhaft in städtischen Diensten stehenden Stadtdiener aufgerückt war. Erst kurz vor der Mitte des 16. Jahrhunderts erscheint der *marckt kerer* in den Rechnungen nachweislich in deren Kreis. Der vergleichende Blick zeigt, daß die Höhe städtischer Zuwendungen über viele Jahre unverändert blieb.[46] Arbeiten im Dienste der Stadt waren aber nicht die einzige Einkommensquelle des Marktkehrers, dem trotz dieser eng gefaßten Bezeichnung wohl noch andere Reinigungsaufgaben oblagen und der sich möglicherweise durch die Entsorgung des Unrats privater Haushalte seinen Lebensunterhalt sicherte. Zwar verpflichteten im Jahre 1473 die städtischen Statuten die Bewohnerinnen und Bewohner des spätmittelalterlichen Essen, die Straßen vor ihren Häusern regelmäßig zu reinigen und sauberzuhalten,[47] doch klafften möglicherweise auch hier Anspruch und Wirklichkeit mehr oder weniger weit auseinander. Jedenfalls wurden im 16. Jahrhundert von privater Seite auch die Dienste der sogenannten »Mistfahrer« in Anspruch genommen. Im September 1545 erließen die Stadtväter eine Gebührenordnung bezüglich dieser *Mistfoerers*.[48] Bürgermeister und Rat setzten darin fest, daß kein Einwohner Essens für Entsorgungsdienste mehr als einen Gulden *vur rent und underhalt* zahlen durfte. Die Reinigungskräfte, die sich außerhalb der Stadt des Unrats entledigten, sollten für ihre Tätigkeit auch nicht mehr verlangen dürfen. Im Falle von Zuwiderhandlungen gegen die Ordnung wurde die drakonische Strafe der Stadtverweisung angedroht. Festschreibung der Entlohnung und Gewichtigkeit des Strafmaßes weisen darauf hin, daß zumindest während des 16. Jahrhunderts im Bereich der Entsorgung privater Haushalte offensichtliche Mißstände existierten. Möglicherweise waren diese die Folge eines Bevölkerungszuwachses, der gleichzeitig die öffentlich hygienische Situation verschärfte. Da aber Angebot und Nachfrage zu allen Zeiten den Markt regelten, konnten die Mistfahrer offenbar hohe Forderungen stellen.

Im niederrheinischen Wesel sorgte man sich nachweislich schon im ausgehenden Mittelalter um die Qualität und Reinerhaltung der Straßen. Bereits am Ende des 14. Jahrhunderts lassen sich Magistratsbeschlüsse nachweisen, wonach jeder Einwohner die Straße vor seinem Haus regelmäßig säubern sollte.[49] In jedem Stadtviertel waren seit dem Jahre 1400 zwei gewählte Vertrauensmänner, die sogenannten *dreckmeister*, für eine entsprechende Kontrolle zuständig, denen für ihre Tätigkeit die Hälfe der verhängten Strafgelder zufiel.[50] In den Stadtrechnungen des 16. Jahrhunderts taucht allerdings immer wieder ein ebenfalls als *dreckmeister* bezeichneter Straßenreiniger auf, der mit ersteren nichts gemein hatte, sondern mit der Säuberung städtischer Anlagen betraut war sowie andere unbeliebte und schmutzige Arbeiten ausführte.

Zahlreich und bereits gelegentlich von der historischen Forschung ausgewertet sind in Kölner Quellen verstreute Hinweise auf Pflaster- und Straßenreinigungsarbeiten.[51] In entsprechend größerer Dimension und Überlieferungsdichte bestätigt sich das bereits gewonnene Bild. Vom römischen Straßennetz Kölns hatten im Spätmittelalter nur die Hohe Straße, die Schildergasse und die Breite Straße ihre ursprünglichen Fluchtlinien beibehalten.[52] Schon im 13. Jahrhundert, und damit früher als in den übrigen Städten des Niederrheins und Westfalens, stellten die städtischen Obrigkeiten Straßenmacher in ihre Dienste, die sich der innerstädtischen Straßen und Wege annehmen sollten.[53] Mit Eidesformeln und einer eigenen Ordnung für die Wegemacher versah der Kölner Rat Straßenbau und Pflasterung während des 14. und 15. Jahrhunderts mit einem normativen Gerüst.[54] Ungeachtet dessen war die Entlohnung der Kölner Wegemacher offenbar bis in das 15. Jahrhundert hinein kärglich. Zunächst wurden für Straßenbauarbeiten hölzerne Bohlen benutzt, wie schon die Unterstellung der Straßenmacher unter das Holzmeisteramt zeigt. Erst im 15. Jahrhundert griff man für Straßenarbeiten auf Steine zurück.[55] Zuständig für Reinigungsarbeiten in der rheinischen Metropole waren im Spätmittelalter der Scharfrichter und diesem in einer Art hierarchischer Ordnung untergeordnete henkersmäßige Leute,[56] doch wurden auch die Stadtbewohner zur regelmäßigen Säuberung der Straßen vor ihren Häusern angehalten, wie etwa eine Morgensprache vom Juli 1400 belegt.[57] Trotzdem waren die Straßen und Gassen der Großstadt keineswegs ein Vorbild an Reinlichkeit. Wie schon im Falle Paderborns wurden auch in Köln bisweilen außergewöhnlich stark verunreinigte Gassen kurzerhand mit Toren verschlossen. So gestattete der Rat am 7. Dezember 1437 dem Johann Panhusen auf dessen Bitte hin, die zum Rhein hinunterführende Sackgasse neben seinem Hause durch ein Tor bis auf Widerruf abzuriegeln.[58] Der Anlieger der Gasse fühlte sich dadurch stark beeinträchtigt, daß *viell stancks ind unvledicheyt dar in gedain worden is.* Das Gesuch des Johann Panhusen war kein Einzelfall und das Problem verbreitet, wie ein weiteres Beispiel veranschaulicht. Am 1. August 1517 gewährten die Stadtväter den Nachbarn einer Gasse, die vom Heumarkt zwischen dem Hof zomme Soiden und dem Haus Bopart bis in die Rheingasse zwischen den Häusern Maeraitzhuyß und zomme Hoiden führte, dieselbe auf eigene Kosten wieder zu verschließen.[59] Erst wenige Jahre zuvor, 1513, war dem Wortlaut des Ratsbeschlusses zufolge der Durchgang auf Betreiben der Stadt geschaffen worden. Ständig werde aber nun die Gasse mit viel Unrat verschmutzt, sei abends Ort zahlreicher Übeltaten und außerdem für das Gemeinwesen nutzlos.

Verschiedentlich schritten die Kölner Obrigkeiten vehement gegen die Verschmutzung der Straßen mit gewerblichen Abfällen ein. So verbot der Rat beispielsweise am 3. Juni 1336 den Fleischern,

die Blindejohannsgasse mit Blut und Schlachtabfällen zu verunreinigen.[60] Eine derartige Entsorgungspraxis war zwar vermutlich
kein spezifisch kölnisches Problem, doch finden sich in anderen
Städten Westfalens und des Rheinlands keine Belege für Konflikte
zwischen den Fleischhauern und den städtischen Obrigkeiten um
die Beseitigung ihres gewerblichen Unrats.

Städtisches Zusammenleben von Mensch und Tier

Die Haltung von Nutzvieh innerhalb der Stadt war während des
Mittelalters, mancherorts gar bis in die Neuzeit hinein, nichts Un-
gewöhnliches.[61] Sogar in der rheinischen Metropole Köln läßt sich
diese für die hygienischen Zustände abträgliche Praxis anhand der
Quellen belegen.[62] Welche besonderen Probleme aus dem engen
Zusammenleben von Mensch und Tier im Hinblick auf die Hygiene im öffentlichen Raum erwuchsen, wird im Spiegel der häufig
erlassenen Ratsverordnungen zur Reglementierung der Viehhaltung überdeutlich. Einige Beispiele, die für die Lage in allen Städten gleichermaßen signifikant sind, veranschaulichen dies. Der
Weseler Magistrat sah sich am Ende des 14. Jahrhunderts erstmals genötigt, zur Vermeidung einer allzu großen Verschmutzung der
Straßen die Viehhaltung in der Stadt zu regeln. Neben Holzhaufen
und privaten Fischbänken sollten auch Schweineverschläge künftig nicht mehr die Straßen verunzieren. Der angefallene Mist durfte nur eine Nacht auf der Straße liegen gelassen werden.[63] Dies zeigt
deutlich, daß Schweine, Kühe und sonstiges Vieh Teil des alltäglichen spätmittelalterlichen Straßenbildes waren und sich nicht
selten – der Verweis auf den hinterlassenen Mist deutet dies an – frei
in der Stadt bewegten. Neben tierischen Exkrementen blieben mitunter auch die Kadaver verendeter Tiere auf den Straßen liegen.[64]
Ein Blick auf die Stadtrechnungen des 15. und 16. Jahrhunderts verrät, daß den obrigkeitlichen Bemühungen, das Vieh mitsamt der
Schweineverschläge von den Weseler Straßen zu verbannen, nur

mäßiger Erfolg beschieden war. Noch 1570 wurde der Racker mit drei Rheinischen Gulden dafür entlohnt, daß er während des Winters nicht weniger als 73 verendete Schweine aus der Stadt geschafft hatte.[65] Die Racker, Schinder, Abdecker, in kleineren westfälischen und niederrheinischen Städten auch die Scharfrichter, waren zuständig für die Beseitigung verendeten Viehs und dessen Verwertung im weitesten Sinne.[66]

Die Kadaverbeseitigung ging nicht immer ohne Konflikte mit dem Rat oder der Stadtbevölkerung vonstatten und zeitigte mitunter neben der hygienischen Beeinträchtigung auf städtischen Straßen gesundheitsgefährdende Nebenerscheinungen. So durfte das Fleisch gefallener Tiere nicht zum Verzehr verkauft werden, was den in diesem verachteten Gewerbe Tätigen bisweilen vorgeworfen wurde und gelegentlich durchaus vorkam.[67] Das Abdecken des krepierten Viehs geschah außerhalb der Stadt auf dem Schindanger, der jedoch häufig nicht allzuweit vom städtischen Mauerring entfernt war. Der Soester Schindanger etwa befand sich gar bis zum 19. Jahrhundert *kaum 500 Schritt vor der Mauer* zwischen dem Grandweger- und dem Thomätor.[68] Ein im Jahre 1800 vom Stadtmedikus Stute verfaßte Bericht vermittelt einen Eindruck davon, wie sich der Schindanger noch zu dieser Zeit präsentierte und welche hygienische Beeinträchtigung aus dieser Form der Kadaverbeseitigung resultierte. Dort heißt es, daß *nicht allein das an verschiedenen Krankheiten crepierte Vieh aus der Stadt, sondern auch öfter Pferde vom Lande dorthin zum Abstechen gebracht werden, die nach geschehener Ablederung daliegen und von der Fäulnis verzehrt werden, auch Stücke von diesem Aas oft weit davon entfernt zum größten Ekel von Hunden verschleppt werden.*[69] Die bei warmer Witterung entstehenden *faulen Dämpfe* verbreiteten sich und würden bei Südwind in die Stadt hinein transportiert. Es steht zu vermuten, daß sich das Erscheinungsbild des mittelalterlichen Schindangers von der Beschreibung Stutes nicht wesentlich unterschied. Im Hinblick auf die zur Erklärung der Seuchenausbreitung bis in die zweite Hälfte des 19. Jahrhunderts herangezogene Miasmentheorie muß eine solche Situation in den Augen der städtischen Obrigkeiten stets berechtigten Anlaß zur Sorge geboten haben. Die erlassenen Ordnungen scheinen indes – selbst bei Androhung von Geldstrafen – ein inadäquates Mittel zur Besserung der Situation gewesen zu sein und auch die Bestellung von Kontrollorganen in jedem Viertel hatte angesichts der Größenordnung des Problems offenbar nur begrenzten Erfolg.[70]

Der Schindanger vor der Stadt stellte vor diesem Hintergrund erstaunlicherweise keinen Gegenstand (erhaltener) spätmittelalterlicher Verordnungen dar. Zumindest gelegentlich schritten die städtischen Obrigkeiten ein, um bedrohlich wirkende miasmatische Gefahrenquellen auf den Straßen auszumerzen. So wurden in Wesel im September 1529 Johann der Wytt van Tyell und Clais Polmann dafür entlohnt, daß sie elf Fässer mit Heringen, die vor dem Haus des Clais Deylmeker über ein Jahr gelegen hätten und nun verfault seien, beseitigten.[71] Ganz nebenbei wirft diese Episode ein Schlaglicht auf das Reinlichkeitsbewußtsein des als Dreckmeister in Diensten der Stadt stehenden Deylmeker.

Ein Ratserlaß aus Minden, ergangen am 18. Februar 1566, weist auf weitere hygienische Probleme und Gesundheitsgefährdungen hin, die sich durch die Form der Viehhaltung in Städten ergeben konnten.[72] Die Mindener Obrigkeiten verfügten unter Androhung von Geldstrafen, daß Schweine weder bei Tag noch bei Nacht frei auf den Straßen herumlaufen, sondern in ihre Ställe getrieben werden sollten.[73] Keine Schweineverschläge durften sich innerhalb Mindens mehr auf den Straßen befinden. Auf der Heerstraße und dem Markt, so forderten die Ratsherren, solle kein Mist über Nacht liegen bleiben. Die in den Erlassen berührten Belange, die auch in anderen Städten immer wieder Anlaß zu obrigkeitlichem Eingreifen boten,[74] gleichen sich nicht nur, sie weisen auch auf die Kontinuität der Probleme hin. So verfügte der Kölner Rat am 7. Januar 1517, die Gewaltrichter und Turmmeister sollten den Gewaltrichterdienern Anweisung erteilen, freilaufende Schweine auf den Hof zu treiben.[75] Die Besitzer sollten dafür eine Strafe von drei Schillingen zahlen. Auch im einmaligen Wiederholungsfall wurden drei Schillinge erhoben. Wurden die Schweine abermals auf der Straße angetroffen, sollten sie dem Hospital geschenkt werden. Die vergleichsweise großzügige Behandlung wurde indes nur Kölner Bürgern zuteil. Die Schweine Auswärtiger waren unverzüglich dem Hospital zu überlassen. In den folgenden Jahrzehnten sahen sich die städtischen Obrigkeiten noch häufiger zu ähnlichen Beschlüssen genötigt. Die allmählich rigider werdende Vorgehensweise zeigt, daß die Bemühungen des Rates zur Abstellung des Problems nur wenig fruchteten. Am 8. Juni 1530 forderte der Rat, die Gewaltrichterdiener sollten alle auf der Straße angetroffenen Schweine mit einem Brandeisen zeichnen.[76] Wurden die markierten Borstenviecher erneut aufgegriffen, sollten sie nicht mehr zurückgegeben werden. Knapp vier Dekaden später, am 3. November 1568, verordneten die Stadtväter, jedes Schwein sei so zu halten, *daß es nicht dieser Statt zu unehren und schmach auf der Gassen gehe, Unreinigkeit und Stanks* verursache.[77] Alle dennoch auf der Straße angetroffenen Borstenviecher sollten zum Waisenhaus getrieben werden und konnten dort gegen Zahlung von zwölf Albus ausgelöst werden. Hatte sich der Besitzer binnen dreier Tage nicht eingestellt, so sollten die Schweine geschlachtet und das Fleisch zugunsten der Waisen verkauft werden. Auch dieser Erlaß verfehlte offenbar seine Wirkung. In regelmäßigen Abständen sah sich der Kölner Rat weiterhin zur regelmäßigen Erneuerung der Verordnung gezwungen. Dennoch tummelten sich auch noch 1665 die Schweine offenbar so zahlreich auf den Kölner Straßen und Gassen, daß durch den Rat schließlich eine Anordnung an die Abdecker und ihre Gesellen erging, diese umgehend mit Keulen zu erschlagen.

Der Mindener Erlaß von 1566 offenbart noch einen weiteren, für die hygienische Situation in der Stadt höchst relevanten Aspekt: Unbeaufsichtigtes Vieh tummelte sich nicht nur auf Straßen und Gassen, sondern auch auf den innerstädtisch gelegenen Friedhöfen.

Dies zu unterbinden, war nicht allein eine Frage der Pietät. Mit Nachdruck forderte der Rat, jeder solle *seine sveine und viehe holden und vorwarren*, daß diese nicht auf die Kirch- und Klosterhöfe gelangten, dort die Arbeit der Totengräber störten und die Begräbnisplätze umwühlten. Man benötigt wenig Phantasie, um sich vorzustellen, wie abträglich für die Gesundheit und wie förderlich für die Ausbreitung von Krankheiten solche von Tieren zerfurchten Friedhöfe waren. Obgleich ausschließlich in der Mindener Ordnung des 16. Jahrhunderts erwähnt, steht zu vermuten, daß dieses Problem andernorts ebenso existierte.

Nicht nur das Nutzvieh verschärfte die Situation in den spätmittelalterlichen Städten. Streunende Hunde scheinen vor allem während des späten 15. und des 16. Jahrhunderts gewissermaßen zur Plage geworden zu sein. Sie konnten nicht nur Stücke der in den Straßen verendeten oder vor den Mauern abgedeckten Tiere in der Stadt umherschleppen und auf den Kirchhöfen Schäden anrichten. Vielmehr war neben der Gefahr, daß mancher Stadtbewohner schmerzhafte Bißverletzungen davontrug, die Möglichkeit der Tollwutverbreitung gegeben.[78] Die über das Mittelalter hinausgehende Kontinuität dieses Problems zeigen deutlich zwei Supliken der Anlieger des Alten Marktes in Köln vom 27. Juli 1646, die wegen der Seuchengefahr und unter Verweis auf die besondere Gefährdung der Kinder durch Hundebisse um Beseitigung streunender Hunde (und Schweine!) ersuchten. Die niederrheinischen Städte reagierten auf das Problem durch die Rekrutierung eigens zur Tötung der Tiere angestellter Hundeschläger. So erteilte der Kölner Rat einem Hundeschläger am 22. August 1498 ein einmonatiges Geleit, um sämtliche ungekennzeichneten Hunde zu töten.[79] In den folgenden Jahren sahen sich die kölnischen Obrigkeiten noch des häufigeren genötigt, *hontsleger* in ihre Dienste zu stellen.

In anderen Städten erledigten die sogenannten Racker neben allerlei anderen schmutzigen und ekelerregenden Geschäften auch das Hundeschlagen. Die Häufigkeit ihrer Bezahlung in den Stadtrechnungen und die Abrechnung nach Stückzahlen vermitteln einen ungefähren Eindruck von den Ausmaßen des Problems. In Essen beispielsweise bekam der namentlich nicht genannte Racker im Jahre 1529 für jedes getötete Tier vier Pfennige.[80] Der Weseler *dreckmeister* Clais Deylmeker wurde den Rechnungsbüchern zufolge im gleichen Jahr für jeden erschlagenen Hund mit einem halben Albus entlohnt. Mehrfach finden sich diesbezügliche Einträge, wie *noch viii hond doit geslaigenn*.[81] Demzufolge tötete Deylmeker 1529 rund dreißig Hunde. Die Zahl der alljährlich auf brutale Weise vom Leben zum Tod beförderten Tiere stieg, während die Entlohnung über die folgenden Jahrzehnte konstant blieb. Trotz des Einsatzes der Racker scheint sich die Hundeplage nicht vermindert, sondern weiter vergrößert zu haben.

Neben dem unter anderem für das Hundeschlagen zuständigen Racker beschäftigte der Essener Rat kurz nach der Wende des 16. Jahrhunderts auch einen Vogelfänger.[82] Die genauen Gründe für seine Anstellung lassen sich nicht ermitteln. Wahrscheinlich lagen diese weniger in der Sorge um die hygienischen Zustände denn in der Furcht, eine zu große Zahl an Vögeln könnte in der Saatzeit zu viele Saatkörner fressen und so die Ernte gefährden. Dennoch ist nicht völlig auszuschließen, daß hygienische Erwägungen die städtischen Obrigkeiten zu ihrem Schritt veranlaßten. Raben beispielsweise dürften auf dem Schindanger Nahrung gesucht und die Fleischreste auch in die Stadt gebracht haben.[83] Wenn diese in großer Zahl auftauchten und solche Vorkommnisse das übliche Maß spürbar überschritten, wäre eine mögliche Erklärung für die sporadische Beschäftigung eines Vogelfängers hierin zu suchen.

Wasserversorgung und -entsorgung, Reinigung fließender und stehender Gewässer

Hauptsächlich Brunnen versorgten die spätmittelalterlichen Städte mit dem im Haushalt und Gewerbe benötigten Wasser. Nur allmählich kamen vor dem Hintergrund wachstumsbedingt steigenden Wasserbedarfs in den spätmittelalterlichen Gemeinwesen Wasserleitungssysteme in Gebrauch. In Basel wurden Rohrleitungen schon im 13. Jahrhundert in die neuerschlossenen städtischen Siedlungsgebiete geführt. Mit dem 15. Jahrhundert finden sich dann auch in so kleinen Ansiedlungen wie dem südniedersächsischen Adelebsen Rohrwasserleitungen.[84]

Daß die römische Technik der Wasserleitung nicht allerorts mittelalterliche Kontinuität erfuhr, zeigt das Beispiel Kölns. Die große Stadt am Rhein, wo schon vor dem 2. nachchristlichen Jahrhundert eine rund 76 Kilometer lange Leitung Wasser aus der Eifel in die Stadt geführt hatte, war seit dem Verfall der Anlagen in der Spätantike wieder auf den Stand von Brunnen zurückgeworfen.[85] Archäologische Befunde zeigen, daß im hochmittelalterlichen Köln als eine Variante zudem kleine Leitungsrinnen existierten, die aus einem sogenannten Gemeinschaftspütz auf anderen Grundstücken gelegene Schöpfbrunnen speisten. War die antike Wasserleitung in der rheinischen Metropole während des Mittelalters nicht mehr funktionsfähig, so besteht die Möglichkeit, daß die viel kleinere Xantener Leitung in Betrieb gehalten werden konnte, wenngleich sie nicht mehr ihrem eigentlichen Zweck gedient haben mag. Die Quellen deuten vielmehr darauf hin, das das zugeleitete Wasser für eine gewisse Zeit den Taufbrunnen der im 4. Jahrhundert für den heiligen Viktor und seine Gefährten errichteten Memorialkapelle versorgte.[86]

Über eine römische Wasserleitung verfügte auch Aachen, wo aufgrund der schon in der Antike rege frequentierten Thermalquellen dem Wasser neben seiner alltäglichen Nutzung in Haushalt und Gewerbe besondere Bedeutung zukam.[87] Wurde in karolingischer Zeit die kaiserliche Pfalz mittels einer Druckrohrleitung versorgt und knüpfte das Pfalzbad an antike Traditionen an, so wurde schließlich seit dem 14. Jahrhundert das Wasser über ein weitreichendes Röhrennetz in die städtischen Laufbrunnen geleitet.[88] Vermögende Aachener konnten sich Wasser gar über Abzweige bis in ihre Häuser führen lassen, was schon die Stadtrechnungen des 14. Jahrhunderts gelegentlich erkennen lassen.[89] Sie belegen darüber hinaus den nicht geringen Aufwand, mit dem die städtischen Obrigkeiten für Unterhalt und Instandhaltung des Leitungssystems Sorge trugen. Im Jahre 1376 etwa beschäftigten die Stadtväter zwei für alle anfallenden Arbeiten an der Wasserleitung zuständige Werkmeister. Zahlreiche Positionen geben Auskunft über die Art ihrer Tätigkeit, die aus dem Herstellen, Reparieren und Verlegen der Leitungen bestand. Ausgaben für den Leitungsbau (*piifen ze machen*) finden sich ebenso wie Zahlungen für das zur Fertigung der sogenannten Pipen verwendete Blei – neben Holz ein häufig verwendetes, gesundheitlich jedoch nicht unbedenkliches Material.

Im Gegensatz zu den meisten anderen Städten verfügte auch Essen bereits im 14. Jahrhundert über eine künstliche Wasserleitung.[90] Sie verlief vom Fuße einer südlich Essens gelegenen Anhöhe durch ein *Kaupe* genanntes Wassersammelbecken und führte von dort mittels einer unterirdischen Leitung das Wasser bis in die Stadt. 1384 findet sich der erste Beleg für die Existenz der anfangs hölzernen *Kaupe*, 1434 wird die aus Erlenholz bestehende Leitung erstmals genannt. Entnommen wurde das Wasser an einer sogenannten *fontene,* die sich vermutlich an zentraler Stelle auf dem Marktplatz befand. Vier weitere solcher Zapfstellen kamen im Laufe der Zeit hinzu. Die Essener Stadtväter trugen große Sorge für die Instandhaltung der fortschrittlichen Einrichtung. Bisweilen, so 1435, wird ein eigens für die Wasserleitung zuständiger Pumpenmeister in den Stadtrechnungen erwähnt: *Item 12 d dem pumpenmester dey blint was, ind lêrde uns so wo wy dey pipen reyne solden maken.*[91] Der blinde Pumpenmeister empfahl den beredten Ausführungen des Rechnungseintrags zufolge, Ruten vom Haselnußbaum zu schneiden und einzukerben. Am Ende der Ruten sollte ein Leinentuch befestigt werden. Die Pipen wurden in einer Länge von 80 Fuß aufgenommen und die zur Reinigung präparierte Rute acht- bis zwölfmal hineingesteckt und wieder herausgezogen. Regelmäßig belegen die Stadtrechnungen seit dem 15. Jahrhundert ebenso Ausgaben für Ausbesserungsarbeiten an der Wasserleitung oder den Kauf von Holz zur Fertigung der Pipen. Städtische Zimmermeister waren mit der Ausführung dieser Tätigkeiten betraut. So erwähnt beispielsweise die Stadtrechnung von 1439 eine Zahlung von sechs Schillingen für Pipen und den Arbeitslohn des Johann op de Borch.[92] Während des 16. Jahrhunderts tauchen ähnliche Ausgabeposten immer häufiger auf. Neben der Unterhaltung der Wasserleitung wurden gleichzeitig auch die Brunnen der Stadt instandgehalten. In einer Rechnung findet sich der Eintrag: Der Werkmeister hat heute zwei Röhrenstücke und ein Faß mit Kalk an den Brunnen bringen lassen.[93] Weiter taucht eine Zahlung wegen Arbeiten an der »Fontäne«, dem Hauptwasserzulauf, auf. Die hier für das Rechnungsjahr 1533/34, einem Pestjahr in Essen, ausschnittweise und exemplarisch aufgelisteten Ausgaben zur Ausbesserung von Wasserleitung wie Brunnen sind in anderen Belegen für das 16. Jahrhundert in ähnlicher Dichte anzutreffen.[94]

Paderborn, durch seine Lage im Quellgebiet der Pader begünstigt, schuf im 16. Jahrhundert mit der Anlage einer sogenannten Wasserkunst die Voraussetzung für die Zuleitung des aus der Pader geförderten Wassers in die Stadt.[95] Damit hob sich die Stadt zwar aus dem Kreis der übrigen westfälischen Städte ab, doch waren in anderen Regionen derartige Wasserkünste seit Jahrhunderten in Gebrauch. In Lübeck entstand schon zwischen 1291 und 1294 auf Initiative der Brauer die erste Wasserkunst Deutschlands an der Wakenitz.[96] Überhaupt zeigten sich die Bierhersteller, die für ihre Tätigkeit auf größere Mengen Wassers angewiesen waren – wenngleich das geschöpfte Naß nicht immer guter Trinkwasserqualität entsprach –, häufig als die treibenden Kräfte für die Anlage von Wasserkünsten.

In Paderborn hingegen hatte eine Feuersbrunst im Jahre 1506 den Anstoß zum Bau der Wasserkunst gegeben. Dennoch steht unabhängig davon außer Frage, daß die Wasserleitung zugleich eine gewisse Verbesserung des Komforts und der hygienischen Situation darstellte. Eine auf den 1. August des Jahres 1523 datierte Urkunde regelte zwischen Domkapitel und Stadtvätern die Voraussetzungen für die Inbetriebnahme der Wasserkunst.[97] Die geistlichen Autoritäten gestatteten darin dem Rat, ein Häuschen mit einem Schöpfrad darin neben dem Kloster Abdinghof, halb neben, halb über der kleinen Pader zu errichten. Bedingung war aber, daß der Bau und die dazugehörige Wasserleitung den Mühlenbetrieb am Fluß nicht beeinträchtigten. Sofern sich die Wasserkunst in dieser Hinsicht als schädlich erweisen sollte, verpflichtete das Domkapitel den Rat auf eigene Kosten zur Behebung des Übels. Gleiches galt für Beeinträchtigungen der Reinerhaltung des Gewässers durch Verunreinigung. Schließlich manifestierte sich der Nutzen der Wasserkunst für die Allgemeinheit darin, daß die Einwohner – sofern sie es sich denn leisten konnten – die Möglichkeit hatten, auf eigene Kosten eine Leitung zu ihrem Haus zu erhalten. Auch wurde das Wasser zu Verteilstellen in den Straßen geführt.

Auseinandersetzungen zwischen dem Bischof und den städtischen Obrigkeiten um die Nutzung des Paderwassers tauchten allerdings nicht erst im Zusammenhang mit der Wasserkunst auf. Schon im Jahre 1281 verfügte Bischof Otto von Rietberg (1277–1307), daß die Paderarme nicht überbaut und deren Fluß nicht durch Einbauten behindert werden sollten.[98] An der dauerhaften Durchsetzung dieses Erlasses scheint es indes gemangelt zu haben. Mit Abtritten und Schweineverschlägen hätte man die Pader überbaut und verschmutze sie mit Fäkalien und Unrat, heißt es 1412 in einer an den Rat gerichteten Klageschrift Bischof Wilhelms I. von Berg (1400–1412).[99] Dieser Mißstand, so forderte er, solle ebenso abgeschafft werden wie das Mistabladen auf den öffentlichen Straßen.

Waren in den einzelnen Städten unterschiedliche, für die Beurteilung der hygienischen Verhältnisse belangreiche Voraussetzungen der Wasserversorgung gegeben, so zeigt sich ein ebenso vielfältiges Bild in bezug auf die Schmutzwasserentsorgung, die Säuberung zur Ableitung vorgesehener Kanäle und Gossen sowie die Reinigung städtischer Teiche und Fließgewässer. Existierte im spätmittelalterlichen Köln keine Wasserleitung mehr, so nutzte man noch immer einen Teil der römischen Abwasserkanäle, die mitunter ausgebaut wurden. Da eine Ableitung in den alten Rheinarm, der in der Spätantike noch als Hafen in Gebrauch war, durch die Zuschüttung des Hafenbeckens und den dadurch bedingten Wegfall des Vorfluters unmöglich geworden war, legte man im 12. Jahrhundert mit großem Aufwand eine sogenannte Aducht, einen Sammelkanal, an.[100] Diese durchschnitt die einstige Martinsinsel und leitete das Schmutzwasser in den Rhein. Neben diesem zentralen Sammelkanal existierte im Hoch- und Spätmittelalter eine Reihe kleiner Ableitungskanäle, so etwa seit 1360 nachweisbar für das Schlachthaus und das Kloster Groß St. Martin, und Stadtbäche.[101] Höhergelegene Stadtteile Kölns besaßen keine Anschlüsse an dieses System. Sie leiteten ihr Abwasser in sogenannte *Pfuhlen*, wo dasselbe dann im Boden versickerte.[102] Die Reinigung dieser Kanäle und Bäche erfolgte auf Kosten der Anwohner, wie ein entsprechender Ratsbeschluß vom 15. Oktober 1400 belegt.[103] Die Säuberung wurde von Angehörigen der gleichen Außenseitergruppen durchgeführt, die auch für andere geruchsintensive und unbeliebte Arbeiten herangezogen wurden. Am 13. August 1513 etwa findet sich ein Beschluß des Kölner Rates, die sogenannten *schotten*, die bei St. Gereon die Gräben reinigten, mit einem Hornschen Gulden für eine Ohm Bier zu belohnen.[104] Reibungslos funktionierte dieses System keineswegs. Immer wieder tauchen in den Schriftzeugnissen Hinweise auf vom Unrat verstopfte Abwasserkanäle und Bäche auf.[105] Der Rat trachtete 1514 offenbar danach, die Aufsicht über den ungehinderten Wasserabfluß zu verbessern. Am 4. Juli dieses Jahres kam er mit den Vierundvierzigern überein, künftig vier sogenannte Bachherren teils aus dem Rat, teils von außerhalb desselben zu wählen.[106] Diese sollten auf Lebenszeit Obacht darauf geben, daß der Bach nirgendwo in seinem freien Fluß durch Köln behindert würde.

Über ein System von Abwässerkanälen und Stadtbächen, die Regen- und Schmutzwasser in die Stadtgräben führte, verfügte ebenso das spätmittelalterliche Aachen.[107] Mehrfach bezeugen die Stadtrechnungen des 14. Jahrhunderts Ausbesserungs- und Reinigungsarbeiten an den Aachener Kanälen und Gräben. Schon in der ältesten Ausgabenrechnung aus dem Jahre 1334 tauchen Aufwendungen zur Instandsetzung der Kanäle auf, die den häufigen Ausgaben für *schindelen* zufolge möglicherweise gedeckt waren. Der Blick auf die weiteren Einträge der nicht in geschlossenen Serien erhaltenen Stadtrechnungen läßt immerhin die kontinuierlichen Bemühungen der städtischen Obrigkeiten um Reparatur und Säuberung der Kanäle erkennen. Für Duisburg,[108] Essen[109] und Wesel[110] lassen sich die gleichen Formen der Abwasserentsorgung und Säuberung der Anlagen konstatieren.

Das spätmittelalterliche Minden verfügte ebenso wie andere Städte über Entwässerungsgräben und Stadtbäche, wie am Beispiel der archäologischen Befunde an der Bäckerstraße deutlich wurde. Der auf der Südseite der Straße gelegene kleine Bach diente zur Ableitung des Schmutzwassers in die Weser, seit dem 14. Jahrhundert in die Bastau.[111] Chronikalische Zeugnisse des 16. Jahrhunderts belegen, daß die Weser mitunter zur Beseitigung größerer Abfallmengen genutzt wurde. So sah sich der Mindener Bischof Franz I. von Braunschweig (1508–1529) im Jahre 1519 genötigt, die faulenden Kadaver von Kühen, die er den Bremern aufgrund von Zwistigkeiten hatte entwenden und in Massen schlachten lassen, in den Fluß zu werfen.[112] Welche besonderen Probleme – ganz zu schweigen von der erheblichen Geruchsbelästigung der Anwohner – diese Entsorgungspraxis mit sich brachte, läßt sich leider in Ermangelung entsprechender Quellen nicht ergründen.

Reinigung städtischer Bauten, Kloaken und Abtritte

Wie andere Städte des deutschsprachigen Reichsgebiets besaß auch München öffentliche Abtritte. Am 10. November 1397, so zeigt die städtische Rechnung, erhielten die Zimmerleute sieben Schillinge zur Ausbesserung des Aborts am Rathaus.[113]

Unterhalt und Reinigung öffentlicher Abtritte lassen sich auch andernorts anhand der Kämmereirechnungen belegen. So vermitteln die spätmittelalterlichen Weseler Stadtrechnungen einen Eindruck vom Umfang der in städtischem Auftrag ausgeführten Reinigungsarbeiten an öffentlichen Bauten, Kloaken und Abtritten. Diese wurden im 14. Jahrhundert offenbar noch von sporadisch verpflichteten Kloakenreinigern ausgeführt, um im 15. und 16. Jahrhundert unter die Zuständigkeit des dauerhaft in städtischen Diensten stehenden Dreckmeisters oder Rackers zu fallen, der – wie gesehen – auch die Straßen- und Gossenreinigung sowie das Hundeschlagen übernahm. So erhielt Clais Deylmeker 1529 vier Albus dafür, daß er zwölf Karren Unrat aus dem Zeughaus abtransportiert hatte.[114] Mehrfach wurde der Dreckmeister im selben Jahr für Reinigungsarbeiten an den Stadttoren bezahlt, die auf Geheiß des Bürgermeisters vorgenommen worden waren.[115] Deylmeker besorgte ebenso das Begräbnis eines Diebes, den ein stürmischer Wind vom Galgen geweht hatte.[116] Die Weseler Dreckmeister übernahmen außerdem die Reinigung des Gefängnisses sowie der Aborte und die Leerung der Abortgruben.[117] Die Rechnungen des 14. bis 16. Jahrhunderts weisen sieben solcher heimlichen Gemächer unter städtischer Zuständigkeit aus.[118] Drei von diesen befanden sich an westlichen Stadttoren, dem Fisch-, dem Kloster- und dem Steintor.[119] Die Latrinenschächte lagen vor der Stadtmauer. Die Häuschen waren auf derselben angebracht und über eine Treppe erreichbar.[120] Genutzt wurden die Abtritte nicht nur von den Torwächtern, sondern auch von den Bewohnern der benachbarten Privathäuser. Ebenso öffentlich zugänglich waren die vier weiteren durch die Stadt unterhaltenen Aborte beim neuen Pfarr- und auf dem neuen Rathaus, bei der alten Stadtschreiberwohnung und im sogenannten ehemaligen Snackertschen Haus auf dem Kaldenberg.[121] Mag eine Reinigung der Häuschen in regelmäßigen Abständen vorgenommen worden sein, so erfolgte eine Leerung der zugehörigen Grube nur selten. Vom *heymeliken taern* etwa, dem als Turm bezeichneten Abtritt des Weseler Hospitals St. Johann, wurden die Fäkalien nur im Abstand von durchschnittlich zwei Jahrzehnten abgeführt.

Für das spätmittelalterliche Köln bietet sich, wenngleich in größerem Rahmen, ein ähnliches Bild. Die Stadtrechnungen der Jahre 1370 bis 1380 weisen in steter Regelmäßigkeit Ausgaben für die Reinigung von Abtritten städtischer Gebäude und der Gefängnisse, der Türme, auf. So finden sich häufiger Abrechnungen, die wie am 26. Juni 1370 die Kosten für die Reinigung der *cloacas prope portam Panthaleonis* verzeichnen.[122] Die Kloakenreiniger, in Köln wie in anderen niederrheinischen Städten auch spöttisch *goltgrever* genannt, fielen ab dem 15. Jahrhundert in den Zuständigkeitsbereich des Kölner Henkers, der die Tätigkeiten beaufsichtigte und die anfallende Arbeit koordinierte. Die Entleerung der Aborte hatte in den Abendstunden zu erfolgen. Die Fäkalien wurden in Fässer gefüllt, auf Karren verladen und auf feststehenden Routen zum Rhein oder auf das freie Feld geführt.[123]

Risikobereich: Friedhof

In spätmittelalterlichen Städten lagen die Begräbnisplätze in der Regel innerhalb der Mauern.[124] Diese Form der für den mittelalterlichen Menschen so wichtigen Gemeinschaft von Lebenden und Toten[125] war der Hygiene höchst abträglich und bedeutete eine kaum zu unterschätzende Gesundheitsgefährdung. Aus der Bestattungspraxis resultierte unvermeidlich eine Belastung des aus nahegelegenen Brunnen geschöpften Trinkwassers. Der auf den innerstädtischen Friedhöfen zur Verfügung stehende Platz war außerdem nicht beliebig erweiterbar. Eine dichte Belegung und rasche Neubelegung der Grabstätten scheinen die Folge gewesen zu sein. Jede massiv erhöhte Sterblichkeit infolge von Seucheneinwirkung verschärfte dieses Problem zusehends weiter. Die Schriftquellen berichten des öfteren über die Anlage von Massengräbern zur Bestattung von Seuchenopfern. Heinrich von Herford betont, daß der Schwarze Tod so zahlreiche Opfer forderte, daß in den Städten die Friedhöfe nicht zur Aufnahme der Leichen ausgereicht hätten.[126] Statt dessen seien neue Begräbnisplätze vor den Städten angelegt worden. Aufgrund der verallgemeinernden Darstellungsweise läßt sich jedoch weder feststellen, welche konkreten Vorbilder diesem Bericht zugrunde gelegen haben mögen, noch ob der Chronist ein entsprechendes Vorgehen in Westfalen und am Niederrhein beobachtet hat. Der Mindener Dominikaner ist jedenfalls der einzige westfälische Geschichtsschreiber, der eine Anlage von Begräbnisstätten außerhalb der Städte im Zuge einer Epidemie anführt. In Dortmund beispielsweise hob man der Chronik des Dietrich Westhoff zufolge im Jahre 1400 Gemeinschaftsgräber auf den innerstädtischen Kirchhöfen aus.[127] In entsprechender Weise verfuhren die Dortmunder während einer Epidemie im Jahre 1436. Erneut sah man sich 1485 genötigt, ein großes Loch hinter dem Turm der Reinoldikirche zu graben, um die Toten beerdigen zu können. Solche Szenarien, die sich in unregelmäßigen Zeitabständen wiederholten, sind in gleicher Weise auch für andere Städte überliefert.[128] Für die Dauerhaftigkeit des Phänomens spricht die Schilderung der *Chronica manuscripta Aquensis*.[129] Ihren Schilderungen zufolge hob man auf dem Friedhof der Aachener Münsterkirche inmitten der Stadt während einer 1578/1579 auftretenden Pestepidemie große Massengräber zur Aufnahme der Seuchentoten aus.[130] Die Verstorbenen wurden in die Grube gelegt, mit Stroh bedeckt sowie mit Salz und Erde bestreut. Darüber wurde die nächste Reihe gebettet. Der Friedhof war den Aussagen der Chronik zufolge dermaßen überfüllt, daß das Bodenniveau erhöht werden mußte und die so entstandenen Erhebungen noch lange nach der Katastrophe sichtbar waren.

Zumindest einem Teil der Zeitgenossen scheint – wenngleich der gängigen medizinischen Konzeption entsprechend auf den miasmatischen Aspekt reduziert – der Zusammenhang zwischen der Lage überfüllter Friedhöfe und der Verbreitung von Krankheiten bewußt gewesen zu sein. Höchst aufschlußreich präsentiert sich diesbezüglich eine vom Kölner Erzbischof Heinrich II. von Virneburg (1306–1332) am 4. Oktober 1323 für die Stadt Soest ausgefertigte Urkunde.[131] Der Oberhirte hatte der Stadt kurz zuvor einen Besuch abgestattet und zeigte sich höchst beunruhigt darüber, daß von der Masse der Leichen auf den Friedhöfen der Soester Kirchen ein großer Gestank ausgehe. Es sei sicher anzunehmen, so unterstrich der Erzbischof, daß dieser Gestank die Sterblichkeit unter den Stadtbewohnern vergrößere. Dies gelte besonders, wenn sich ein Friedhof an einer Stelle alltäglicher Zusammenkunft befinde. Aufgrund dieser Erkenntnis gestattete Heinrich II. die Anlage neuer Friedhöfe inner- oder außerhalb der Soester Stadtmauern. Der archäologische Befund bestätigt die Aussagen der Urkunde. Eine hohe Bestattungsdichte im Umfeld der zentral gelegenen Petrikirche läßt sich schon für das 10. Jahrhundert nachweisen.[132] Die Zahl der in dieses Kirchspiel außerhalb Soests eingepfarrten Dörfer, die ihre Verstorbenen zur Bestattung in die Stadt hineinbrachten, dürfte die Situation dieses Begräbnisplatzes im Spätmittelalter zusehends weiter verschärft haben. Die Verfügung des Erzbischofs blieb indes nicht ohne Wirkung. Um die Mitte des 14. Jahrhunderts veranlaßten die Soester die Anlage eines neuen Friedhofs außerhalb des Mauerrings vor dem Jakobitor.[133]

Zeugnisse wie das Privileg des Kölner Erzbischofs für Soest, die auf die Gesundheitsgefährdung der Stadtbevölkerung durch überfüllte Kirchhöfe Bezug nehmen, sind vergleichsweise selten. Heinrich II. scheint die Vermeidung der von dichtbelegten Bestattungsplätzen ausgehenden Miasmen knapp dreißig Jahre vor dem

Hereinbrechen des Schwarzen Todes in besonderer Weise am Herzen gelegen zu haben. Wenige Wochen vor Ausfertigung des Soester Privilegs, am 14. September 1323, urkundete er in der gleichen Angelegenheit für das sauerländische Brilon.[134] Solche sporadischen, vielleicht gar in kaum zu ergründender Weise an die Person des Urkundenausstellers geknüpften Eingriffe veränderten die Situation jedoch nicht grundlegend. In allen westfälischen und niederrheinischen Städten blieben die Begräbnisstätten weit über das Mittelalter hinaus in unmittelbarer Nähe der Pfarrkirchen, die Privilegierten auch in ihren Innenräumen die letzte Ruhe gewährten.[135]

Die hygienischen Verhältnisse im privaten Raum

Nachdem nun ausführlich vom öffentlichen Raum die Rede war, soll abschließend noch ein Blick auf die Verhältnisse und individuellen Seuchenrisiken innerhalb des privaten Lebensumfeldes geworfen werden. Ausgehend vom »Verursacherprinzip« waren Privathaushalte in den Städten Westfalens und des Rheinlands selbst dafür zuständig, sich ihrer flüssigen wie festen Abfälle zu entledigen.[136] Die Entsorgung erfolgte somit vor allem über Latrinenschächte und Abfallgruben auf dem eigenen Hinterhof, die bei archäologischen Ausgrabungen mittelalterlicher Stadtkerne häufig auftauchen. Sofern, was nicht selten vorkam, der Ort der Trinkwassergewinnung und der Fäkalienentsorgung unmittelbar beieinander lagen, erwuchs aus dieser Praxis eine kaum zu unterschätzende Gesundheitsgefährdung, die tödliche Folgen haben konnte.[137] Inwieweit sich die Bewohnerinnen und Bewohner spätmittelalterlicher Städte des Problems bewußt waren, läßt sich kaum genau bestimmen. Doch scheint bekannt gewesen zu sein, daß ein zu nah am Brunnen gelegener Abort das Trinkwasser verunreinigen konnte. In Duisburg sorgte man für eine Abdichtung der Latrinen.[138] Grabungsbefunde etwa aus Paderborn vermitteln indes eine Vorstellung vom gesundheitlichen Gefährdungspotential, das von privaten Abtritten ausging. Auf den Parzellen Kamp 32 und 34 fanden sich in das Untergrundgestein geschlagene Kloakengruben von durchschnittlich drei Metern Tiefe, die kaum 10 Meter von den zum Haus gehörigen Brunnen entfernt lagen.[139]

Die städtischen Obrigkeiten mischten sich nur in die Entsorgungspraxis der Haushalte ein, wenn aufgrund irgendeines Verstoßes gegen allgemein akzeptierte Regeln aus der privaten eine öffentliche Angelegenheit wurde oder die Rechte Dritter durch die Anlage von Entsorgungseinrichtungen berührt wurden. Aus diesem Grunde liefern Schriftquellen nur sporadische Informationen zu Fragen der privaten Entsorgung. Sie spiegeln vor allem Konfliktsituationen wider, hinter denen der alltägliche Entsorgungsablauf verschwindet. Die Streitfälle berührten stets ähnliche Gegenstände, wie die Nutzungsrechte von Kloaken oder Beeinträchtigungen der Abwasserleitung.

Auch die Ableitung privater Abwässer oder die Wassernutzung verliefen keineswegs immer konfliktfrei. Die Schriftquellen belegen nach mehr oder weniger langen Auseinandersetzungen – des öfteren unter Mitwirkung der städtischen Obrigkeiten – getroffene Übereinkünfte zwischen den Streitparteien. Bisweilen trat auch der Rat selber als Kontrahent auf. So bekannten etwa die Meisterin und der Konvent des Klosters St. Mauritius nach langem Rechtsstreit mit der Stadt Köln in einer am 5. Oktober 1342 ausgefertigten Urkunde, weiterhin die Führung der Abwässer aus der Thieboldsgasse durch ein Loch in der Stadtmauer in den klösterlichen Weingarten zu gestatten.[140] Vor den Schöffen der niederrheinischen Stadt Xanten verpflichteten sich am 4. Dezember 1475 die Eheleute Henrich und Aeleyt ingen Doirman aus besonderer Gunst, wie es heißt, den im rückwärtigen Teil ihres Wohnhauses gelegenen freien Platz nicht zu bebauen, damit der Ratsstube nicht das Licht genommen werde.[141] Die Stadt sicherte im Gegenzug ihrerseits zu, das aus dem Rathaus abgeleitete Wasser anderthalb Fuß breit an ihrer Mauer entlangzuleiten. Die Verständigung mit dem Rat bescherte dem Ehepaar somit einen Abfluß.

Die städtischen Obrigkeiten schritten außerdem ein, wenn sie öffentliches Interesse durch die Entsorgung privater Abfälle gefährdet sahen. Dies geschah nicht nur in Form der bereits angesprochenen Ordnungen, die auf eine Reinerhaltung der Straßen und Wege abzielten. Am 10. Mai 1353 verbot etwa der Kölner Rat, Mist aus der Stadt abzuführen sowie Erde und Schutt am Rheinufer abzuladen.[142] Ein Verbot, das die Stadtväter der rheinischen Metropole noch häufiger bekräftigten.[143] Auf welche Weise ein besonders eklatanter Verstoß gegen das Prinzip der privaten Entsorgung von den Obrigkeiten geahndet werden konnte, zeigt der Fall des Christian vam Ble.[144] Diesem waren durch den Kölner Rat die Schlüssel der Stadttore anvertraut worden. Vam Ble machte sich diese Gelegenheit offenbar zunutze, um heimlich Fässer mit faulem Fisch in den Rhein zu entleeren. Nachdem die Angelegenheit ruchbar geworden war, entschieden seine Ratskollegen am 19. August 1407, vam Ble auf sechs Jahre vom Ratsamt auszuschließen. Ferner war ihm der Fischverkauf verboten. Selbst im Hause eines Fischhändlers durfte er nicht mehr logieren.

Daneben finden sich Schriftzeugnisse, in denen der jeweilige Rat die Anlage einer privaten Abwasserleitung oder eines hauseigenen heimlichen Gemachs zu bestimmten Konditionen gestattet. So regelt etwa eine am 23. Juni 1369 in Minden von den Stadtvätern ausgestellte Urkunde die Bedingungen für die Einrichtung eines privaten Abtritts. Da der Abfluß unter der Stadtmauer hindurchführte, benötigte der Besitzer, der Domherr Johann von Heymberg, die Zustimmung des Rates, die dieser *umme vrunscop* auch erhielt.[145] Sollte die Stadt einmal die Verbreiterung des Weges bei der Mauer vornehmen, verpflichtete sich der Domherr, seine private Abflußrinne, sofern er diese behalten wollte, auf eigene Kosten entsprechend weiterzuverlegen, ohne der Stadt finanziellen Schaden zuzufügen.

Nicht nur in Minden, auch in anderen Städten finden sich Zeugnisse dafür, daß der Rat Bürgerinnen und Bürgern die Anlage und Nutzung privater Entsorgungseinrichtungen gestattete oder deren Gebrauch regelte. Am 14. März 1362 erteilte etwa der Kölner Rat den Bewohnern des Hofes Merzenich die Erlaubnis, ihr Brauchwasser auf das gegenüberliegende Grundstück abzuleiten.[146] Zumindest bisweilen ließen sich die Stadtväter solche Privilegien gut bezahlen.

Als Resultat der Betrachtung gilt festzuhalten, daß die öffentlichen und privaten Ver- und Entsorgungspraktiken in den dicht bewohnten mittelalterlichen Städten allerorts ideale Nährböden für die Ausbreitung gefährlicher Seuchen boten.

9. KAPITEL
Die größte Katastrophe des Mittelalters:
DER SCHWARZE TOD UND DIE PEST
IN DEN SPÄTMITTELALTERLICHEN STÄDTEN

Sechs Jahrhunderte, nachdem sich die letzten Ausläufer der Justinianischen Pest aus Europa zurückgezogen hatte, erlebten die Menschen die größte Seuchenkatastrophe des Mittelalters. Die später »Schwarzer Tod« genannte Pandemie zur Mitte des 14. Jahrhunderts stand am Beginn einer jahrhundertelangen Kette verheerender Pestausbrüche. Sie bewirkte ein Massensterben zuvor unbekannten Ausmaßes und brachte das spätmittelalterliche Gesellschaftsgefüge ins Wanken.

Der heute allgemein verwendete Begriff »Schwarzer Tod« ist keine Schöpfung der Zeitgenossen. Mit eindeutigem Bezug auf die spätmittelalterliche Pandemie taucht er erstmals während des späten 16. Jahrhunderts in Skandinavien auf.[1] Auch im 17. Jahrhundert ist er gelegentlich in dieser Form anzutreffen, wobei die Farbe Schwarz bewußt als Metapher für das »Furchtbare« und »Schreckliche« eingesetzt wurde.[2] Zugleich bot sich ein direkter Bezug zu einem markanten Symptom der Krankheit, den blauschwärzlichen Blutungen unter der Haut. Schließlich verfaßte der deutsche Arzt Justus Friedrich Karl Hecker 1832 – mehr als sechzig Jahre vor der Entdeckung des Erregers – unter dem Eindruck der Cholera eine Abhandlung mit dem Titel *Der Schwarze Tod im vierzehnten Jahrhundert*.[3] Heckers Werk bereitete dem neuen Begriff den Weg. Übersetzungen seiner Abhandlung sowie ein etwa zeitgleich entstandenes Schulbuch zur englischen Geschichte aus der Feder von Elizabeth Cartwright Penrose führten den »Schwarzen Tod« in den angelsächsischen Kulturkreis ein.[4] Wie schnell sich der neue Begriff unter der deutschen Ärzteschaft durchgesetzt hatte, veranschaulicht unter anderem die 1880 in Aachen durch Bernhard Maximilian Lersch primär als Übersicht für Ärzte verfaßte *Kleine Pest-Chronik*. Darin ist die Rede vom »schwarzen Tod, wie man die Epidemie jetzt [!] zu nennen pflegt.«[5]

Die Pandemie des Schwarzen Todes, der zwischen 1347 und 1350 wahrscheinlich ein Drittel der europäischen Bevölkerung Europas zum Opfer fiel, nahm ihren Ausgang in der Region des zentralasiatischen Balchaschsees.[6] Archäologische Zeugnisse aus dem Gebiet belegen, daß es dort bereits in den 1330er Jahren zu einer deutlich erhöhten Sterblichkeit gekommen war. Entlang der Fernhandelsroute der Seidenstraße verbreite sich der Schwarze Tod rasant in ganz Asien weiter. Über Transoxanien drang die Seuche nach Indien und China vor. Ihr Weg nach Westen führte im Jahre 1346 schließlich ans Kaspische Meer, das Gebiet des Don, das Asowsche und schließlich auch das Schwarze Meer. Im folgenden Frühjahr zeigte sich der Schwarze Tod in der genuesischen Handelsniederlassung Caffa auf der Krim, dem heutigen Feodosia. Die Seuche kam in schwerer Zeit. Tartaren belagerten schon seit Monaten den genuesischen Außenposten. Plötzlich hob unter den Belagerern ein mysteriöses Massensterben an. Was unter gewöhnlichen Umständen das Ende der Belagerung bedeutet hätte, erwies sich in diesem Fall als verheerend für die weiteren Geschicke des mittelalterlichen Europa. Die Tartaren schleuderten die Leichen ihrer von der Seuche hingerafften Kampfgefährten in die eingeschlossene Stadt. Bald wütete der Tod auch in Caffa.

Dem Augenzeugenbericht des Gabriele de Mussis zufolge wurde der Schwarze Tod an Bord von Schiffen aus dem verseuchten Caffa nach Italien eingeschleppt. Die weiteren Ereignisse sind hinlänglich bekannt und in der Literatur oftmals beschrieben worden.[7] In den folgenden Monaten suchte die Seuche die blühenden und reichen Städte des Landes schwer heim. Das öffentliche Leben brach vollständig zusammen, Panik brach aus. Sterbende wurden von ihren Angehörigen zurückgelassen, städtische Obrigkeiten waren aufgrund des Sterbens in den eigenen Reihen nicht in der Lage, Maßnahmen zu treffen. Von Italien aus bahnte sich der Schwarze Tod seinen Weg durch Europa und hinterließ allerorts Leichenberge. Die Reaktionen auf den Schwarzen Tod waren überall geprägt durch fassungsloses Entsetzen und Hilflosigkeit gegenüber einem Phänomen, dem mit bekannten Mitteln nicht zu begegnen war. Eine offene Frage ist bis heute geblieben, warum manche Städte, wie etwa die kaiserliche Residenzstadt Prag, vom ersten Ansturm der Seuche zwischen 1347 bis 1350 verschont blieben.

Im Frühjahr 1348, ein Jahr nach ihrer Ankunft im Süden Europas, war der Schwarze Tod in das deutschsprachige Reichsgebiet vorgedrungen. Über Brenner- und Reschenpaß sowie das Pustertal gelangte die Seuche nach Bayern und Tirol. Im Sommer 1349 äußerte sich die Pest am Oberrhein. Zwar wirkte das Massensterben im deutschsprachigen Reichsgebiet nicht anders als im übrigen Europa, doch gesellten sich ihm hier schon bald zwei unheilvolle Begleiterscheinungen hinzu: blutige Judenpogrome und Geißlerzüge.[8]

Machte man in Italien und andernorts vor allem die Miasmen für das Wüten der Seuche verantwortlich, so verbreitete sich im deutschsprachigen Reichsgebiet das Gerücht, die Juden hätten die Brunnen vergiftet und auf diese Weise das Massensterben hervorgerufen. Papst Clemens VI. (1342–1352) hatte bereits am 26. September 1348 Zwangstaufen von Juden verboten. Ebenso untersagte er, diese zu ermorden und sich widerrechtlich ihrer Habe zu bemächtigen. Die päpstliche Bulle betonte, daß die Seuchensterblichkeit unter den Juden ebenso hoch sei wie unter den Christen. Die

Intervention des Heiligen Stuhls zeitigte indes nur begrenzte Resultate. Während Pogrome in Avignon und dem Kirchenstaat unterblieben, kam es in Nordfrankreich, vor allem aber im deutschsprachigen Reichsgebiet zu blutigen Ausschreitungen gegen die Juden. Die Morde an der jüdischen Bevölkerung, so betonte bereits František Graus in seiner grundlegenden Studie zu den Zusammenhängen zwischen Pest, Geißlerbewegung und Pogromen, fanden nicht selten statt, noch bevor der Schwarze Tod die Stadt überhaupt erreichte.[9] Einen detaillierteren Einblick in die Auswirkungen von Schwarzem Tod, Judenpogrom und Geißlerzügen in spätmittelalterlichen Städten des deutschsprachigen Reichsgebiets liefern die folgenden Fallbeispiele.

Soest. Eine mittelalterliche Großstadt ohne Spuren des Schwarzen Todes

In Soest, einer der bedeutendsten und größten Hansestädte im Nordwesten des deutschsprachigen Reichsgebiets, finden sich erstaunlicherweise keinerlei Indizien für ein Auftreten des Schwarzen Todes. Kein Schriftzeugnis berichtet davon, daß die Stadt von der Seuche heimgesucht worden wäre. Besondere obrigkeitliche Maßnahmen, die auf den Ausbruch des Schwarzen Todes hindeuten, lassen sich nicht erkennen. Das älteste Bürgerbuch verzeichnet für die Jahre nach der Epidemie keinen überdurchschnittlichen Anstieg der Neubürgerzahlen zum Ausgleich demographischer Verluste. Damit bleibt aber nicht nur offen, ob sich die Stadt gegenüber Zuzüglern zurückhaltend zeigte oder die Seuche weniger Opfer forderte,[10] sondern auch, ob der Schwarze Tod Soest überhaupt erfaßte. Zwar legen die weitgespannten Handelsbeziehungen und regen Außenkontakte Soests die Vermutung nahe, daß die Stadt von der Seuche nicht verschont wurde, doch fehlt hierfür jeglicher Beleg. Es kann nicht mit letzter Gewißheit ausgeschlossen werden, daß der Schwarze Tod an Soest vorüberging. Diese Annahme erscheint indes nicht zuletzt deshalb unwahrscheinlich, weil die Chronisten anderer Städte einen solch außergewöhnlichen Zufall ohne Zweifel vermerkt hätten.

Sicher erscheint hingegen, daß die Soester Juden einem Pogrom zum Opfer fielen. Nach dem Jahre 1350 verliert sich jegliche Spur der jüdischen Gemeinde.[11] Im Hinblick auf den chronologischen Ablauf der Ereignisse am Niederrhein und andernorts ist dies allein kein Indiz für einen Ausbruch des Schwarzen Todes in der Stadt, denn auch in Soest könnten die Ausschreitungen stattgefunden haben, noch bevor sich die Krankheit spürbar zeigte.[12]

Deutlich belegt ist demgegenüber das Auftreten des Schwarzen Todes in Paderborn, Münster und Minden. Allerdings läßt sich auch dort in keinem Fall der genaue Zeitpunkt des Seuchenausbruchs bestimmen. Berichte über weiter nördlich oder östlich gelegene Städte eignen sich nur bedingt zur Rekonstruktion einer ungefähren Chronologie der Ereignisse in Westfalen. So wütete der Schwarze Tod den Ausführungen der Detmar-Chronik zufolge zu Pfingsten, am 14. Mai 1350, bereits in Lübeck.[13] Allerdings kann die Seuche dort – unabhängig von ihrem Vordringen auf dem Landweg – von Osten über das Wasser aus einem der Ostseehäfen eingeschleppt worden sein.[14] Uneins sind die Bremer Quellen. So wird das große Sterben sowohl dem Jahr 1350 als auch dem Jahr 1351 zugeschrieben.[15] Anhaltspunkte zu einer engeren zeitlichen Festlegung des Seuchenausbruchs in Paderborn, Münster und Minden bieten jedoch die in Dortmund und Minden datierbaren Judenpogrome. In der westfälischen Reichsstadt fanden die antijüdischen Aktionen Ende Juni statt, in Minden am 21. Juli.[16] Diese Hinweise sprechen dafür, daß die dazwischenliegenden westfälischen Städte spätestens während der Sommermonate des Jahres 1350 allesamt vom Schwarzen Tod erfaßt worden waren.

In seiner Weltchronik berichtet Gobelinus Person von den Vorgängen des Jahres 1350 in seiner Heimatstadt Paderborn. Bezeichneten die Aachener Dokumente den Schwarzen Tod als eine »neue Seuche«, so hebt Person die besondere Heftigkeit der Krankheit hervor und betont ebenso, daß sich die Menschen keiner ähnlichen Pestilenz zuvor erinnern könnten.[17] Zwar folgten nach den Ausführungen des Paderborner Klerikers weitere Pestilenzen, doch werde jene bis zum heutigen Tage *mortalitas magna*, das große Sterben, genannt. Person unterstreicht diese Aussage mit Nachrichten über die Probleme bei der Bestattung der zahlreichen Seuchenopfer. Da die Zahl der Überlebenden nicht ausgereicht habe, die vielen Leichen zu tragen, seien diese auf Wagen und Karren zu den Friedhöfen in der Stadt Paderborn gebracht worden. Die Massenbegräbnisse erfolgten demnach innerhalb der Stadtmauern. Eine Anlage neuer Friedhöfe außerhalb der Stadt erwähnt der Chronist nicht. Wären solche eingerichtet worden, steht aufgrund der zeitlichen Nähe des Berichts zum Geschehen zu vermuten, daß Person darum gewußt hätte. Deutlich wird in der Schilderung zudem der Umgang mit den Seuchenopfern. Der Historiograph führt aus, viele der ins Grab Geworfenen hätten noch gelebt und sich bewegt. Dennoch seien sie aus Angst, Verzweiflung oder Gleichgültigkeit der Totengräber mit Erde bedeckt worden. So viel über die massive Wirkung des Schwarzen Todes in Paderborn zu erfahren ist, so wenig widmet sich Person dem Verhalten der Obrigkeiten. Es läßt sich nicht ergründen, in welcher Weise Rat und Bischof auf den Ausbruch der Seuche reagierten und ob sie das Leben in der Stadt zu reglementieren versuchten. Ebenso bleibt im Dunkeln, ob Ärzte und Wundärzte in Paderborn sich um die Behandlung Seuchenkranker bemühten oder vielmehr die Stadt in Kenntnis der Aussichtslosigkeit der Lage eilends verließen. Aufgrund der spärlichen Quellenlage ist ebenso unbekannt, ob zur Zeit des Schwarzen Todes bereits ein Heilkundiger in städtischen Diensten stand. Zutage treten indes Spuren der religiösen Bewältigung des erlebten Grauens. So stiftete der Paderborner Kleriker Konrad Vonderbeke, ein Bruder des von der Seuche hingerafften Stadtkämmerers, in der Busdorfkirche bezeichnenderweise einen Antonius- und Sebastiansaltar, den er reichlich ausstattete.[18]

Nimmt Person bei seiner Darstellung des Seuchengeschehens eindeutig Bezug auf die Verhältnisse in Paderborn, so stellt er seine Ausführungen über die Geißler und Judenpogrome in einen größeren Rahmen.[19] Der Chronist beschreibt die Züge der Flagellanten, die auch er als Sekte bezeichnet, für das Jahr 1349. Seine knappen Ausführungen zum Erscheinungsbild der Geißler decken sich mit den Aussagen des Heinrich von Herford, des Radulph von Rivo und des Limburger Chronisten Tileman Elhen von Wolfhagen. Im folgenden Jahr, 1350, sei die Pestilenz gefolgt, der eine große Judenverfolgung vorangegangen sei. In allen Städten seien die Juden verbrannt worden. Person erwähnt mit keiner Silbe den Vorwurf der Brunnenvergiftung. Er sieht offenbar nicht näher spezifizierte religiöse Motive als Grund der Ausschreitungen, wenn er betont, taufwillige Juden hätten ihr Leben retten können. Die Möglichkeit zur Taufe – bei vorangegangenen Pogromen stets ein Ausweg für die bedrängten Juden, um ihrer Ermordung zu entgehen – findet im Zusammenhang mit den Gewalttaten im Umfeld des Schwarzen Todes in keinem weiteren westfälischen oder niederrheinischen Geschichtswerk Erwähnung.

Die Ausführungen Persons deuten darauf hin, daß der Durchzug der Geißler in westfälischen Städten in mindestens ebenso großem zeitlichen Abstand zum Ausbruch des Schwarzen Todes erfolgte wie etwa in Köln oder Aachen. Person ist nicht der einzige westfälische Chronist, der vom Erscheinen der Flagellanten im Jahr 1349 berichtet. Entsprechend schildert der ebenfalls in zeitlicher Nähe zum Geschehen tätige Florenz von Wevelinghoven das Ereignis.[20] Die Geißlerzüge durch die westfälischen Städte gingen dem Ausbruch des Schwarzen Todes um Monate voraus. Nach dem Bericht des Augenzeugen Heinrich von Herford läßt sich vermuten, daß sie möglicherweise im Spätherbst des Jahres 1349 stattfanden. Der Dominikaner schildert, daß Geißlerscharen 1349 Eintritt in Osnabrück begehrten, der ihnen jedoch von den städtischen Obrigkeiten verwehrt wurde.[21] Es liegt nahe, das resolute Auftreten der Stadtväter gegenüber den Geißlern im Zusammenhang mit dem am 20. Oktober 1349 erfolgten päpstlichen Verbot der Bewegung zu erklären. Mit Rücksicht auf die Zeit, die die Promulgierung der Bulle in Anspruch nahm, werden die Flagellanten wahrscheinlich zwischen Ende Oktober und Ende November in Osnabrück eingetroffen sein. Etwa gleichzeitig müßten sie demnach in Minden aufgetaucht sein, kurz zuvor in Paderborn und Münster. Auch Florenz von Wevelinghoven verweist im Rahmen seiner Schilderung ausdrücklich auf das von Clemens VI. erlassene Verbot der aufrührerischen Geißler.[22] Im Gegensatz zu Köln scheint in keiner dieser Städte ein unmittelbarer Zusammenhang zwischen dem Auftreten der Geißler und der Tötung der Juden zu bestehen, die alle westfälischen Chronisten in das Jahr 1350 setzen. Ebensowenig können die Flagellanten für die Einschleppung der Seuche verantwortlich gewesen sein, da der Schwarze Tod erst ungefähr ein halbes Jahr nach ihrem Durchzug ausgebrochen zu sein scheint.

Der Schwarze Tod im westfälischen Münster

Wie in Paderborn, so bleiben auch in Münster die Reaktionen der Obrigkeiten beim Auftreten der Seuche nahezu vollständig im Dunkeln. Fest steht, daß ein nicht exakt datierbares Judenpogrom im Umfeld des Seuchenausbruches stattfand. Florenz von Wevelinghoven berichtet, daß die Juden im Jahre 1350 vielerorts getötet wurden, weil man ihnen die Schuld an der Pestilenz gab.[23] Den Vorwurf der Brunnenvergiftung läßt er unerwähnt. Der anonyme Verfasser, der die Bischofschronik des Florenz von Wevelinghoven ins Deutsche übertrug, an manchen Stellen ergänzte und bis zum Tode Ottos IV. von Hoya im Jahre 1424 fortsetzte, weiß ebenfalls nichts von einer jüdischen Brunnenvergiftung zu berichten. Statt dessen heißt es dort in wortgetreuer Übernahme der Vorlage, alle Juden seien getötet worden, da man ihnen die Schuld an der Seuche gab.[24]

Ein Schatzfund im Stadtweinhaus am Prinzipalmarkt scheint die Aussage der Chroniken zu untermauern. Der jüdische Wohnbezirk befand sich bis zum Pogrom des Jahres 1350 im Bereich des heutigen Syndikatplatzes, unmittelbar hinter dem Stadtweinhaus.[25] Da keine der mehr als 2000 aufgefundenen Münzen nach dem Jahre 1350 geprägt worden ist, wurde die naheliegende Vermutung geäußert, ein Bewohner des jüdischen Viertels habe seinen Besitz zum Zeitpunkt der Gewalttaten im Kellergewölbe des Stadtweinhauses versteckt.[26] Welche Rolle Bischof Ludwig II. von Hessen (1310–1357) während der Ausschreitungen spielte, läßt sich ebensowenig ergründen wie die Haltung des Rates. In den vorangegangenen Jahren hatte Ludwig die Ansiedlung von Juden in Stadt und Stift gefördert.[27] Es scheint vor diesem Hintergrund zumindest denkbar, daß er die Ermordung der jüdischen Einwohner nicht widerspruchslos hinnahm. 1358 verkaufte sein Nachfolger Adolf von der Mark den bei der einstigen Mikwe gelegenen Teil des inzwischen als bischöfliches Lehnsgut eingezogenen Judenviertels an die Erbmänner Steveninck.[28] Am 2. April 1380 erwarb der bischöfliche Rat Bernhard Steveninck von Bischof Potho von Pothenstein (1379–1381) die Grundstücke der Synagoge und der Judenscharne hinzu.

Neben ihren Hinweisen auf den Durchzug der Geißler 1349 und das Judenpogrom beschränkt sich die chronikalische Überlieferung auf wenige knappe Notizen zum eigentlichen Seuchengeschehen in Münster. Bei Florenz von Wevelinghoven findet sich erneut das in vielen zeitgenössischen Chroniken gezeichnete stereotype Bild, die Überlebenden hätten nicht ausgereicht, um die Toten zu begraben.[29] Im Zuge ihrer späteren Adaptation in die bis zum Tode Ottos von Hoya geführte Chronik erfuhr die Darstellung wesentliche Ergänzungen. So erläutert der unbekannte Autor die Auswirkungen der bei Florenz *epydimia* genannten Krankheit auf den Umgang mit den Infizierten. Niemand habe aufgrund der Vehemenz der Seuche in ihrer letzten Stunde bei den Sterbenden bleiben können.[30] Zudem wartet der anonyme Chronist mit Opferzahlen auf. *In Monster*, berichtet er, *storven by xi. dusent menschen.* Da die Stadt um die Mitte des 14. Jahrhunderts kaum so viele Einwohner hatte, kann diese Angabe lediglich zur Illustration der unvorstellbar großen Sterblichkeit dienen. Treffend fügt der Verfasser entsprechend hinzu, man nenne die Seuche auch *de grote doet.* Selbst in dieser erweiterten Textvariante fehlen indes Ausführungen zu den Begräbnisplätzen, Anordnungen der Obrigkeiten oder dem Verhalten von Ärzten und Wundärzten. Ebensowenig läßt sich für die Zeit des Schwarzen Todes das Wirken eines Heilkundigen in städtischen Diensten nachweisen.[31] Weitere aussagekräftige Quellen, die in dieser Hinsicht die chronikalischen Nachrichten ergänzen könnten – etwa die städtischen Rechnungen – sind für die Mitte des 14. Jahrhunderts nicht mehr vorhanden.

Allerdings beinhaltet Florenz von Wevelinghovens Darstellung der Tugenden und Taten Ludwigs II. möglicherweise einen Hinweis auf eine Form religiöser Bewältigung der Seuchenkatastrophe. Im unmittelbaren Anschluß an die Schilderung des Sterbens und der Judenpogrome erwähnt der Chronist, daß Ludwig den Tag von Mariae Empfängnis zu einem speziellen Feiertag erklärt habe.[32] Leider verzeichnet er weder den Anlaß noch den Zeitpunkt der Einführung, doch könnte diese im Zusammenhang mit der Seuche stehen. Die Gottesmutter wurde in Seuchenzeiten besonders häufig um Schutz und Beistand angerufen.[33] Zwar erscheint dies allein nicht stichhaltig genug, um eine Verbindung zwischen der Feier von Mariae Empfängnis und dem Schwarzen Tod zu begründen, doch wird diese Vermutung durch einen Blick auf die Chronologie des Seuchengeschehens erhärtet. Der zur Mitte des 15. Jahrhunderts wirkende Mindener Domherr und Chronist Heinrich Tribbe gibt an, der Schwarze Tod habe 24 Wochen lang in Minden gewütet.[34] Falls das während der Sommermonate einsetzende Sterben in Münster ähnlich lange dauerte wie in der Stadt an der Weser, könnte Mariae Empfängnis, der 8. Dezember 1350, das Ende des Schwarzen Todes markieren. Die Einführung der Feier ließe sich in diesem Fall mit dem Dank an die Gottesmutter und gleichzeitig mit der Erinnerung an die Katastrophe erklären.

Der Schwarze Tod in Minden

Im Sommer des Jahres 1350 war der Schwarze Tod auch an die Weser vorgedrungen. Im Rahmen seiner Weltchronik beschreibt der Mindener Dominikaner Heinrich von Herford ausführlich die Vorgänge im Umfeld der Seuche. Obgleich die Art der Berichterstattung direkte Bezüge zum Seuchengeschehen in Minden verwischt und der Dominikaner vor allem die Verhältnisse in Italien und Südfrankreich eingehend schildert, so erlebte er doch die Schrecken des Massensterbens in seiner westfälischen Heimat. In seinen Bildern spiegelt sich daher ohne Zweifel zugleich ein Teil der eigenen Alltagswelt wieder.[35] Verallgemeinernd schildert Heinrich von Herford die Flucht der verängstigten Bevölkerung aus den verseuchten Städten und das Zurücklassen der unbegrabenen Leichen selbst der nächsten Verwandten. Die zahlreichen allegorischen Anspielungen können nicht verbergen, welch gespenstische Szenerie sich in den von der Seuche heimgesuchten Städten bot. Wenngleich der Geschichtsschreiber Minden in diesem Zusammenhang nicht erwähnt, so sagt er dennoch nicht, daß sich dessen Situation von der anderer Städte unterschied. Vielmehr breitet er seine eigenen Wahrnehmungen aus. Verlassene Häuser, totenstille Straßen und zurückgelassenes Vieh prägten den Worten Heinrichs zufolge das Gesicht der verseuchten Stadt. Einzig die Raben, die den ganzen Tag über den Lebenden und den Toten krächzten, schienen sich vermehrt zu haben. Kein Auge vermochte mehr die Zahl der toten Körper zu überblicken, zu deren Begräbnis die innerstädtischen Friedhöfe nicht mehr ausreichten, so daß neue Grabstätten in den Feldern angelegt werden mußten. Kaum der dritte Teil der Menschen, so heißt es an anderer Stelle, sei nach der Seuche übriggeblieben. Dem gelehrten Dominikaner war bekannt, was den meisten seiner Zeitgenossen offenbar nicht mehr bewußt war. In den Zeiten des Justinian, so werde gesagt, habe es ähnliches bereits gegeben, schließt Heinrich von Herford seinen Bericht mit einem deutlichen Hinweis auf die Ereignisse während der sogenannten Justinianischen Pest des 6. Jahrhunderts. Weiter führt er lange Passagen aus den *Metamorphosen* Ovids an, die eine Pestilenz in der Lebenswelt des klassischen Autors thematisieren. Der Mindener Dominikaner hebt hervor, in der Zeit Ovids habe es »viele ähnliche Pestilenzen« gegeben.

Ebenso widmet sich der Chronist der Schilderung der Judenpogrome.[36] Wiederum läßt sich kein Bezug zu Minden, wohl aber die persönliche Haltung Heinrichs von Herford erkennen. Der Vorwurf, die Juden hätten die Wasser vergiftet, wie viele glaubten, sei ein gemeines Gerücht, urteilte der Dominikaner. Dies sei nicht zu glauben. Vielmehr sei die wahre Ursache für das grausame Gemetzel unter den Juden mit Schwert und Feuer in den Begehrlichkeiten von deren Schuldnern zu suchen. Ausführlich setzt sich der Chronist mit den Geißlern auseinander, die nach seiner Auffassung das Kommen des Antichristen ankündigten, und bezieht den Traktat über die Flagellanten des Gerhard von Coesfeld in die Darstellung ein.[37] In diesem Zusammenhang geht er ebenso auf dessen Theorien über den Zusammenhang zwischen einer ungünstigen Konstellation der Gestirne und dem Auftreten der ketzerischen Flagellanten ein.[38] Bemerkenswert ist, daß Heinrich von Herford in seiner Interpretation die Planetenkonstellation nicht direkt mit dem Ausbruch des Schwarzen Todes in Verbindung bringt, sondern diese im Einklang mit seiner Quelle lediglich in Beziehung zum Erscheinen der Geißler setzt. Dies läßt darauf schließen, daß ihm trotz aller Gelehrsamkeit und dem erkennbaren Bemühen, die Ursachen für die Bedrückung durch die Seuche sowie ihre beängstigenden Begleiterscheinungen für die Nachwelt zu erläutern, das *Consilium* des Gentile da Foligno oder das später auf dessen Grundlage gefertigte Pariser Pestgutachten wohl nicht bekannt waren.

So umfangreich der Bericht Heinrichs von Herford über das Wüten des Schwarzen Todes auch ist, trägt er doch durch das Fehlen konkreter Bezüge zu den Ereignissen in Minden nichts zur zeitlichen Bestimmung der Vorgänge in der Stadt bei. Die Reaktionen des Rates und des Bischofs bleiben ebenso im Dunkeln wie die der Heilkundigen. Weder ein *Physicus* noch ein *Chirurgicus* haben zu dieser Zeit Spuren in der Überlieferung hinterlassen. Falls ein Arzt oder Wundarzt zur Mitte des 14. Jahrhunderts in städtischen Diensten stand, fehlt selbst hierüber jegliches Zeugnis. Die Ausführungen der während der zweiten Hälfte des 15. Jahrhunderts verfaßten jüngeren Bischofschronik des Heinrich Tribbe geben ebenfalls keinerlei Aufschluß über das Verhalten der städtischen Obrigkeiten sowie über eventuelle Versuche zur Eindämmung der Seuche oder zur Behandlung Erkrankter. Sie erlauben jedoch eine nähere chronologische Einordnung der Geschehnisse.[39] Der Chronist stützt seinen Bericht vor allem auf die Darstellung Heinrichs von Herford, ergänzt diese indes um wichtige Detailinformationen. Seinen Worten zufolge dauerte der Schwarze Tod in Minden 24 Wochen an. Sofern diese Angabe zutrifft und die Seuche sich ebenso wie in Köln oder Aachen erst nach der Ermordung der jüdischen Einwohner spürbar äußerte, ebbte das wahrscheinlich zwischen Ende Juli und Ende August einsetzende Massensterben erst am Beginn des Jahres 1351 wieder ab. Für die Datierung des Seuchengeschehens ist auch eine heute nicht mehr erhaltene, nur aus Schriftzeugnissen bekannte Grabplatte im Mindener Dom von Interesse.[40] Ihrer Umschrift zufolge starben der an dieser Stelle bestattete Wedekind IV. von dem Berge und seine Ehefrau Lisa von Solms im Abstand von nur einem Tag, ersterer am 4. Juli 1351, seine Gemahlin bereits am Vortag. Die rasch aufeinanderfolgenden Todesfälle werfen eine kaum zu lösende Frage auf. Handelt es sich hierbei nur um einen Zufall oder etwa um einen Beleg dafür, daß der Schwarze Tod – entgegen der Ausführungen des Domherren Heinrich Tribbe – Minden noch im Juli 1351 umklammert hielt? Immerhin dauerte dem Bericht der Limburger Chronik zufolge die Seuchensterblichkeit mancherorts bis zu einem Jahr an.[41] Von Ledebur, der die Inschrift im 19. Jahrhundert aufzeichnete, war jedenfalls davon überzeugt, daß der Tod der Eheleute im Zusammenhang mit der Seuche stand.[42] Die jüngere Bischofschronik, die das Ableben des Paares notiert, liefert keinen Hinweis auf die Todesursache.[43] Zwar muß man eine befriedigende Antwort angesichts des Schweigens weiterer Quellen schuldig bleiben, doch kann nicht ausgeschlossen werden, daß die Seuche in der Umgegend von Minden im Sommer 1351 noch immer nicht gänzlich abgeebbt war oder erneut aufflammte. Würzburg beispielsweise, das beim ersten Auftreten des Schwarzen Todes in Oberdeutschland verschont geblieben war, wurde 1351 ebenso heftig heimgesucht wie seine Nachbarstädte zwei Jahre zuvor.[44] Wie dem auch sei, der demographische Einschnitt, den das Große Sterben in Minden verursachte, scheint den Chroniken zufolge ebenso beträchtlich gewesen zu sein, wie schon für andere Städte von den Schriftquellen bezeugt. Die Konsequenzen dieses Bevölkerungsverlustes unterstreicht noch das in der zweiten Hälfte des 16. Jahrhunderts verfaßte *Chronicon Domesticum et Gentile* des Heinrich Piel.[45] Im Jahr des Seuchenausbruchs habe man vorgehabt, die Simeonsvorstadt zu erweitern. Das große Sterben aber habe dieses verhindert, resümiert der Chronist.

Die Ausführungen der jüngeren Bischofschronik werfen nicht nur ein Licht auf die zeitliche Dimension des Seuchengeschehens, sie erlauben zudem eine Datierung der Übergriffe auf die Mindener Juden.[46] Dem Bericht Tribbes zufolge wurden diese am 21. Juli 1350 getötet. In Osnabrück und Lübbecke seien die Juden ebenfalls umgebracht worden, führt er aus. Den Vorwurf der Brunnenvergiftung erwähnt er nicht, gibt als Grund der Pogrome jedoch an, den Juden sei zur Last gelegt worden, die Pestilenz hervorgerufen zu haben. Wie Vieh seien sie deshalb in Minden und andernorts abgeschlachtet worden. Ebenso wie Heinrich von Herford verurteilt der Domherr Tribbe die Ermordung der Juden. Zugleich betont er die Rolle der Juden, von denen nur wenige übriggeblieben seien, für das christliche Heilskonzept und für die Erinnerung an die Leiden des Herrn. Eine Bauinschrift des 14. Jahrhunderts an der Nordseite der St. Andreaskirche in Lübbecke unterstreicht die Ausführungen der Chronik. Sie verweist darauf, daß die Erweiterung des Gotteshauses im Jahre 1350 stattgefunden habe, als man die Juden tötete, die Geißler zogen und der Schwarze Tod sich zeigte.[47] Später entstandene hebräische Seelengedächtnisbücher, sogenannte Maskirbücher, die seit dem 15. Jahrhundert in Gebrauch waren, erinnern bisweilen an Minden als Ort des jüdischen Martyriums, so beispielsweise ein Exemplar aus dem lothringischen Metz. Das Mindener Maskirbuch, das älteste erhaltene Westfalens, stammt aus dem Jahre 1615 und befand sich vormals im Besitz der jüdischen Gemeinde. Die in Frankenberg an der Eder erstellte Handschrift verzeichnet Pogrome in Münster, Dortmund und »Westfalen«.[48]

Zur näheren zeitlichen Einordnung des Eintreffens der Geißler in Minden vermag die jüngere Bischofschronik hingegen nichts beizutragen. Sie erwähnt die Flagellanten ohne direkten Hinweis auf deren Ankunft in der Stadt. Statt dessen begnügt sich der Chronist im Hinblick auf das Seuchensterben und das Judenpogrom mit der vagen Aussage, etwa um diese Zeit seien die Geißler umhergezogen und hätten das Erscheinen des Antichristen angekündigt.

Im Jahre 1351 verschwand der Schwarze Tod aus den hier betrachteten Städten. Der von vielen Zeitgenossen befürchtete Weltuntergang war ausgeblieben, doch hatte die Seuche dem Befund der Quellen zufolge die Einwohnerschaft der Städte erheblich dezimiert. Die Pandemie zur Mitte des 14. Jahrhunderts, das mit Abstand verheerendste infektionsbedingte Massensterben des Mittelalters, bildete die infernalische Ouvertüre einer langen Reihe von Seuchen, die in der Folgezeit die Städte immer wieder heimsuchen sollten. Der jahrhundertelang währende Triumphzug des apokalyptischen Reiters auf seinem fahlen Pferd hatte unaufhaltsam begonnen.

Die Pest im späten Mittelalter

Nach dem Ende des Schwarzen Todes wurde die Pest in Europa für Jahrhunderte endemisch. In unregelmäßigen Abständen weiteten sich lokale Seuchenherde immer wieder zu Epidemien aus, die eine massive Sterblichkeit bedingten. Die Intensität des Schwarzen Todes erreichte jedoch keine der nachfolgenden Pestepidemien je wieder. Ebensowenig wiederholten sich Judenpogrome und Geißlerzüge im Gefolge der Pest. Hinzu kamen andere Seuchen. Die Dysenterie, die die Menschen bereits im frühen Mittelalter häufig heimgesucht hatte, trat auch in späteren Jahrhunderten unvermindert auf. Auch Grippe oder möglicherweise die Pocken forderten eine unbekannte Zahl an Opfern. In den Quellen lassen sie sich aufgrund der einheitlichen Bezeichnung als »Pestilenzen« nicht von Pestepidemien unterscheiden. Angesichts der Intensität des spätmittelalterlichen Seuchengeschehens beschränkten sich die Chronisten darüber hinaus möglicherweise auf eine Schilderung solcher Ereignisse, in denen das Massensterben ein gewisses Ausmaß überstieg. Den Menschen in den vom Schwarzen Tod entvölkerten Landschaften und Städten blieb jedenfalls nur eine kurze Atempause.[49]

Noch in der zweiten Hälfte des 14. Jahrhunderts lassen sich mindestens vier weitere Pestepidemien in den Städten des Reichsgebiets belegen, die abermals zahllose Opfer forderten. *Der großen pestelencien han ich vir gesehen unde irlebet,* notierte am Ende des 14. Jahrhunderts der Limburger Stadtschreiber Tileman Elhen von Wolfhagen.[50] Seinem Bericht zufolge wurde seine Heimatstadt an der Lahn 1356 das zweite Mal von einem »großen Sterben« heimgesucht. Weitere Epidemien, die nach Wahrnehmung Tileman Elhens nicht so heftig wirkten wie ihre Vorgänger, traten nach seinen Ausführungen 1365, 1383 und 1395 auf. Unabhängig von der exakten chronologischen Zuverlässigkeit seiner Aufzeichnungen lassen sich ungefähr zu dieser Zeit auch in vielen weiteren Städten abermalige Ausbrüche der Pest belegen. So zeigte sich der »große Tod« gemäß dem Bericht des Burkhard Zink 1380 beispielsweise in der schwäbischen Reichsstadt Augsburg.[51] Mehr als die Hälfte des Volkes sei auf dem Land gestorben, will der Chronist wissen. Priester und Mönche zogen in einer Bittprozession um die Stadt, um Gottes Gnade zu erflehen. *Ain ellend erschrocken ding* seien diese Sterbensläufte gewesen. Verzweiflung habe die Menschen befallen. Die Folgen des Massensterbens waren im Augsburger Umland wie so oft nach einer Epidemie unübersehbar. Das Getreide blieb auf den Feldern stehen. Auf zahlreichen Flächen konnte nicht ausgesät werden.

Szenen wie diese spielten sich allerorts jahrhundertelang nahezu unverändert ab. Die Pest kam immer wieder. Zwischen der Mitte des 14. und dem Ende des 16. Jahrhunderts erlebten beispielsweise die rheinischen und westfälischen Städte durchschnittlich mehr als dreißigmal Epidemien. So ereigneten sich etwa in der mittelalterlichen Großstadt Soest 37, in Dortmund und Münster je 36, in Köln 27 und in Wesel 21 quellenmäßig gesicherte Seuchenausbrüche bis zum Jahre 1600. Der vergleichende Blick auf die Zeugnisse nährt den Verdacht, daß sich die Frequenz des Auftretens von Seuchen kontinuierlich erhöhte. In Anbetracht der im 16. Jahrhundert ungleich dichter werdenden Überlieferung muß dieser Eindruck allerdings nicht die realen Verhältnisse wiedergeben, denn die allgemeine Zunahme von Informationen wirkte sich auch auf die Häufigkeit der Berichte über das Vorkommen von Seuchen aus. Daraus folgt im Umkehrschluß aber auch, das Epidemien in der zweiten Hälfte des 14. und während des 15. Jahrhunderts sogar noch häufiger auftraten, als dies im Spiegel der erhaltenen Quellenzeugnisse erkennbar wird. Opferzahlen, die in den Schriftzeugnissen genannt werden, gehen – wie schon in anderem Zusammenhang festgestellt – über die tatsächlichen zumeist weit hinaus. Dennoch: Die Pest und andere gefährliche Infektionskrankheiten bewirkten die größte Sterblichkeit unter der mittelalterlichen Stadt- und vielleicht auch Landbevölkerung.

Erst allmählich entwickelten sich in den Städten in Anbetracht der häufigen Pestausbrüche neben allgemeinen und kontinuierlich anzutreffenden Verhaltensmustern auch lokale Strategien im Umgang mit dem Problem. Die Flucht vor der Pest sowie Formen einer religiösen Bewältigung zählten allerorts zu den grundlegenden Handlungsmustern.[52] Die Schriftquellen dokumentieren durchaus lokale und regionale Unterschiede im Hinblick auf obrigkeitliches Handeln. Im vormikrobiologischen Zeitalter gab es weiterhin keine effektive medizinische Hilfe gegen die Pest. Dennoch bemühten sich insbesondere Stadtärzte, den bisherigen Wissenstand und ihre Empfehlungen im Rahmen einer großen Zahl von Pestschriften zusammenzufassen.[53]

Versuche zur Erklärung des Unerklärlichen: Spätmittelalterliche Pesttheorien

Der unvermittelte Ausbruch des Schwarzen Todes Mitte des 14. Jahrhunderts konfrontierte die Heilkundigen mit einem Seuchenproblem zuvor unbekannten Ausmaßes. Außer der rasch gemachten Erfahrung, daß die neue Krankheit sich ebenso schnell weiterverbreitete wie tötete, hatten Ärzte und Gelehrte keinerlei Kenntnis über die Ursachen der Seuche oder ihrer Wirkung.[54]

Selbst zur Erklärung der Pest orientierten sich mittelalterliche Heilkundige zunächst an den Vorgaben von Autoritäten wie Hippokrates oder Galen und ihrer Theorie der Säftelehre. Im Einklang mit diesem Modell folgerten sie, daß ein Übermaß an Blut, dem warmen und feuchten Saft, eine bedrohliche Fäulnis der inneren Organe bewirken könne. In dieser Fäulnis aber vermeinten sie, den Grund für die Pest erkannt zu haben. Diese gelangte insbesondere durch verdorbene Luft, aber auch durch den Genuß bestimmter Speisen in den Körper. Leicht verderbliche Nahrungsmittel mit starker Geruchsentwicklung, vor allem Fisch und verschiedene Obstsorten, galten in diesem Sinne der Gesundheit als besonders abträglich.

Darüber hinaus waren üble Ausdünstungen, die sogenannten Miasmen, die etwa aus Leichen und den Kadavern verendeten Viehs strömten sowie von verunreinigten Straßen und Gewässern aufstiegen, bereits nach antiker Auffassung der Hauptgrund für epidemische Erkrankungen. Diese »Miasmentheorie« hielt sich als Erklärung für die Entstehung von Seuchen bis zur Entdeckung der Erreger in der zweiten Hälfte des 19. Jahrhunderts. Klimatische Verhältnisse spielten nach zeitgenössischen Vorstellungen ebenso eine Rolle für die Entwicklung von Miasmen wie die Windrichtung. Durchaus treffend, erachtete man auch den Atem der Kranken als bedrohlich. Die alltäglichen Beobachtungen taten ihr Übriges, um letzteres zu belegen.

Auf dieser Grundlage konzipierte der umbrische Arzt Gentile da Foligno im Angesicht der Bedrohung durch den Schwarzen Tod 1348 sein »Pesthauchmodell«. Seiner Theorie zufolge waren krankheitserregende Ausdünstungen von Land und Wasser emporgestiegen, um bald darauf wieder auf die Erde niederzusinken und diese zu vergiften. Verantwortlich für den Mechanismus dieses unheilvollen Prozesses war nach der akzeptierten Vorstellung da Folignos eine ungünstige Konjunktion von Mars, Jupiter und Saturn, die sich einige Jahre vor dem Ausbruch des Schwarzen Todes ereignet hatte. Eine solche Interpretation war nach zeitgenössischen Vorstellungen keineswegs ungewöhnlich. So hatte die Astrologie gewissermaßen ihren festen Platz als »Hilfswissenschaft« der mittelalterlichen Medizin. Um den geeignetsten Termin zum Beginn einer Heilbehandlung oder etwa des Aderlasses zu ermitteln, bedienten sich die Ärzte eines Blickes in die Sterne. Am Ergebnis richtete sich ihr Handeln aus.

Da Folignos Pesthauchmodell besagte, daß die auf die Erde zurückgefallenen giftigen Dünste sich nach ihrem Einatmen durch die Menschen in deren Herz und Lunge zu einer tödlichen Giftmasse verdichteten. Diese wiederum befiel die inneren Organe. Durch ihren Hauch gaben die Infizierten die Pest an Kontaktpersonen weiter. Aus dieser Erkenntnis leitete der Arzt seine Therapieempfehlungen ab, die auf eine Stärkung besonders gefährdeter Organe und die Verminderung des inneren Fäulnisprozesses abzielten. Zudem empfahl er, die Obrigkeiten sollten im Zusammenwirken mit den Ärzten geeignete Maßnahmen zur Eindämmung der Seuche treffen und sich zudem der Erkrankten annehmen. Da Folignos Ratschläge waren mehr als bloße Worte. Der Arzt widmete sich mit solcher Hingabe seinen Patienten, daß er selbst im Juni 1348 in Perugia dem Schwarzen Tod erlag.

Seine Theorie stieß bei den Gelehrten nicht auf taube Ohren. Als der französische König Philipp VI. (1328–1350) im Spätsommer 1348 die angesehensten Autoritäten zur Anfertigung eines Gutachtens über die Herkunft und Natur des Schwarzen Todes beauftragte, wurde ihr bekanntes »Pariser Pestgutachten« maßgeblich von den Theorien da Folignos inspiriert.[55] Der maßgebliche Ratschlag der hochangesehenen Gelehrten war nicht neu, sondern gehörte schon in der Antike zu den Verhaltensempfehlungen im Angesicht von Seuchen: die rechtzeitige, weite Flucht aus dem verseuchten Gebiet und eine möglichst lange Abwesenheit. Wer nicht fliehen konnte oder wollte, sollte seine Fenster nur in Richtung der gesunden Nordwinde öffnen und die Luft in den Häusern

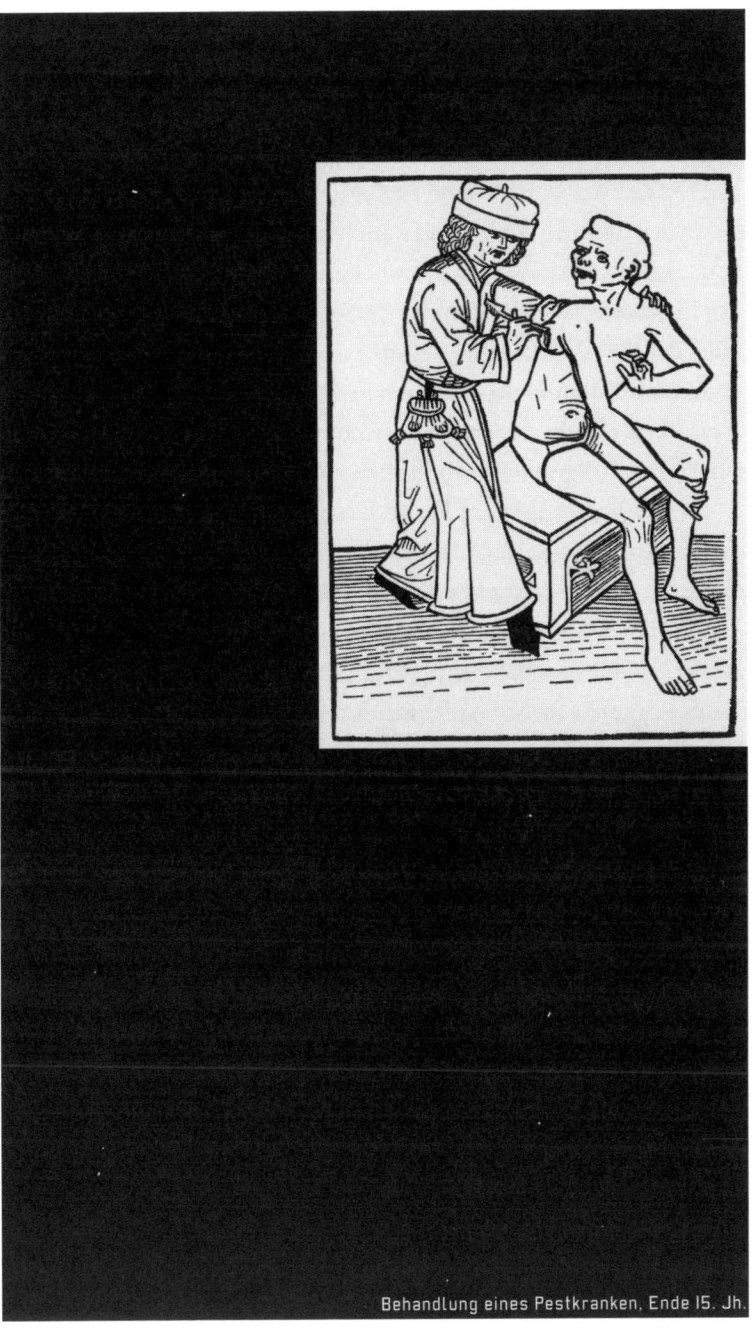

Behandlung eines Pestkranken, Ende 15. Jh.

zusätzlich durch das Verbrennen wohlriechender Substanzen reinigen. Jede körperliche Anstrengung, auch der Geschlechtsverkehr, sollte gemieden werden. Der Speiseplan sollte die Pestprophylaxe unterstützen. Er durfte keine verderblichen, stark riechenden Nahrungsmittel enthalten. Zudem wurde während des gesamten Spätmittelalters und auch in der frühen Neuzeit die vorbeugende Einnahme von Arzneien, besonders des Theriaks, sowie das Einatmen wohlriechender Düfte empfohlen. Daneben wurde auch der Aderlaß zu allen Zeiten nahegelegt. Er galt als ein probates Mittel, das Blut von schädlichen Substanzen zu reinigen. Weiter zirkulierte ein ebenso variantenreicher wie häufig kopierter Kanon zur Herstellung vermeintlich vorbeugend wirkender Heilmittel.[56]

Die Empfehlungen des Pariser Pestgutachtens fanden ihren Weg durch ganz Europa. Ihre Ausführungen bildeten den Kern der späterhin in großer Zahl erstellten Verhaltensratgeber im Seuchenfall, den sogenannten Pestconsilia oder -regimina. Der Aderlaß etwa zählte zu den Standardempfehlungen, um der Pest vorzubeugen. Nach zeitgenössischer Auffassung reinigte er das Blut von krankmachenden Substanzen.

Spätmittelalterliche Pesthäuser

Im 15. Jahrhundert entstanden in einigen Städten des deutschsprachigen Reichsgebiets spezielle Häuser zur Aufnahme Pest- und anderer Seuchenkranker. Im westfälischen Münster beispielsweise erfolgte die Stiftung der ersten von insgesamt vier solcher in der Stadt *Elenden* genannten Einrichtungen im Jahre 1473.[57] Die Stiftungsinitiative ging dabei vor allem von privaten Stiftern aus, wenngleich der Rat bei der Umsetzung der Projekte mitwirkte und Ratsmitglieder immer wieder auch finanzielle Beiträge zum Wohle der Einrichtungen leisteten. Im gleichen Jahr wie in Münster entstand auch im niedersächsischen Braunschweig eine Institution zur Aufnahme Seuchenkranker: das St.-Alexius-Haus.[58] Noch später als in

Braunschweig oder Münster entwickelten sich auch in Köln Initiativen zur Gründung von »Pesthäusern«.[59] Diese gingen von der Kölner Universität aus. Die Senioren der Artistenfakultät knüpften aufgrund eines abermaligen Pestausbruchs in der Stadt im Jahre 1494 an ihren bereits rund dreißig Jahre zuvor geäußerten Gedanken an, ein Haus zur Versorgung pestkranker Fakultätsmitglieder zu errichten. Schon 1487 war ein solcher Plan in der Ausführung gescheitert. Am 13. Mai 1494 einigte man sich nunmehr darauf, daß jede Burse ein Haus für die Unterbringung erkrankter Studenten anmieten sollte. Dieses Mal glückte die Unternehmung. Drei Jahre später, am 17. November 1496, entschied die Fakultätsversammlung, statt der weiteren Anmietung eigene Häuser zur Aufnahme Seuchenkranker anzukaufen. Die Ärzte Dietrich Adrians von Dordrecht und Adrian von Breda traten als Verhandlungsführer auf. Es dauerte lange, bis ihre Bemühungen schließlich von Erfolg gekrönt waren. Am 6. Februar 1500 jedoch erwarben sie ein Haus in der Gereonstraße, das als das Haus zur roten Tür, *Rubea porta* oder *roeden Portzen*, bekannt war. Allerdings sollten weitere Jahre vergehen, bis die ersten Pestkranken tatsächlich in der *Rubea porta* Aufnahme finden konnten.

Trotz des nahezu allerorts ähnlich intensiven Seuchengeschehens kam es nicht in allen Städten im Laufe des 15. und 16. Jahrhunderts zur Gründung von Pesthäusern. Doch auch die in manchen Gemeinwesen bestehenden Einrichtungen waren gemessen am Bedarf zu klein. Die größte und älteste der vier Münsteraner Elenden im Kirchspiel Aegidii besaß einem Inventar aus dem Jahre 1523 zufolge 28 Betten, das 1529 gegründete Haus im Lamberti Kirchspiel elf.[60] Das beschränkte Versorgungsangebot der Kölner Universität dürfte im Ernstfall ebenfalls nicht zur Deckung des Bedarfs ausgereicht haben. Von den 1466 ursprünglich vorgesehenen elf Betten existierten in der *Rubea porta* tatsächlich wohl nie mehr als sieben.[61] Daneben existierte im Kölner Hospital St. Revilien eine Pestkammer innerhalb der Einrichtung, wo sich jedoch lediglich vier Betten befanden.[62] Selbst wenn die Betten, was nicht ungewöhnlich war, mit mehreren Patienten belegt wurden, reichten diese Kapazitäten keinesfalls aus.

Eine Funktion zur Seucheneindämmung kam keiner der Einrichtungen je zu. Alle waren innerhalb der Stadtmauern gelegen. Zum Transport von Kranken und Leichen mußten demnach bewohnte Straßen und Gassen benutzt werden. Bei der Gründung des jüngsten Münsteraner Pesthauses, der Martini-Elende im Jahre 1573, wird auf die Gefahren dieser Praxis und die Unannehmlichkeit für die Anwohner explizit hingewiesen. Zudem legten die Einrichtungen, wie in der Kölner *Rubea Porta,* den Personenkreis derer fest, die im Haus aufgenommen werden konnten. Waren es in Köln Fakultätsangehörige, so beschränkten sich die Münsteraner Elenden auf die Versorgung armer Knechte und Mägde, mittelloser Kleriker oder Scholaren. Behandlungsversuche erfolgten in den Einrichtungen nicht. Die Leistungen umfaßten lediglich die nötigsten täglichen Aufwartungen, wie die Versorgung mit Nahrung. Insbesondere aber bewahrten die Pesthäuser die Aufgenommenen vor einem einsamen Tod.

Die Bilder des Seuchensterbens in den spätmittelalterlichen Städten ähneln sich, wenngleich das Handlungsspektrum der Obrigkeiten durchaus Nuancen aufweist. Welches Szenario sich in einer Stadt abspielen konnte, die von der Pest getroffen wurde, veranschaulichen die folgenden, zum Vergleich einladenden Beispiele.

Wesel 1439. Eine Stadt im Angesicht der Pest

Am Ende des Winters 1439 wurde die niederrheinische Stadt Wesel wieder von der Pest heimgesucht. Unter dem Datum vom 27. März taucht die früheste Erwähnung dieser Seuche in der Stadtrechnung auf.[63] In dem Ausgabenposten heißt es, um der Pestilenz Einhalt zu gebieten, sei das heilige Sakrament umgetragen worden. Die Kirchenrechnungen von St. Willibrordi deuten darauf hin, daß das Sterben schon vor dem Jahreswechsel eingesetzt haben könnte.[64] So belegt bereits die Rechnung des Jahres 1438 im Vergleich zu anderen Jahren eine Zunahme von Todesfällen um 30 bis 40 Prozent. Weitere Sakramentsumtrachten mit gleichem Ziel wie am 27. März verzeichnet die Stadtrechnung am 10. und am 17. April. Die Intensivierung solcher Frömmigkeitsbezeigungen, soweit im Vergleich zu vorangegangenen Epidemien aus den Quellen ersichtlich, deutet auf eine besondere Heftigkeit und lange Dauer des Seuchengeschehens hin. Zugleich verleiht sie der inzwischen vorangeschrittenen Institutionalisierung von Formen religiöser Pestbewältigung Ausdruck. Am 3. Mai folgte in Gestalt einer von den Stadtpfeifern und einem Trompeter begleiteten Kreuzestracht die nächste Bittprozession. Die ersten drei Prozessionen gingen zur Bitte um göttliches Erbarmen jeweils mit obrigkeitlichen Almosenausteilungen an die Armen einher. Wie weitere Einträge in der Stadtrechnung zeigen, war solche Mildtätigkeit gegenüber den Bedürftigen keineswegs allein von der frommen Hoffnung bestimmt, Gottes Zorn zu besänftigen, sondern von pragmatischen Überlegungen begleitet, die Folgen der Seuche zu lindern. Da die Pest im Spätherbst noch immer nicht aus der Stadt verschwunden war, spendete der Magistrat – dieses Mal weder mit einer Prozession noch der Erwähnung göttlicher Barmherzigkeit verbunden – den Armen am 6. November »Brot und Hering für die Pestilenz«. Knapp zwei Wochen später, am 17. November, findet sich ein bemerkenswerter Rechnungseintrag, der die Sorge des Landesherrn und der Ratsvertreter für die Gesundheit der bedürftigen Stadtbevölkerung veranschaulicht. Der Herzog von Kleve, Adolf IV., hatte den Weseler Stadtvätern ein Pestrezept für arme Leute – *eyn recept bescreven vor arme lude vor die pestilencie* – gesandt. Das Rezept ist leider nicht überliefert. Damit bleibt unbekannt, ob Herzog Adolf auf eine überlieferte Rezeptur zurückgriff oder seinen Arzt um die Abfassung einer solchen ersuchte. Fest steht hingegen, daß der Rat den städtischen Apotheker Johannes mit der Herstellung des Medika-

ments betraute und ihn mit 14 Schillingen für seine Dienste ent-
lohnte.[65]

Im Gegensatz zu vorangegangenen Epidemien scheint der Rat
mehrheitlich in der verseuchten Stadt und damit handlungsfähig
geblieben zu sein. Am gleichen Tag, als die Anordnung an den
Apotheker erfolgte, richtete der Bürgermeister ein Ratsessen aus, an
welchem neben dem Drosten und seinen Knechten einige Schöffen
und Ratsherren sowie andere angesehene Bürger teilnahmen.[66] Der
bei diesem offiziellen Anlaß abwesende andere »Teil« des Magistrats hatte Wesel wahrscheinlich den Rücken gekehrt oder war
möglicherweise der Pest zum Opfer gefallen.[67] Anhand der Stadtrechnung des Folgejahres läßt sich zugleich ein obrigkeitlicher
Wertewandel im Hinblick auf die Beurteilung der Pestflucht von
Bürgern erkennen. Bernt Wijrick, der am 12. April 1440 um seine
Aufnahme in die Weseler Bürgerschaft ersuchte, wurde diese verwehrt. Zur Begründung heißt es, sein Vater und seine Mutter seien
zwar Weseler Bürger gewesen, doch seinerzeit mit ihrem Sohn vor
der Pest nach Hamm geflohen.

Der Rat zeigte sich jedoch nicht nur um die medikamentöse Versorgung der ärmeren Stadtbevölkerung bemüht, sondern erachtete offenbar – trotz der weitgehenden Hilflosigkeit der Heilkundigen im Angesicht der Pest – die Anwesenheit eines Stadtarztes
besonders in Seuchenzeiten für wichtig. Meister Johann von Me-
rinchaven, den der Magistrat erst 1438 in Dienst genommen hatte,
verließ die Stadt anscheinend unmittelbar nach dem Ausbruch der
Seuche.[68] Am 15. April 1439, als die Epidemie der Chronologie der
Bittprozessionen zufolge bereits in vollem Gange war, entsandte
der Rat einen Boten zu Meister Johan Witink nach Löwen. Witink,
Sohn des langjährigen Ratsmitglieds Evert Witink und selbst *medicus*, sollte seinen Standeskollegen Lodewig van Diest als neuen
Stadtarzt für Wesel anwerben.[69] Die Anwerbung verlief erfolgreich,
doch nahmen die Verhandlungen einige Zeit in Anspruch. Erst
mehr als drei Monate später, am 1. August, konnte sich abermals eine

Delegation aus Wesel auf den Weg machen, um den erwarteten Stadtarzt jenseits des Rheins in Sonsbeck abzuholen. Das Eintreffen Lodewig van Diests scheint sich indes weiter verzögert zu haben und fand erst am 17. November statt. Der große Aufwand, der um die Anstellung betrieben wurde, wirft ein Schlaglicht auf das Ansehen des *medicus* und die Schwierigkeiten der Städte, aus einer geringen Zahl zur Verfügung stehender Heilkundiger – noch dazu in Seuchenzeiten – einen geeignet erscheinenden neuen Stadtarzt zu rekrutieren. Ob der Meister aus Diest den Erwartungen seiner Dienstherren im Hinblick auf die Eindämmung der Pest entsprach, entzieht sich dem Urteil. Bis 1442 wirkte er den Stadtrechnungen zufolge jedenfalls in Wesel.[70]

Sorgen um das Begräbnis. Soest im Pestjahr 1439

Einblicke in das auf die Pest gerichtete Reaktionsspektrum der Obrigkeiten lassen sich, wenngleich in weit geringerem Maße als in Wesel, im westfälischen Soest gewinnen. Dabei werden Konfliktstrukturen zwischen Rat und Geistlichkeit deutlich, die eine starke Ähnlichkeit mit den kurz vor und nach der Wende des 15. Jahrhunderts für Paderborn beschriebenen aufweisen. In einem in Köln abgefaßten Schreiben an den Magistrat beklagte sich der Pfarrer der Soester Petrikirche, Rudolf von Borgeln, am 9. August 1439 darüber, daß man in seinem Kirchspiel nicht mehr als sechs Frauen und Männer zur Teilnahme an den Leichenbegängnissen zuließ.[71] Unterstützung fand der Pfarrer beim Kölner Erzbischof Dietrich von Moers. In einem Brief an den Soester Rat rügte der Oberhirte, daß eine solche Beschränkung der Tradition zuwiderlaufe und zudem ganz ohne den Konsens der Heiligen Kirchen und Pastoren beschlossen worden sei.[72] Rudolf von Borgeln drängte die städtischen Obrigkeiten nun erneut zur Rücknahme der Verordnung. Der Zusammenhang zwischen dem innerstädtischen Seuchengeschehen und der Verfügung des Rates ist unübersehbar. Der

Pfarrer der Petrikirche warnte die Stadtväter in seiner Klageschrift vor den Folgen eines Interdikts, besonders in »dieser sterblichen Zeit«. Die Abfassungsdaten der beiden Schriftstücke verraten, daß die Pest Soest etwa zur gleichen Zeit heimsuchte wie das niederrheinische Wesel. Der Rat zeigte – nur wenige Jahre vor der entscheidenden Auseinandersetzung mit dem Kölner Erzbischof in der Soester Fehde – offenkundig keine Neigung, den klerikalen Forderungen nachzugeben. Beide Streitparteien beharrten auf ihren Positionen. Ebenso wie der Paderborner betrachtete der Soester Magistrat die Seuche als willkommene Gelegenheit, durch Ausnahmeverordnungen einen Autoritäts- und Autonomiezuwachs zu erlangen. Es läßt sich nicht ermitteln, wann das Sterben in Soest endete und ob es ähnlich lange andauerte wie in Wesel. Die Aachener Heiligtumsfahrt im Juli des Jahres 1440 spielte möglicherweise eine nicht zu unterschätzende Rolle für ein abermaliges Aufflammen der Pest im Rheinland und in Westfalen. Zumindest berichtet der Dortmunder Chronist Dietrich Westhoff von Erkrankungen und Todesfällen unter den Aachenpilgern.[73] Rückkehrende Wallfahrer könnten die Seuche somit erneut in Städte entlang ihres Weges eingeschleppt haben. Die vom Soester Rat erlassenen restriktiven Verordnungen zur Begrenzung der Teilnehmerzahl an Leichenbegängnissen blieben 1440 – ob nun abhängig oder unabhängig vom Pestgeschehen – unverändert bestehen.

Die Strategie der Obrigkeit in Soest zielte vorrangig auf eine Verschleierung der Sterbezahlen zur Vermeidung von Panik ab. Das Soester Beispiel spricht zugleich für den paradigmatischen Charakter und die Kontinuität dieses obrigkeitlichen Handlungsmusters in pestbedingten Reaktionsschemata, in denen als »passiv« einzustufende Elemente überwiegen. Dabei stand die Unterbindung des Informationsflusses – zumindest vermittelt die lokale Überlieferung dieses Bild – bis zum Abflauen der Pest im Vordergrund einer durch schlichtes Abwarten geprägten Haltung. Es ist bezeichnend für die augenscheinlich weitgehende Passivität der

Obrigkeiten, daß sich in den Soester Ratsprotokollbüchern nicht einmal direkte Hinweise auf die Epidemie des Jahres 1439 finden. Einschränkend gilt es bei dieser Bewertung allerdings zwei Faktoren zu berücksichtigen. Zum einen war die Koordinierung von jeglicher gegen die Seuche gerichteter Maßnahme an die Handlungsfähigkeit der Obrigkeiten geknüpft, die durch Tod und Flucht von Entscheidungsträgern unweigerlich beeinflußt wurde. So raffte beispielsweise den Ausführungen des Domscholasters Dietrich von Engelsheym zufolge die um Ostern 1439 in Hochstift und Stadt Paderborn einsetzende Pest nicht weniger als 27 namentlich genannte Ritter und Knappen sowie einen Bürgermeister und zwei Kämmerer hin.[74] Zum anderen wird die Überlieferungslage den realen Gegebenheiten in der Regel nur unzureichend gerecht.

Ereignisse wie im niederrheinischen Wesel oder im westfälischen Soest wiederholten sich an anderen Orten zu anderer Zeit ständig in ähnlicher Weise. Hilflosigkeit und Ohnmacht, Gottvertrauen und Schicksalsergebenheit angesichts eines unbezwingbaren Gegners bestimmten über Jahrhunderte die Auseinandersetzung der Menschen mit der größten Katastrophe der mittelalterlichen Lebenswelt.

SCHLUSS
... wenn die Sonne sich verfinstert.

HIMMELSZEICHEN, MOND- UND SONNENFINSTERNISSE
ALS VORBOTEN VON KATASTROPHEN

Im siebenten Jahr der Regierung des Königs Childebert, dem Jahre 582, so berichtet der Bischof Gregor von Tours, regnete, blitzte und donnerte es im Monat Januar gar gewaltig.[1] Die Bäume begannen zu blühen, und ein Komet ließ sich am Himmel sehen. Dieser strahlte funkelnd in der Finsternis und besaß einen Schweif von unglaublicher Größe, der von der Erde aus wie die starke Rauchwolke eines großen Feuers aussah. Überhaupt war dies in Gregors Augen ein Jahr der Wunderzeichen. Nicht umsonst überschreibt er ein komplettes Kapitel mit dem Titel »Von den Wunderzeichen, die bemerkt wurden.« In Soissons, so fährt er in seinem Bericht fort, leuchtete der Himmel am Ostertage so hell, als seien es zwei Feuer. Nach zwei Stunden verbanden sich die beiden Feuer zu einer einzigen gewaltigen Feuerkrone und verschwanden dann.

Unheimliches geschah seinen Ausführungen zufolge im Gebiet von Paris. Dort regnete es tatsächliches (wie Gregor betont) Blut aus einer Wolke. Die von diesem Blut befleckten Menschen mochten ihre Kleider daraufhin vor Abscheu nicht mehr anrühren. An drei Orten in der Stadt, so präzisiert der Chronist, trat das erschreckende Phänomen auf. Im Gebiet von Senlis habe des Morgens gar ein Mann sein ganzes Haus im Inneren mit Blut bespritzt vorgefunden.

Schon 571 weiß der Kirchenmann von erschreckenden Wunderzeichen am Himmel zu berichten, die nach seiner Auffassung Vorboten der Pest waren.[2] In der Sonne, so erzählt er, habe man den drei- oder vierfach hellen Schein gesehen, so daß die Menschen meinten, am Himmel stünden drei Sonnen. Am 1. Oktober aber steigerten sich diese Schrecken noch. Die Sonne verfinsterte sich so sehr, daß nicht einmal mehr ein Viertel von ihr zu sehen war. Schwarz und farblos wie ein Sack habe sie gewirkt, schildert Gregor. Auch sei kurz darauf ein Komet mit einem Schweif wie ein Schwert am Himmel erschienen und das gesamte Jahr in dem Gebiet sichtbar gewesen. Das ganze Firmament schien zu brennen. Doch es wurden noch andere Zeichen bemerkt, fährt Gregor fort. Der Flügelschlag eines Vogels löschte während der Frühmette alle Kerzen plötzlich aus. Daß bald darauf die Pest heftig wütete, erschien dem Chronisten als konsequente Folge der üblen Vorzeichen.

Himmelserscheinungen, Sonnen- oder Mondfinsternisse ebenso wie der Blutregen, von denen der Chronist so phantasievoll berichtet, sind keine Katastrophen. Dennoch erscheinen sie bis weit in das Hochmittelalter hinein untrennbar mit Katastrophenszenarien verbunden. In der Wahrnehmung der Zeitgenossen wirkten sie – ebenso wie Traumgesichte, die auf einen baldigen Tod hindeuteten – wie eine widernatürliche Bedrohung.

Gregor von Tours ist nicht der einzige mittelalterliche Chronist, der von der bestimmenden Kraft unheilvoller Vorzeichen überzeugt war. Sonnen- und Mondfinsternisse, Kometen oder sonstige, den Zeitgenossen auffällige Himmelserscheinungen deuteten unausweichlich auf eine bevorstehende Katastrophe hin. Während des Mittelalters wandelte sich die Wahrnehmung der von Gregor und anderen früh- und hochmittelalterlichen Chronisten als bedrohlich empfundenen Phänomene nachhaltig. Schon im späten Mittelalter suchte man verstärkt, den natürlichen Ursachen der ungewöhnlichen Phänomene auf den Grund zu gehen.[3] Von einer Massenpanik im Angesicht von Sonnenfinsternissen und Kometen kann keine Rede sein. Daß seltene Naturereignisse stets apokalyptische Ängste hervorriefen, ist – wie jüngst Ernst Schubert betont hat – eine zählebige Legende.[4] Der Duisburger Chronist Johann Wassenberch beispielsweise empfand den 1506 gesichteten Kometen als nicht außergewöhnlich bedrohlich. Gott allein wisse, was dieses bedeuten solle, stellt er lakonisch fest.

Der »blutige« Regen, den schon Gregor von Tours beschreibt und der die Menschen in Mitteleuropa im Laufe der Jahrhunderte verschiedentlich verblüffen sollte, ist ein Naturphänomen, dessen Hintergründe seit dem 19. Jahrhundert geklärt sind. Das selten auftretende Schauspiel wird durch Tiefdruckgebiete in der Sahara hervorgerufen. Schirokko-Winde können in diesem Fall den Wüstensand aufwühlen und noch in Mitteleuropa gelbe oder rötliche Regen- und Schneefälle bewirken.[5] Bis ins 18. Jahrhundert, vor allem in Zeugnissen aus der frühen Neuzeit, tauchen immer wieder Erwähnungen über den mysteriösen Blutregen auf, der Kleider und die Haut zur großen Furcht der Betroffenen befleckt habe. In einer Lütticher Chronik heißt es beispielsweise, im Jahre 1501 seien allerorts blutige Kreuze auf die Gewänder der Menschen herabgefallen.[6]

Mit dem Wandel der Wahrnehmung und einer Zunahme der Erklärbarkeit war die Furcht vor dem unheilbringenden Charakter ungewöhnlicher Himmelsphänomene besiegt. Die berechtigte Angst vor den unberechenbaren Kräften der Natur blieb bestehen.

ANHANG

ANMERKUNGEN

Einführung

1 Genesis 7,4.

2 Rut 1,1ff.

3 Genesis 19,15ff.

4 Exodus 8–11.

5 Panten, Die schwersten Sturmfluten an der deutschen Nordseeküste, S. 60.

6 Schubert, Alltag im Mittelalter, S. 28.

7 Jankrift, Kräfte zwischen Himmel und Erde.

8 Kieckhefer, Magie im Mittelalter, S. 51.

9 Sonnabend, Naturkatastrophen in der Antike. Olshausen / Sonnabend (Hrsg.), Naturkatastrophen in der antiken Welt.

10 Hierzu schon Rösener, Bauern im Mittelalter, S. 12f.

11 Abel, Agrarkrisen und Agrarkonjunktur. Curschmann, Hungersnöte im Mittelalter.

12 Rösener, Bauern im Mittelalter.

13 Seibt / Eberhard (Hrsg.), Europa 1400.

14 Körner, Stadtzerstörung und Wiederaufbau. Weitere euopäische Perspektiven bei Bennassar, Les catastrophes naturelles dans l'Europe médiévale et moderne.

15 Borst, Das Erdbeben von 1348, hier S. 569.

16 Schubert, Alltag im Mittelalter. Radkau, Natur und Macht. Glaser, Klimageschichte Mitteleuropas. Pfister, Raum-zeitliche Rekonstruktion von Witterungsanomalien und Naturkatastrophen. Ders., Wetternachhersage. Ders., Häufig, selten oder

nie. Ders., Historische Umweltforschung und Klimageschichte.

17 Jäger, Einführung in die Umweltgeschichte.

18 Herrmann (Hrsg.), Mensch und Umwelt im Mittelalter. Ders. (Hrsg.), Umwelt in der Geschichte. Dirlmeier, Historische Umweltforschung aus der Sicht der mittelalterlichen Geschichte. Dirlmeier / Fouquet (Hrsg.), Menschen, Dinge und Umwelt im Mittelalter.

19 Padberg, Die Oase aus Stein.

20 Eine Zusammenstellung der Quellen bei Curschmann, Hungersnöte im Mittelalter, S. 109f.

21 Liber de rebus memorabilioribus sive Chronicon Henrici de Hervordia (bis 1355), S. 95f.

22 Die jüngere Bischofschronik, S. 126.

23 Jankrift, *Up dat God sich aver uns verbarmen wolde …*

I. Kapitel: Sturmfluten

1 Plinius, Historia Naturalis, 16. Buch, 1.

2 Schröder, Sturmflut, S. 15.

3 Weikinn, Quellentexte zur Witterungsgeschichte Europas, Teil 1, S. 2.

4 Verhulst / Gottschalk (Hrsg.), Transgressies en occupatiegeschiednis in de kustgebieden van Nederland en België. Verhulst, Transgression.

5   Schubert, Alltag im Mittelalter, S. 67.

6   Augustyn / Verhulst, Deich- und Damm-
    bau, Sp. 640. Blok, Wie alt sind die ältesten
    niederländischen Deiche. Haarnagel, Die
    Besiedlung im nord-westdeutschen Kü-
    stengebiet in ihrer Abhängigkeit von Mee-
    resschwankungen und Sturmfluten.

7   Verhulst, Transgression, Sp. 941.

8   de Voogd, Geschiednis van Nederland,
    S. 16f.

9   Okko van Scharl, Johannes Vlytarp und
    Andreas Cornelius Stavriensis, Chronyk
    en waarartige beschryvinge van Friesland,
    S. 34, im folgenden S. 35.

10 Behre, Wie der Mensch die Küste eroberte,
    S. 85.

11 Augustyn / Verhulst, Deich- und Damm-
    bau, Sp. 650.

12 Haarnagel, Die Grabung Feddersen Wier-
    de. Kossack / Behre / Schmid (Hrsg.), Ar-
    chäologische und naturwissenschaftliche
    Untersuchungen an ländlichen und früh-
    städtischen Siedlungen im deutschen Kü-
    stengebiet, Bd. 1.

13 Lebecq, L'homme et le milieu marin dans
    le bassin des mers du Nord au début du
    Moyen Age. Woebcken, Deiche und
    Sturmfluten an der deutschen Nordsee-
    küste.

14 Vitae Sancti Bonifatii Archiepiscopi Mon-
    guntiani, S. 58f.

15 Steensen (Hrsg.), Deichbau und Sturmflu-
    ten in den Friesenlanden. Schröder, Sturm-
    flut, S. 10.

16 Augustyn / Verhulst, Deich- und Damm-
    bau, Sp. 651.

17 MGH. Leges, Bd. 1, S. 229f. Mit Bezug auf
    einen Seedeich nahe des heutigen Bou-
    logne-sur-Mer in Nordfrankreich hierzu
    auch das *Capitulare Missorum* von 802, in:
    MGH. Leges, Bd. 1, S. 97–99.

18 Annales regni Francorum et annales Q. D.
    Einhardi, S. 143.

19 Curschmann, Hungersnöte im Mittelal-
    ter, S. 94.

20 Blok, Wie alt sind die ältesten niederlän-
    dischen Deiche, S. 1–7.

21 Lex Frisiorum, S. 631–711.

22 Annales Bertiniani auctore Prudentio Tre-
    censi episcopo (835–861), S. 18.

23 Verhulst, Transgression, Sp. 941.

24 Schröder, Sturmflut, S. 16.

25 Schwarz, Die Pest in Bremen.

26 Annales Xantenses, S. 10.

27 Schröder, Sturmflut, S. 16.

28 Glaser, Klimageschichte Mitteleuropas,
    S. 61 u. S. 87.

29 Wilhelmi Malmesbirensis monachi de ge-
    stis regum Anglorum libri V, Bd. 1, S. 213.

30 Annales monasterii de Waverleia, S. 175.

31 Bartholomaei de Cotton monachi Norwi-
    censis historia Anglicana (449–1298), S. 33.

32 Annales Quedlinburgenses. Continuatio,
    S. 83.

33 Schmale, Funktion und Formen mittelal-
    terlicher Geschichtsschreibung. Grund-
    mann, Geschichtsschreibung im Mittelal-
    ter.

34 Annales Blandinenses, S. 26.

35 Schreiner, Eine Idee gewinnt Gestalt, S. 270.

36 Augustyn / Verhulst, Deich- und Damm-
    bau, Sp. 641. Verhulst, L'évolution géogra-
    phique de la plaine maritime flamande au
    Moyen Age. Augustyn, Bijdrage tot het
    ontstaan en de vroegste geschiednis van de
    Wase Polders.

37 de Boer / Cordfunke / Sarfatij (Hrsg.), Hol-
    land en het water in die Middeleeuwen.

38 Borger, Die mittelalterliche und frühneu-
    zeitliche Marschen- und Moorbesiedlung
    in den Niederlanden. Ders., De bedreiger
    bedreigd.

39 Schreiner, Eine Idee gewinnt Gestalt, S. 270.

40 Augustyn / Verhulst, Deich- und Damm-
    bau, Sp. 645.

41 Kühn, Sieben Thesen zur Frühgeschichte
    des Deichbaus, S. 10. Radkau, Natur und
    Macht, S. 150f. Ey, Früher Deichbau und
    Sturmfluten im östlichen Friesland. Behre,
    Wie der Mensch die Küste eroberte, S. 91.

42 Schubert, Alltag im Mittelalter, S. 69.

43 Anselmi Gemblacensis continuatio, S. 384.

44 Annales Floreffienses, S. 624.

45 Sigeberti chronographiae auctarium Laudunense, S. 446. Chronicon Guillelmi de Nangiaco, S. 26.

46 Panten, Die schwersten Sturmfluten an der deutschen Nordseeküste, S. 60.

47 Oorkondenboek van het Sticht Utrecht tot 1301, Bd. 1, Nr. 306.

48 Ausführlich Schreiner, Eine Idee gewinnt Gestalt, S. 271f. Verhulst, Occupatiegeschiednis en landbouweconomie in het Zuiden circa 1000–1300.

49 Verhulst, Middeleeuwse inpolderingen en bedijkingen van het Zwin.

50 Augustyn / Verhulst, Deich- und Dammbau, Sp. 642.

51 Fockema Andreae, Studiën over waterschapsgeschiednis VIII.

52 Zur Entwicklung Beekman, Het dijk- en waterschapsrecht in Nederland voor 1795.

53 Augustyn / Verhulst, Deich- und Dammbau, Sp. 643.

54 Augustyn / Verhulst, Deich- und Dammbau, Sp. 644. Beispiele für das Verhältnis von Landesherrschaft und Klosterwesen an der deutschen Nordseeküste bei Ehbrecht, Landesherrschaft und Klosterwesen im ostfriesischen Fivelgo.

55 Behre, Wie der Mensch die Küste eroberte, S. 93.

56 Stoob, Landausbau und Gemeindebildung an der Nordseeküste im Mittelalter. Petri, Die Holländersiedlungen am klevischen Niederrhein und ihr Platz in der Geschichte der niederländisch-niederrheinischen Kulturbeziehungen. Deike, Die Entstehung der Grundherrschaft in den Hollerkolonien an der Niederweser. Hofmeister, Die Hollerkolonisation und die Landesgemeinden Land Kehdingen und Altes Land. Schröder, Sturmflut, S. 17.

57 Behre, Wie der Mensch die Küste eroberte, S. 93f.

58 Schröder, Sturmflut, S. 17.

59 Gierke, Die Geschichte des deutschen Deichrechts.

60 Schreiner, Eine Idee gewinnt Gestalt, S. 269. Schröder, Sturmflut, S. 20.

61 Wieland, Küstenschutz – Gefahrenabwehr gegen das Meer, S. 31. Siebert, Entwicklung des Deichwesens vom Mittelalter bis zur Gegenwart.

62 Augustyn / Verhulst, Deich- und Dammbau, Sp. 645.

63 Annales Palidenses, S. 92f.

64 Helmoldi presbyteri Bozoviensis cronica Slavorum, S. 190f.

65 Annales Magdeburgenses, S. 192.

66 Bei Schröder, Sturmflut, S. 21.

67 Panten, Die schwersten Sturmfluten an der deutschen Nordseeküste, S. 60.

68 Annales Egmundani, S. 467.

69 Schubert, Alltag im Mittelalter, S. 68.

70 Chronica magistri Rogeri de Houedene, Bd. 2, S. 148 (mit Einordnung ins Jahr 1177). Radulphis de Diceto Ymagines Historiarum, Bd. 1, S. 424. Annales monasterii de Waverleia, S. 241.

71 Ex chronico universali anonymi Lauduniensis, S. 449.

72 Emonis Chronicon, S. 488f. Vgl. auch die Neuedition Kroniek van het klooster Bloemhof te Wittewierum.

73 Panten, Die schwersten Sturmfluten an der deutschen Nordseeküste, S. 58.

74 Chronica Alberici Monachi trium fontium a monacho novi monasterii Hoisenses, S. 907.

75 Schubert, Alltag im Mittelalter, S. 70.

76 Emonis Chronicon, S. 490, im folgenden S. 495.

77 Annales Egmundani, S. 478.

78 Zum Beispiel Annales Floreffienses, S. 628. Balduini Ninovensis chronicon, S. 546.

79 Gottschalk, Stormvloeden en rivieroverstromingen in Nederland, Bd. 1, S. 348ff. u. S. 517ff.

80 Jäger, Zur Erforschung der mittelalterlichen Landesnatur, S. 6.

81 Adami Murimuthensis chronica sui temporis, S. 77.

82 Descriptio de origine conventus, postea abbatiae Trunchinensis, ordinis Praemonstratensis, S. 616.

83 Schröder, Sturmflut, S. 21.

84 Ein Überblick bei Glaser, Klimageschichte Mitteleuropas, S. 191.

85 Eine Zusammenstellung der Quellen bei Weikinn, Quellentexte zur Witterungsgeschichte Europas, Teil 1, S. 232–234.

86 Lengsfeld, Gab es das sagenhafte Rungholt wirklich?, S. 98ff.

87 Schröder, Sturmflut, S. 29. Kramer, Kein Deich – Kein Land – Kein Leben. Homeier, Der Gestaltwandel der ostfriesischen Küste im Laufe der Jahrhunderte.

88 Schröder, Sturmflut, S. 29 u. S. 33.

89 Ubbo Emmius, Rerum Frisicarum historiae libri X, Decas. II, Liber XIV, S. 212.

90 Nach Weikinn, Quellentexte zur Witterungsgeschichte Europas, Teil 1, S. 258.

91 Weikinn, Quellentexte zur Witterungsgeschichte Europas, Teil 1, S. 284–286.

92 2. Fortsetzung der Dettmar-Chronik von 1400–1413, S. 162.

93 Schubert, Alltag im Mittelalter, S. 68.

94 Glaser, Klimageschichte Mitteleuropas, S. 191f.

95 1. Fortsetzung der Dettmar-Chronik von 1395–1399, S. 82.

96 Paul Poles Preußische Chronik (1422–1532 u. 1190–1498), S. 210.

97 Christoph Beyers Danziger Chronik (1468–1518), S. 447f.

98 Zusammenstellung bei Weikinn, Quellentexte zur Witterungsgeschichte Europas, Teil 1, S. 470ff.

2. Kapitel: Überschwemmungen

1 Schubert, Alltag im Mittelalter, S. 73f.

2 Glaser, Klimageschichte Mitteleuropas. S. 192f.

3 Zur Kategorisierung Glaser, Klimageschichte Mitteleuropas, S. 192.

4 Gregorii Episcopi Turonensis Historiarum, S. 225.

5 Marii episcopi Aventicensis chronica (455–581), S. 239.

6 Sancti Abbonis abbatis Floriacensis excerptum de gestis Romanorum pontificium, Sp. 554.

7 Chronicarum quae dicuntur Fredegarii scholastici libri IV cum continuationibus (-768), S. 125. Gregorii Episcopi Turonensis Historiarum, S. 360.

8 Gregorii Episcopi Turonensis Historiarum, S. 360, im folgenden S. 405f. u. S. 442.

9 Liber Pontificalis, S. 165.

10 Annales Xantenses anno 640–874, S. 17.

11 Annales regni Francorum, S. 202.

12 MGH. Leges, Bd. 1, S. 229f.

13 Schubert, Alltag im Mittelalter, S. 73.

14 Annales Corbeienses, S. 3.

15 Annales Bertiniani, S. 682.

16 Nicolai papae I. vita, Sp. 756.

17 Annales Fuldenses sive Annales regni Francorum orientalis, S. 84, im folgenden S. 105.

18 Glaser, Klimageschichte Mitteleuropas, S. 62.

19 Eine Zusammenstellung der zeitgenössischen Berichte bei Weikinn, Quellentexte zur Witterungsgeschichte Europas, Teil 1, S. 74f.

20 Wilhelmi Parvi, canon de Novoburgo, historia rerum Anglicarum, Bd. 2, S. 432.

21 Glaser, Klimageschichte Mitteleuropas, S. 200. Schubert, Alltag im Mittelalter, S. 72.

22 Annales Vindocinenses, S. 35.

23 Weikinn, Quellentexte zur Witterungsgeschichte Europas, Teil 1, S. 202.

24 Annales Veterocellenses, S. 45.

25 Chronicon Francisi Pragensis, S. 433f.

26 Chronica Johannis Vitodurani, S. 189.

27 Chronicon Francisi Pragensis, S. 433.

28 Glaser, Klimageschichte Mitteleuropas, S. 200f.

29 Vita Clementis VI auctore Wernero canonico Brunensi, S. 544.

30 Weikinn, Quellentexte zur Witterungsgeschichte Europas, Teil 1, S. 204ff.

31 Liber de rebus memorabilioribus sive Chronicon Henrici de Hervordia, S. 265.

32 Glaser, Klimageschichte Mitteleuropas, S. 66.

33 Schubert, Alltag im Mittelalter, S. 72.

34 Glaser, Klimageschichte Mitteleuropas, S. 200.

35 Schubert, Alltag im Mittelalter, S. 72.

36 Stadtarchiv München, KR 1379/1380, fol. 38r.

37 Stadtarchiv München, KR 1404/1406, fol. 98r u. v, fol. 103r.

38 Stadtarchiv München, KR 1457/1458, fol. 85r u. 97r.

39 Stahleder, Chronik der Stadt München, S. 511ff.

3. Kapitel: Unwetter

1 Glaser, Klimageschichte Mitteleuropas, S. 183 u. S. 185, im folgenden S. 188.

2 Gregorii Episcopi Turonensis Historiarum, S. 124.

3 Gregorii Episcopi Turonensis Historiarum, S. 525.

4 Gregorii Episcopi Turonensis Historiarum, S. 228.

5 Annales regni Francorum, S. 164.

6 Annales Hildesheimenses, S. 17.

7 Curschmann, Hungersnöte im Mittelalter, S. 95.

8 Chronicon Reginonis, S. 159.

9 Glaser, Klimageschichte Mitteleuropas, S. 183.

10 Thietmari Merseburgensis episcopi chronicon, S. 219.

11 Cosmae Pragensis Chronica Boemorum, S. 219.

12 Curschmann, Hungersnöte im Mittelalter, S. 131.

13 Glaser, Klimageschichte Mitteleuropas, S. 73.

14 Annales Palidenses, S. 90.

15 Ottonis de Sancto Blasio Chronica, S. 37.

16 Curschmann, Hungersnöte im Mittelalter, S. 169. Glaser, Klimageschichte Mitteleuropas, S. 63.

17 Chronica regia Coloniensis, S. 259.

18 Annales et Historiae Altahenses, S. 40.

19 Annales Colmarienses, S. 215.

20 Zusammenstellung bei Stahleder, Chronik der Stadt München, S. 684.

21 Stahleder, Chronik der Stadt München, S. 252.

22 Glaser, Klimageschichte Mitteleuropas, S. 185.

23 Stahleder, Chronik der Stadt München, S. 381, S. 385, S. 440f. u. S. 566f.

24 Chronik des Burkhard Zink, S. 26.

25 Kieckhefer, Magie im Mittelalter, S. 204ff.

26 Kieckhefer, Magie im Mittelalter, S. 59.

27 Blöcker, Wetterzauber.

28 Glaser, Klimageschichte Mitteleuropas, S. 91.

29 Behringer, Das Wetter, der Hunger, die Angst.

30 Quellen und Untersuchungen zur Geschichte des Hexenwahns und der Hexenverfolgung im Mittelalter.

31 Exemplarisch Voltmer, Vom Hexenrichter zum Hexenmeister.

4. Kapitel: Ratten und Heuschrecken

1 Sagen aus Niedersachsen, S. 105ff.

2 Uther, Rattenfänger von Hameln. Ueffing, Forschungen zur Hamelner Rattenfängersage und ihrem historischen Hintergrund.

3 Gregorii Episcopi Turonensis Historiarum, S. 401.

4 Mayer, Geschichte der Kreuzzüge, S. 60.

5 Kiefer, Rheinsagen, S. 109ff.

6 Althoff, Verformungen über mündliche Tradition.

7 Audouin-Rouzeau, La peste et les rats.

8 Karlsson, Plague without Rats. Karlsson / Kjartansson, Plágunar miklu á Íslandi. Scott / Christopher, Biology of Plague.

9 Audouin-Rouzeau, La peste et les rats, S. 65ff.

10 Graßl, Heuschreckenplagen in der Antike.

11 Gregorii Episcopi Turonensis Historiarum, S. 299.

12 Annales Xantenses, S. 16.

13 Chronicon Reginonis, S. 105.

14 Curschmann, Hungersnöte im Mittelalter, S. 100.

15 Schubert, Alltag im Mittelalter, S. 27.

16 Glaser, Klimageschichte Mitteleuropas, S. 65. Düwel-Hösselbarth, Ernteglück und Hungersnot, S. 32.

5. Kapitel: Stadtbrände

1 Gregorii Episcopi Turonensis Historiarum, S. 401.

2 Junk, Brandkatastrophen.

3 Meuthen, Aachen. Keyser (Hrsg.), Rheinisches Städtebuch, S. 31. Curdes, Die Entwicklung des Aachener Stadtraumes, S. 56f.

4 Junk, Brandkatastrophen, Sp. 564.

5 Die Kunstdenkmäler der Stadt Köln, Bd. 4, S. 397ff. Vogts, Das Kölner Wohnhaus bis zur Mitte des 19. Jahrhunderts, Bd. 2, S. 381–454.

6 Michels, Städtischer Hausbau am Mittleren Hellweg. Kaspar, Fachwerkbauten des 14. bis 16. Jahrhunderts in Westfalen. Ders., Zur Entwicklung des profanen Bauwesens in nordwestdeutschen Städten. Roelen, Studien zur Topographie und Bevölkerung Wesels, Bd. 1, S. 170f. Moser, Die Bauentwicklung am Kamp 32 und 34.

7 Mummenhoff, Bürgerliches Bauen und Wohnen im Wandel der Jahrhunderte, S. 542f.

8 Michels, Zur Entwicklung des Hausbaus und der Wohnweisen in Soest von 1530 bis 1800, S. 298.

9 Roelen, Studien zur Topographie und Bevölkerung Wesels, Bd. 1, S. 170. Michels, Zur Entwicklung des Hausbaus und der Wohnweisen in Soest von 1530 bis 1800, S. 356f. Mummenhoff, Bürgerliches Bauen und Wohnen im Wandel der Jahrhunderte, S. 548f. Irsigler / Lassotta, Bettler und Gaukler, Dirnen und Henker, S. 32ff. Jakob, Die topographische Entwicklung Soests vom 16. bis zum 19. Jahrhundert, S. 283.

10 Weimar / Holzhauer / van Canegem, Brandstiftung.

11 Gregorii Episcopi Turonensis Historiarum, S. 225.

12 Gregorii Episcopi Turonensis Historiarum, S. 332.

13 Brunner, Land und Herrschaft, S. 86ff. Rösener, Brandkatastrophen.

14 Adami Gesta Hammaburgensis ecclesiae pontificum, S. 20.

15 Wiponis Opera, S. 57.

16 Adami Gesta Hammaburgensis ecclesiae pontificum, S. 93.

17 Annales Hildesheimenses, S. 67.

18 Helmoldi presbyteri Bozoviensis Cronica Slavorum, S. 168.

19 Arnoldi Chronica Slavorum, S. 52.

20 Pils, ... *damit nur an wasser khain menngl erscheine*, S. 175.

21 Keene, Fire in London, S. 193.

22 Hornung, Feuerwehrgeschichte, S. 17f.

23 Junk, Brandkatastrophen, Sp. 564.

24 Hornung, Feuerwehrgeschichte, S. 17.

25 Junk, Brandkatastrophen, Sp. 564.

26 Stahleder, Chronik der Stadt München, S. 88, im folgenden auch S. 122, S. 146, S. 152, S. 228, S. 246, S. 249, S. 250, S. 253, S. 257, S. 296, S. 462, S. 533 u. S. 539.

27 Pils, ... *damit nur an wasser khain menngl erscheine*, S. 176.

28 Urkunden und Aktenstücke zur Geschichte der Juden in Regensburg 1453–
1738, Nr. 42.

29 Baeriswyl, *Die größte brunst der stat Berne.*

30 Bartolome / Flückinger, Stadtzerstörungen und Wiederaufbau in der mittelalterlichen und frühneuzeitlichen Schweiz,
S. 131f.

6. Kapitel: Erdbeben

1 Guidoboni, Les consequences des tremblements de terre sur les villes en Italie,
S. 44, im folgenden S. 49.

2 Gregorii Episcopi Turonensis Historiarum, S. 65f., im folgenden S. 81.

3 Annales regni Francorum, S. 112, im folgenden S. 141.

4 Annales Xantenses, S. 19.

5 Ladero Quesada, Earthquakes in the Cities
of Andalusia at the Beginning of the Modern Age, S. 89.

6 Borst, Das Erdbeben von 1348, S. 530.

7 Schubert, Alltag im Mittelalter, S. 27.
Borst, Das Erdbeben von 1348, S. 533.

8 Borst, Das Erdbeben von 1348, S. 534f., im
folgenden S. 536f. u. S. 549.

9 Bartolome / Flückiger, Stadtzerstörungen
und Wiederaufbau in der mittelalterlichen
und frühneuzeitlichen Schweiz, S. 131.

10 Ladero Quesada, Earthquakes in the Cities
of Andalusia at the Beginning of the Modern Age, S. 90.

7. Kapitel: Hungersnöte

1 Curschmann, Hungersnöte im Mittelalter, mit einer Zusammenstellung der Quellen bis zum Beginn des 14. Jahrhunderts.

2 Rösener, Bauern im Mittelalter, S. 107ff.

3 Curschmann, Hungersnöte im Mittelalter, S. 13, im folgenden auch S. 57, S. 70f. u.
S. 91.

4 Annales Bertiniani, S. 29.

5 Annales Xantenses, S. 165.

6 Curschmann, Hungersnöte im Mittelalter, S. 59f.

7 Mollat, Die Armen im Mittelalter, S. 58.

8 Curschmann, Hungersnöte im Mittelalter, S. 77.

9 Sigebert von Gembloux, Cronica cum
omnibus auctoris, Sp. 367.

10 Kiefer, Rheinsagen, S. 109ff.; vgl. auch
oben Kapitel 4.

11 Mollat, Die Armen im Mittelalter, S. 59.

12 Annales Xantenses anno 640–874, S. 23.

13 Wickersheimer, »Ignis sacer«. Mischlewski, Das Antoniusfeuer in Mittelalter und
früher Neuzeit, S. 250.

14 Mischlewski, Das Antoniusfeuer in
Mittelalter und früher Neuzeit, S. 251f.

15 Hundsbichler, Nahrung, S. 202. Behre,
Die Ernährung im Mittelalter, S. 76.

16 Mischlewski, Das Antoniusfeuer in Mittelalter und früher Neuzeit, S. 253. Bayer
/ Mischlewski, Führer durch das Antoniter-Museum, S. 8f.

17 Bauer, Das Antonius-Feuer in Kunst und
Medizin, S. 8f.

18 Mischlewski, Das Antoniusfeuer in Mittelalter und früher Neuzeit, S. 252.

19 Wickersheimer, »Ignis sacer«. In Frankreich findet sich daneben die Bezeichnung *Mal des Ardents.*

20 Annales Xantenses, S. 26.

21 Annales Fuldenses, S. 83.

22 Biraben, Das medizinische Denken und
die Krankheiten in Europa, S. 391.

23 Mischlewski, Das Antoniusfeuer in
Mittelalter und früher Neuzeit, S. 253. Bi-
raben, Das medizinische Denken und die
Krankheiten in Europa, S. 391.

24 Annales Hildesheimenses, S. 25f. Thietmari Merseburgensis episcopi chronicon,
S. 75.

25 Mischlewski, Grundzüge der Geschichte
des Antoniterordens. Chaumartin, Le Mal
des Ardents et le feu Saint-Antoine,
S. 149–152.

26 Jacobus de Voragine, La légende dorée.

27 J. Wollasch, Cluny – Licht der Welt, S. 98f.

28 Rodolfo il Glabero, Cronache dell'anno Mille, Bd. II, S. 88. Papsturkunden 896–1046, Bd. 2, Nr. 351.

29 Sigebert von Gembloux, Cronica cum omnibus auctoris, Sp. 224.

30 Mischlewski, Das Antoniusfeuer in Mittelalter und früher Neuzeit, S. 253.

31 Mischlewski, Die Antoniusreliquien in Arles.

32 Mischlewski, Grundzüge der Geschichte des Antoniterordens, S. 21f.

33 Mischlewski, Das Antoniusfeuer in Mittelalter und früher Neuzeit, S. 259f.

34 Bayer / Mischlewski, Führer durch das Antoniter-Museum, S. 15.

35 Mischlewski, Das Antoniusfeuer in Mittelalter und früher Neuzeit, S. 262.

36 Eine Verbreitungskarte als Anhang bietet Mischlewski, Grundzüge der Geschichte des Antoniterordens.

37 Les registres d'Innocent IV, Bd. 1, Nr. 2576 (22. April 1247).

38 Bayer / Mischlewski, Führer durch das Antoniter-Museum, S. 26f.

39 Clementz, Les Antonins d'Isenheim. Marquard, Matthias Grünewald und der Isenheimer Altar. Richter, Der Isenheimer Altar.

40 Bayer / Mischlewski, Führer durch das Antoniter-Museum, S. 26f.

41 Clementz, Vom Balsam der Antoniter.

42 Mischlewski, Das Antoniusfeuer in Mittelalter und früher Neuzeit, S. 262.

43 Lucas, The great European famine of 1315, 1316 and 1317. Jordan, The Great Famine.

44 Nach Glaser, Klimageschichte Mitteleuropas, S. 64.

45 Quelle nach Curschmann, Hungersnöte im Mittelalter, S. 214.

46 Rösener, Bauern im Mittelalter, S. 117f.

8. Kapitel: Seuchen

1 Jütte, Ärzte, Heiler und Patienten, S. 41. Zur Familie Hermann von Weinsbergs ferner Ders., Household and Family Life in late Sixteenth-Century Cologne.

2 Herlihy, Der Schwarze Tod und die Verwandlung Europas, S. 28.

3 Kniehl, Die Pest in Europa seit Beginn des 18. Jahrhunderts, S. 94.

4 Leven, Krankheiten.

5 Jankrift, Krankheit und Heilkunde im Mittelalter.

6 Matthäus 24,7. Markus 13,22. Gregorii Episcopi Turonensis Historiarum, S. 517, im folgenden S. 65.

7 Sarris, The Justinianic Plague. Leven, Die »Justinianische Pest«.

8 Gregorii Episcopi Turonensis Historiarum, S. 138.

9 Gregorii Episcopi Turonensis Historiarum, S. 166.

10 Kupferschmidt, Die Epidemiologie der Pest.

11 Schmiedebach / Gadebusch Bondio, *Fleuch pald, fleuch ferr, kum wider spat ...*

12 Gregorii Episcopi Turonensis Historiarum, S. 283, im folgenden S. 368 u. 370.

13 Gregorii Episcopi Turonensis Historiarum, S. 441f.

14 Bruce-Chwatt / de Zuleta, The Rise and Fall of Malaria in Europe. Schimitschek / Werner, Malaria, Fleckfieber, Pest.

15 Bloch, Die wundertätigen Könige.

16 Gregorii Episcopi Turonensis Historiarum, S. 477.

17 Bergdolt, Der Schwarze Tod in Europa, S. 15.

18 Ruffié / Sournia, Die Seuchen in der Geschichte der Menschheit, S. 66f.

19 Ewald, Die Evolution der Virulenz, S. 31.

20 Gregorii Episcopi Turonensis Historiarum, S. 238–242.

21 Annales Bertiniani, S. 80.

22 Jankrift, Leprose als Streiter Gottes, S. 11f.

23 Jesus Sirach 38,15.

24 Werner, Histoire de France, Bd. 1, S. 468f.

25 Annales Fuldenses, S. 89f.

26 Annales Palidenses, S. 64. Zu Otto I. vgl.

Althoff, Die Ottonen. Althoff / Keller, Heinrich I. und Otto der Große. Laudage, Otto der Große (912–973).

27 Siehe etwa Chronica regia Coloniensis, S. 117f. Cronica Sancti Petri Erfordensis moderna, S. 184f. Ottonis de Sancto Blasio Cronica, S. 24–28.

28 Herde, Die Katastrophe vor Rom im August 1167.

29 L. J. Bruce-Chwatt / J. De Zuleta, The Rise and Fall of Malaria in Europe.

30 Cronica Sancti Petri Erfordensis moderna, S. 184.

31 Für eine Zusammenfassung vgl. Herde, Die Katastrophe vor Rom im August 1167, S. 143ff.

32 Herde, Die Katastrophe vor Rom im August 1167, S. 157f.

33 Annales Fuldenses, S. 97ff.

34 Cronica Sancti Petri Erfordensis moderna, S. 241f.

35 Melloni, Innocenzo IV, S. 278.

36 Biraben, Das medizinische Denken und die Krankheiten in Europa, S. 391.

37 Annales Fuldenses, S. 89f., im folgenden S. 117f.

38 Biraben, Das medizinische Denken und die Krankheiten in Europa, S. 391.

39 Annales Quedlinburgenses, S. 80.

40 Annales Magdeburgenses, S. 193. Annales Palidenses, S. 94f.

41 Chronica regia Coloniensis, S. 124.

42 Leven, Die Geschichte der Infektionskrankheiten, S. 42.

Exkurs

1 Hierzu am Beispiel Wesels Roelen, Studien zur Topographie und Bevölkerung Wesels, Bd. 1, S. 84f. – Siehe auch Ammann, Wie groß war die mittelalterliche Stadt? Ennen, Die europäische Stadt im Mittelalter, S. 225ff. de Vries, Problems in the Mesurement, Description and Analysis of Historical Urbanization. Sprandel, Überregionale Tendenzen und örtliche Determinanten.

2 Lancaster, Expectations of Life, S. 489. Padberg, Die Oase aus Stein, S. 70. Manchester, The Paleopathology of Urban Infections, S. 11f.

3 Zum Bau von Stadtmauern Ennen, Die europäische Stadt im Mittelalter, S. 103 und Engel, Die deutsche Stadt des Mittelalters, S. 17.

4 Irsigler, Städtelandschaften und kleine Städte, S. 34. Keyser (Hrsg.), Rheinisches Städtebuch, S. 255. Curdes / Ulrich, Die Entwicklung des Kölner Stadtraumes, S. 76ff.

5 Groten, Köln, Mittelalterliche Stadt.

6 Padberg, Die Oase aus Stein, S. 60. Detailliertere Berechnungen ließen sich auf der Grundlage der soliden Arbeit von Roelen, Studien zur Topographie und Bevölkerung Wesels, anstellen.

7 Ennen, Die europäische Stadt im Mittelalter, S. 227. de Vries, European Urbanization, S. 272f. Padberg, Die Oase aus Stein, S. 110.

8 Meuthen, Aachen. Keyser (Hrsg.), Rheinisches Städtebuch, S. 31.

9 Curdes, Die Entwicklung des Aachener Stadtraumes, S. 56f.

10 Keyser (Hrsg.), Rheinisches Städtebuch, S. 33.

11 Irsigler, Städtelandschaften und kleine Städte, S. 34.

12 Fahlbusch / Hergemöller, Münster. Jakobi, Bevölkerungsentwicklung und Bevölkerungsstruktur im Mittelalter und in der frühen Neuzeit, S. 496. Kirchhoff, Stadtgrundriß und topographische Entwicklung, S. 465.

13 Ennen, Die europäische Stadt im Mittelalter, S. 227. Keyser (Hrsg.), Westfälisches Städtebuch, S. 333.

14 Roelen, Studien zur Topographie und Bevölkerung Wesels, S. 84 u. S. 201.

15 Hemann, Minden. Ditt, Stadteinzugsbereich von Minden und Kulturraum-

grenzen des Wesergebiets in der frühen
Neuzeit, S. 182. Schoppmeyer, Pader-
born, Sp. 1615. Ders., Die spätmittelalter-
liche Bürgerstadt, S. 301. Ders., Essen.
Milz, Duisburg. Keyser (Hrsg.), Westfä-
lisches Städtebuch, S. 248, S. 283. Ders.
(Hrsg.), Rheinisches Städtebuch, S. 131,
S. 157.

16 Padberg, Die Oase aus Stein, S. 60.

17 Für Minden vgl. etwa Nordsiek, Zur
Topographie und städtebaulichen Entwicklung Mindens, S. 35.

18 Padberg, Die Oase aus Stein, S. 70f.

19 Zitiert nach Köhn, Hygiene im alten
Soest, S. 284.

20 Für die reichen Auskünfte zu archäo-
logischen Befunden danke ich Herrn
Dr. Walter Melzer, Stadtarchäologie
Soest.

21 Melzer, Alltagsleben in einer westfälischen Hansestadt, S. 56.

22 Stadtarchiv Soest, A Nr. 4533, fol. 10r, 10v,
11r, 11v, 12r, 12v und öfter.

23 Stadtarchiv Soest, A Nr. 4577, fol. 106v.

24 Roelen, Studien zur Topographie und Bevölkerung Wesels, S. 182.

25 Melzer, Alltagsleben in einer westfälischen Hansestadt, S. 56.

26 Schubert, Alltag im Mittelalter, S. 106.

27 Jankrift, ... daß diese kranckheit ein ansteckend und bekleibens Seuche sey, S. 48.

28 Stadtarchiv Soest, A Nr. 3078, fol. 369r u.
Nr. 3079, fol. 614.

29 Dirlmeier, Die kommunalpolitischen Zuständigkeiten und Leistungen süddeutscher Städte im Spätmittelalter, S. 143f.
Ders., Zu den Lebensbedingungen in der
mittelalterlichen Stadt, S. 158. Schubert,
Alltag im Mittelalter, 95ff.

30 Bergdolt, Der Schwarze Tod in Europa,
S. 24f. Reichart, Alltagsleben im späten
Mittelalter, S. 146f.

31 Dirlmeier, Zu den Lebensbedingungen in
der mittelalterlichen Stadt, S. 157.

32 Schubert, Alltag im Mittelalter, S. 106.

33 Isenberg, Stadtkernarchäologische Untersuchungen an der Bäckerstraße in Minden, S. 135.

34 Das Mindener Stadtbuch von 1318, S. 44f.

35 Kommunalarchiv Minden, Stadt Minden
B, Nr. 307.

36 Kommunalarchiv Minden, Stadt Minden
B, Nr. 437, im folgenden Nr. 369.

37 Isenberg, Stadtarchäologie als Sicherung
und Erschließung historischer Boden-
und Baubefunde, S. 413.

38 Stadtarchiv Münster, AVI Nr. 66 u. AVI
Nr. 68.

39 Schubert, Alltag im Mittelalter, S. 95ff.

40 Schoppmeyer, Die spätmittelalterliche
Bürgerstadt, S. 294.

41 Spancken, Urkunden und Statuten,
Nr. 45 I, S. LV, im folgenden Nr. 45 II, S. LIX.

42 Bulst, Krankheit und Gesellschaft in der
Vormoderne, S. 44.

43 Jankrift, ... myt dem Jammer der Pestilenz
beladen, S. 25.

44 Stadtarchiv Essen, Rep. 100 Nr. 858, fol. 2r.

45 Irsigler / Lassotta, Bettler und Gaukler,
Dirnen und Henker, S. 270f.

46 Zum Beispiel für 1553/54 Stadtarchiv Essen, Rep. 100 Nr. 931, fol. 11r u. 15r.

47 Reichart, Alltagsleben im späten Mittelalter, S. 143.

48 Stadtarchiv Essen, Rep. 100 Nr. 300, fol. 328r.

49 Roelen, Studien zur Topographie und Bevölkerung Wesels, S. 71.

50 Stadtarchiv Wesel, Hs 2 (Jüngeres Bürgerbuch), fol. 118r.

51 Irsigler / Bassotta, Bettler und Gaukler,
Dirnen und Henker, S. 270ff.

52 Grewe, Wasserversorgung und -entsor-
gung im Mittelalter, S. 76.

53 Keussen, Topographie der Stadt Köln im
Mittelalter, Bd. 1, S. 156.

54 Beschlüsse des Rates der Stadt Köln, Bd. 1,
S. 4 u. S. 58. Druck des Eides vom Oktober
1321 und der Ordnung von 1402 in: Akten
zur Geschichte der Verfassung und Verwaltung der Stadt Köln, Bd. 1, S. 12f., Bd. 2, S. 138.

55 Grewe, Wasserversorgung und -entsorgung im Mittelalter, S. 77.

56 Irsigler / Lassotta, Bettler und Gaukler, Dirnen und Henker, S. 271.

57 Beschlüsse des Rates der Stadt Köln, Bd. 1, S. 50. Akten zur Geschichte der Verfassung und Verwaltung der Stadt Köln, Bd. 2, S. 98–102. Die Erlasse wurden in der Folge verschiedentlich in ähnlichem Wortlaut erneuert. Vgl. etwa für das Jahr 1435 Beschlüsse des Rates der Stadt Köln, Bd. 1, S. 164 und Akten zur Geschichte der Verfassung und Verwaltung der Stadt Köln, Bd. 2, S. 281–284.

58 Beschlüsse des Rates der Stadt Köln, Bd. 1, S. 173.

59 Beschlüsse des Rates der Stadt Köln, Bd. 1, S. 933.

60 Beschlüsse des Rates der Stadt Köln, Bd. 1, S. 11. Akten zur Geschichte der Verfassung und Verwaltung der Stadt Köln, Bd. 2, S. 4.

61 So etwa in der neuzeitlichen Ackerbürgerstadt Soest. Köhn, Hygiene im alten Soest, S. 284f. – Siehe auch Schubert, Alltag im Mittelalter, S. 109. Wacha, Tiere und Tierhaltung in der Stadt sowie im Wohnbereich des spätmittelalterlichen Menschen und ihre Darstellung in der bildenden Kunst. Delort, Natürliche Umwelt und Seuchen.

62 Irsigler / Lassotta, Bettler und Gaukler, Dirnen und Henker, S. 273. Creutz, Pest und Pestabwehr im alten Köln, S. 101f.

63 Roelen, Studien zur Topographie und Bevölkerung Wesels, S. 71.

64 Hierzu allgemein Hösel, Unser Abfall aller Zeiten, S. 55ff.

65 Stadtarchiv Wesel, A3 1570, fol. 29r.

66 Irsigler / Lassotta, Bettler und Gaukler, Dirnen und Henker, S. 271. Wilbertz, Scharfrichter und Abdecker, S. 137.

67 Irsigler / Lassotta, Bettler und Gaukler, Dirnen und Henker, S. 270 u. S. 276. Vgl. ferner Beschlüsse des Rates der Stadt Köln, Bd. 1, S. 201 mit dem Verbot des Verkaufs von gestohlenem und faulem Fleisch vom 14. Mai 1445. Zur Kontinuität des Problems Beschlüsse des Rates der Stadt Köln, Bd. 1, S. 966.

68 Köhn, Hygiene im alten Soest, S. 290f.

69 Zitiert nach Köhn, Hygiene im alten Soest, S. 290.

70 Im 18. Jahrhundert wurden Regelungen bezüglich des Verkaufs von *Straßenkot* [!] an den Stadttoren getroffen. Vgl. Stadtarchiv Wesel, A1 Caps 273, Nr. 1.

71 Stadtarchiv Wesel, A3 1529, fol. 226v.

72 Kommunalarchiv Minden, Stadt Minden, B Nr. 369.

73 Isenberg, Tierreste.

74 Für die diesbezüglichen Edikte des Kölner Magistrats von 1516, 1558, 1568, 1589, 1592 vgl. Irsigler / Lassotta, Bettler und Gaukler, Dirnen und Henker, S. 309, Anm. 835 u. S. 273. Für Soest vgl. Köhn, Hygiene im alten Soest, S. 283. Für spätere Ordnungen aus Münster vgl. Stadtarchiv Münster, AVI Nr. 72 fol. 37.

75 Beschlüsse des Rates der Stadt Köln, Bd. 2, S. 364.

76 Beschlüsse des Rates der Stadt Köln, Bd. 3, S. 711.

77 Creutz, Pest und Pestabwehr im alten Köln, S. 102, im folgenden S. 103.

78 Historisches Archiv der Stadt Köln, Suppliken 1400–1648/6. Zu den von herrenlosen Hunden in der Stadt ausgehenden gesundheitlichen Gefahren Wolff, Verehrt – verflucht – verwertet, S. 30ff.

79 Irsigler / Bassotta, Bettler und Gaukler, Dirnen und Henker, S. 272f.

80 Stadtarchiv Essen, Rep. 100 Nr. 914, fol. 8r.

81 Stadtarchiv Wesel, A3 1529, fol. 224v, fol. 225r, fol. 225v, fol. 226v.

82 Stadtarchiv Essen, Rep. 100 Nr. 932, fol. 11v.

83 Aas fressende Raben galten als böses Vorzeichen einer herannahenden Pestilenz (Unglücksrabe). Hierzu Hünemörder / Rumpf, Rabe.

84 Schubert, Alltag im Mittelalter, S. 88f.

85 Grewe, Wasserversorgung und -entsorgung im Mittelalter, S. 14. Haberey, Die römischen Wasserleitungen nach Köln. Grewe / Hellenkemper-Salies (Hrsg.), Atlas der römischen Wasserleitungen nach Köln.

86 Grewe, Wasserversorgung und -entsorgung im Mittelalter, S. 29 u. S. 17f.

87 Holländer, Spuren der Aachener »Bäderkultur«, S. 104.

88 Grewe, Wasserversorgung und -entsorgung im Mittelalter, S. 27. Murken, Die lange Tradition der Badekuren, S. 15. Schnappauf, Frühe Wasserversorgung. Fuchs, Stadtbäche und Wasserversorgung in mittelalterlichen Städten Südwestdeutschlands.

89 Aachener Stadtrechnungen, S. 249, im folgenden auch S. 241f.

90 Molkenthin, Trinken, Waschen, Löschen, Antreiben.

91 Stadtarchiv Essen, Rep.100 Nr. 874, fol. 13.

92 Stadtarchiv Essen, Rep.100 Nr. 876.

93 Stadtarchiv Essen, Rep.100 Nr. 916, fol. 22v, im folgenden fol. 28v.

94 Zum Beispiel Stadtarchiv Essen, Rep.100 Nr. 914, fol. 11r; Stadtarchiv Essen, Rep.100 Nr. 924, fol. 22r u. 28r; Stadtarchiv Essen, Rep.100 Nr. 931, fol. 24v u. 25r.

95 Melzer, Historische Formen der Wasserversorgung in den Städten des ehemaligen Hochstifts Paderborn.

96 Schubert, Alltag im Mittelalter, S. 90.

97 Staatsarchiv Münster, Fürstbistum Paderborn, Domkapitel Paderborn, Urkunden Nr. 553.

98 WUB IV, Nr. 1645. Schoppmeyer, Die spätmittelalterliche Bürgerstadt, S. 293.

99 Schoppmeyer, Die spätmittelalterliche Bürgerstadt, S. 293.

100 Grewe, Wasserversorgung und -entsorgung im Mittelalter, S. 77f.

101 Gechter, Wasserversorgung und Entsorgung in Köln vom Mittelalter bis zur frühen Neuzeit.

102 Grewe, Wasserversorgung und -entsorgung im Mittelalter, S. 78.

103 Beschlüsse des Rates der Stadt Köln, Bd. 1, S. 52.

104 Beschlüsse des Rates der Stadt Köln, Bd. 2, S. 115.

105 Creutz, Pest und Pestabwehr im alten Köln, S. 104. Beschlüsse des Rates der Stadt Köln, Bd. 1, S. 419 zur Besichtigung von Pfuhlen durch die städtischen Obrigkeiten am 27. Juli 1470.

106 Beschlüsse des Rates der Stadt Köln, Bd. 1, S. 910ff.

107 Grewe, Wasserversorgung und -entsorgung im Mittelalter, S. 80.

108 Grewe, Wasserversorgung und -entsorgung im Mittelalter, S. 77f.

109 Molkenthin, Trinken, Waschen, Löschen, Antreiben, S. 71–81.

110 Roelen, Studien zur Topographie und Bevölkerung Wesels, S. 121f.

111 Isenberg, Stadtkernarchäologische Untersuchungen an der Bäckerstraße in Minden, S. 139f.

112 Chronicon Domesticum et Gentile, S. 103.

113 Stahleder, Chronik d. Stadt München, S. 200.

114 Stadtarchiv Wesel, A7 1529, fol. 226v.

115 Stadtarchiv Wesel, A7 1529, fol. 224v (mehrfach), fol. 225v., fol. 228r.

116 Stadtarchiv Wesel, A7 1529, fol. 227v.

117 Stadtarchiv Wesel, A7 1555, ohne Pagina und A7 1566, ohne Pagina.

118 Roelen, Studien zur Topographie und Bevölkerung Wesels, S. 182.

119 Stadtarchiv Wesel, A7 1442, fol. 214r.

120 Abbildungen zum Anlageprinzip verschiedener Abortformen bei Hösel, Unser Abfall aller Zeiten, S. 42f.

121 Roelen, Studien zur Topographie und Bevölkerung Wesels, S. 182.

122 Die Kölner Stadtrechnungen des Mittelalters mit einer Darstellung der Finanzverwaltung, Bd. 2, S. 13.

123 Irsigler / Lassotta, Bettler und Gaukler, Dirnen und Henker, S. 271f.

124 Ohler, Sterben und Tod im Mittelalter,
S. 154ff.

125 Schmid / Wollasch, Die Gemeinschaft der
Lebenden und der Verstorbenen. Ohler,
Sterben und Tod im Mittelalter, S. 48f.

126 Liber de rebus memorabilioribus sive
Chronicon Henrici de Hervordia, S. 274.

127 Chronik des Dietrich Westhoff von 750–
1550, S. 292, im folgenden S. 311 u. S. 348.

128 Bulst, Vier Jahrhunderte Pest in niedersächsischen Städten, S. 42.

129 Stadtarchiv Aachen, Handschrift 87.

130 Schmitz-Cliever, Pest und pestilenzialische Krankheiten in der Geschichte der
Reichsstadt Aachen, S. 140.

131 Urkundenbuch zur Landes- und Rechtsgeschichte des Herzogthums Westfalen,
Bd. 2, Nr. 601.

132 Melzer, Die neuen Ausgrabungen am »Hohen Hospital«, S. 5f. Die paläopatho-
logischen Untersuchungen der Skelette dokumentiert Rathje, Bearbeitung der Skelettfunde aus dem karolingischen Gräberfeld Soest, St. Petri, Bd. 1; Finke, Bd. 2. Zur
Auswertung der Untersuchungsergebnisse
vgl. demnächst auch K. P. Jankrift, Gesundheit, Krankheit und Medizin in Soest
von der Karolingerzeit bis zum Ende des 16.
Jahrhunderts, in: Hrsg. W. Ehbrecht / G.
Köhn, Soest. Geschichte der Stadt, Bd. 1.

133 Koske, Der »Neue Friedhof« in Soest.

134 Urkundenbuch zur Landes- und Rechtsgeschichte des Herzogthums Westfalen,
Bd. 2, Nr. 599.

135 Verschiedene Regelungen in diesem Zusammenhang traf der Kölner Rat im März
1454. Beschlüsse des Rates der Stadt Köln,
Bd. 1, S. 255. Ferner allgemein Ohler, Sterben und Tod im Mittelalter, S. 134ff. Ariès,
Geschichte des Todes, S. 43–120.

136 Dirlmeier, Zu den Lebensbedingungen in
der mittelalterlichen Stadt, S. 154.

137 Grewe, Wasserversorgung und -entsor-
gung im Mittelalter, S. 74: »Der Kreis
Brunnen – Mensch – Kloake – Brunnen

war ein Teufelskreis, der nur durchbro-
chen werden konnte, wenn die daraus er-
wachsende Gefahr erkannt oder zumindest erahnt wurde.«

138 Dirlmeier, Zu den Lebensbedingungen in
der mittelalterlichen Stadt, S. 157. Hier
auch weitere Beispiele vornehmlich aus
Süddeutschland.

139 Schoppmeyer, Die spätmittelalterliche
Bürgerstadt, S. 293.

140 Beschlüsse des Rates der Stadt Köln, Bd. 1,
S. 17.

141 Stadtarchiv Xanten, Urkunden, 4. Dezember 1475.

142 Beschlüsse des Rates der Stadt Köln, Bd. 1,
S. 23. Akten zur Geschichte der Verfas-
sung und Verwaltung der Stadt Köln,
Bd. 2, S. 23.

143 Beschlüsse des Rates der Stadt Köln, Bd. 1,
S. 63 u. S. 76. Akten zur Geschichte der
Verfassung und Verwaltung der Stadt
Köln, S. 141f. u. S. 249f.

144 Beschlüsse des Rates der Stadt Köln, Bd. 1,
S. 75.

145 Kommunalarchiv Minden, Stadt Minden
A I, Nr. 113. Druck: Urkunden zur Ge-
schichte des Städtewesens in Mittel- und
Niederdeutschland, Bd. 2, Nr. 14.

146 Beschlüsse des Rates der Stadt Köln, Bd. 1,
S. 24. Akten zur Geschichte der Verfas-
sung und Verwaltung der Stadt Köln,
Bd. 2, S. 72.

9. Kapitel: Der Schwarze Tod

1 Herlihy, Der Schwarze Tod und die Verwandlung Europas, S. 10.

2 Bulst, Der Schwarze Tod.

3 J. F. K. Hecker, Der Schwarze Tod im vierzehnten Jahrhundert. Nach den Quellen
für Aerzte und gebildete Nichtaerzte bearbeitet, Berlin 1832.

4 Cartwright-Penrose, A History of England from the First Invasion by the Romans to the Present.

5   Lersch, Kleine Pest-Chronik, S. 1.

6   Bergdolt, Der Schwarze Tod in Europa, S. 33f.

7   Bergdolt, Der Schwarze Tod in Europa. Biraben, Les hommes et la peste en France et dans les pays européens et mediterranéens. Riha (Hrsg.), Seuchen in der Geschichte.

8   Graus, Pest, Geißler, Judenmorde. Haverkamp, Die Judenverfolgungen zur Zeit des Schwarzen Todes im Gesellschaftsgefüge deutscher Städte. Erkens, Buße in Zeiten des Schwarzen Todes.

9   Graus, Pest, Geißler, Judenmorde. Ritzmann, Judenmord als Folge des Schwarzen Todes.

10   Das älteste Bürgerbuch der Stadt Soest 1302–1449, S. 25.

11   Ries, Ein ambivalentes Verhältnis, S. 553. Aschoff, Neues zur Geschichte der Soester Juden, S. 509. Ders., Das Pestjahr 1350 und die Juden in Westfalen, S. 58f.

12   Graus, Pest, Geißler, Judenmorde, S. 166.

13   Detmar Chronik von 1105–1395, S. 522.

14   Bergdolt, Der Schwarze Tod in Europa, S. 83.

15   Bergdolt, Der Schwarze Tod in Europa, S. 82. Schwarz, Die Pest in Bremen, S. 100f.

16   Die jüngere Bischofschronik, S. 203.

17   Cosmidromius Gobelini Person, S. 57.

18   Schoppmeyer, Die spätmittelalterliche Bürgerstadt, S. 295f.

19   Cosmidromius Gobelini Person, S. 57.

20   Florenz von Wevelinckhoven's Chronik der Bischöfe von Münster, S. 49.

21   Liber de rebus memorabilioribus sive Chronicon Henrici de Hervordia, S. 282. Die spätere Einrichtung einer jeweils am Freitag vor Pfingsten stattfindenden Prozession in Osnabrück zur Erinnerung an den Schwarzen Tod erscheint allerdings nicht dazu angetan, den Auftakt des Seuchengeschehens näher festzulegen. Schoppmeyer, Die spätmittelalterliche Bürgerstadt, S. 295 zieht die Einführung der Prozession zur zeitlichen Einordnung der Ereignisse in Paderborn in Betracht. Im Jahre 1350 sei der Freitag vor Pfingsten auf den 14. Mai gefallen. Dieses Datum stünde mit den Nachrichten über die Judenpogrome in Westfalen in Einklang, die »mit dem Auftreten der Pest korrelierten« [!].

22   Florenz von Wevelinckhoven's Chronik der Bischöfe von Münster, S. 49.

23   Florenz von Wevelinckhoven's Chronik der Bischöfe von Münster, S. 49.

24   Chronik der Bischöfe von Münster von der Stiftung des Bisthums bis auf den Tod Bischof Ottos von Hoya, S. 131.

25   Kirchhoff, Stadtgrundriß und topographische Entwicklung, S. 471f. u. S. 458 mit Übersichtsplan.

26   Schilp, Juden im mittelalterlichen Westfalen, S. 18. Aschoff, Die Juden in der ständischen Gesellschaft, S. 576ff.

27   Aschoff, Die Juden in der ständischen Gesellschaft, S. 578. Aschoff, Die Juden in Münster.

28   Kirchhoff, Stadtgrundriß und topographische Entwicklung, S. 472.

29   Florenz von Wevelinckhoven's Chronik der Bischöfe von Münster, S. 49.

30   Chronik der Bischöfe von Münster von der Stiftung des Bisthums bis auf den Tod Bischof Ottos von Hoya, S. 131.

31   Gördes, Heilkundige in Münster in Westfalen im 16. und 17. Jahrhundert, S. 8.

32   Florenz von Wevelinckhoven's Chronik der Bischöfe von Münster, S. 49.

33   Bulst, Vier Jahrhunderte Pest in niedersächsischen Städten, S. 63–97.

34   Die jüngere Bischofschronik, S. 202. Den Ausführungen des Limburger Chronisten Tilemann Elhen von Wolfhagen zufolge grassierte der Schwarze Tod *in etlichen Städten oder Landen mehr denn drei Viertel Jahres*. Vgl. Die Limburger Chronik, S. 8.

35 Liber de rebus memorabilioribus sive Chronicon Henrici de Hervordia, S. 274, im folgenden auch S. 284f.

36 Liber de rebus memorabilioribus sive Chronicon Henrici de Hervordia, S. 280.

37 Schumann, Heinrich von Herford, S. 184–208.

38 Liber de rebus memorabilioribus sive Chronicon Henrici de Hervordia, S. 282–284.

39 Die jüngere Bischofschronik, S. 202.

40 Die jüngere Bischofschronik, S. 202, Anm. 4. Stadt Minden, Altstadt 1, Der Dombezirk, Teilband 1, S. 710.

41 Die Limburger Chronik, S. 8.

42 Stadt Minden, Altstadt 1, Der Dombezirk, Teilband 1, S. 710.

43 Die jüngere Bischofschronik, S. 202.

44 Zum Schwarzen Tod in Würzburg ausführlich Bergdolt, Der Schwarze Tod in Europa, S. 146–151.

45 Chronicon Domesticum et Gentile, S. 63.

46 Die jüngere Bischofschronik, S. 202.

47 Westfalia Judaica, Bd. 1, Nr. 210.

48 Westfalia Judaica, Bd. 1, Nr. 213.

49 Ausführlich zur spätmittelalterlichen Pest aus regionaler Perspektive demnächst K. P. Jankrift, *Up dat God sich aver uns verbarmen wolde. Formen, Strukturen und Entwicklungen der Auseinandersetzung mit Seuchen in westfälischen und rheinischen Städten im Mittelalter.*

50 Die Limburger Chronik, S. 90.

51 Chronik des Burkhard Zink, S. 26.

52 Esser, Pest, Heilsangst und Frömmigkeit.

53 Sudhoff, Pestschriften aus den ersten 150 Jahren nach der Epidemie des Schwarzen Todes.

54 Bergdolt, Der Schwarze Tod in Europa, S. 21. Kupferschmidt, Epidemiologie. Riha, Die Ärzte und die Pest.

55 Keil, Pariser Pestgutachten.

56 Jütte, Ärzte, Heiler und Patienten, S. 54ff.

57 Winzer, *to troeste armer ellendiger verlaten lude de in pestilencie befallen.*

58 Bulst, Vier Jahrhunderte Pest in niedersächsischen Städten.

59 Creutz, Pest und Pestabwehr im alten Köln, S. 113.

60 Stadtarchiv Münster, Stiftungsarchiv, Elende Aegidii, Urk. 6. Winzer, *to troeste armer ellendiger verlaten lude de in pestilencie befallen*, S. 281ff.

61 Creutz, Pest und Pestabwehr im alten Köln, S. 113ff.

62 Historisches Archiv der Stadt Köln, Armenverwaltung, Revilien 2/1745, fol. 2r.

63 Stadtrechnungen von Wesel, Bd. 4, S. 185.

64 Kirchenrechnungen der Weseler Stadtkirche St. Wilibrordi, Bd. 1, Sp. 254–280.

65 Stadtrechnungen von Wesel, Bd. 4, S. 186.

66 Roelen, Studien zur Topographie und Bevölkerung Wesels, Bd. 2, S. 373 u. S. 484.

67 Stadtrechnungen von Wesel, Bd. 4, S. 14, im folgenden S. 187.

68 Stadtarchiv Wesel, A7 1439.

69 Stadtrechnungen von Wesel, Bd. 4, S. 180, im folgenden S. 186.

70 Stadtarchiv Wesel, A7 1440ff.

71 Stadtarchiv Soest, A Nr. 6769.

72 Stadtarchiv Soest, A Nr. 6768.

73 Chronik des Dietrich Westhoff von 750–1550, S. 314.

74 Dietrich von Engelsheym, Liber dissencionum archiepiscopi Coloniensis et capituli Paderbornensis, S. 8ff. Schoppmeyer, Die spätmittelalterliche Bürgerstadt, S. 300.

Schluß

1 Gregorii Episcopi Turonensis Historiarum, S. 283.

2 Gregorii Episcopi Turonensis Historiarum, S. 166.

3 Fumagalli, Wenn der Himmel sich verdunkelt, S. 16.

4 Schubert, Alltag im Mittelalter, S. 278f.

5 Schubert, Alltag im Mittelalter, S. 278.

6 Schmitz-Cliever, Pest und pestilenzialische Krankheiten in der Geschichte der Reichsstadt Aachen, S. 135.

LITERATUR

Unedierte Quellen

Stadtarchiv Aachen
Handschrift 87.
RAI P Nr. 2.
RAI P Nr. 5.
RAI P Nr. 7.
RAI P Nr. 9.

Stadtarchiv Essen
Rep. 100 Nr. 962.
Rep. 100 Nr. 300.
Rep. 100 Nr. 403.
Rep. 100 Nr. 858.
Rep. 100 Nr. 874.
Rep. 100 Nr. 876.
Rep. 100 Nr. 914.
Rep. 100 Nr. 916.
Rep. 100 Nr. 924.
Rep. 100 Nr. 931.
Rep. 100 Nr. 963.

Historisches Archiv der Stadt Köln
Armenverwaltung, Revilien 2/1745.
Suppliken 1400–1648/6.

Kommunalarchiv Minden
Stadt Minden A I, Nr. 113.
Stadt Minden B, Nr. 369.
Stadt Minden B, Nr. 307.
Stadt Minden B, Nr. 437.

Stadtarchiv München
KR 1379/1380.
KR 1404/1406.
KR 1457/1458.

Staatsarchiv Münster
Fürstbistum Paderborn, Domkapitel Pader-
    born, Urkunden Nr. 553.

Stadtarchiv Münster
AVI Nr. 66.
AVI Nr. 68.
AVI Nr. 72.
Stiftungsarchiv, Elende Aegidii, Urk.6.

Stadtachiv Soest
A Nr. 3078.
A Nr. 3079.
A Nr. 4533.
A Nr. 4577.
A Nr. 6768.
A Nr. 6769.
A Nr. 6770.

Stadtarchiv Wesel
A1 Caps 273, Nr. 1.
Hs 2 (Jüngeres Bürgerbuch).
A3 1529.
A3 1519.
A3 1570.
A3 1554.
A3 1555.
A3 1566.
A7 1439.
A7 1440ff.
A7 1442.
A7 1529.
A7 1555.
A7 1566.

Stadtarchiv Xanten
Urkunden, 4. Dezember 1475.

Edierte Quellen

Aachener Stadtrechnungen aus dem 14. Jahrhundert. Nach den Stadtarchivurkunden mit Einleitung, Register und Glossar, Bearb. J. Laurent, Aachen 1866 [Neudruck: 1876].

Adami Gesta Hammaburgensis ecclesiae pontificum. Ex recensione Lappenbergii, Hrsg. G. Waitz (= MGH. Scriptores rerum Germanicarum, Bd. 8), Hannover 1876.

Adami Murimuthensis chronica sui temporis, Hrsg. T. Hog, London 1846.

Akten zur Geschichte der Verfassung und Verwaltung der Stadt Köln im 14. und 15. Jahrhundert, 2 Bde., Bearb. W. Stein (= Publikationen der Gesellschaft für Rheinische Geschichtskunde 10), Bonn 1893–1895.

Das älteste Bürgerbuch der Stadt Soest 1302–1449, Hrsg. H. Rothert, Münster 1958.

Annales Bertiniani, in: Hrsg. G. Waitz, MGH. Scriptores rerum Germanicarum, Bd. 5, Hannover 1883.

Annales Bertiniani auctore Prudentio Trecensi episcopo (835–861), in: MGH. Scriptores rerum Germanicarum, Bd. 4, Hannover 1883.

Annales Blandinenses, in: Hrsg. G. Waitz, MGH. Scriptores rerum Germanicarum, Bd. 5, Hannover 1883.

Annales Colmarienses, Hrsg. P. Jaffé, (= MGH. Scriptores, Bd. 17), Hannover 1861.

Annales Corbeienses, in: Hrsg. G. H. Pertz, MGH. Scriptores, Bd. 3, Hannover 1839.

Annales Egmundani, in: Hrsg. G. H. Pertz, MGH. Scriptores, Bd. 16, Hannover 1859.

Annales et Historiae Altahenses, in: Hrsg. P. Jaffé, MGH. Scriptores, Bd. 18, Hannover 1861.

Annales Floreffienses, in: Hrsg. G. H. Pertz, MGH. Scriptores, Bd. 16, Hannover 1859.

Annales Fuldenses sive Annales regni Francorum orientalis, Hrsg. F. Kurze (= MGH. Scriptores rerum Germanicarum, Bd. 7), Hannover 1891.

Annales Hildesheimenses, in: Hrsg. G. Waitz, MGH. Scriptores rerum Germanicarum, Bd. 8, Hannover 1878.

Annales Magdeburgenses, in: Hrsg. G. H. Pertz, MGH. Scriptores, Bd. 16, Hannover 1859.

Annales monasterii de Waverleia, in: Rerum Britannicarum medii aevi scriptores. Rolls Series, Bd. 36, II, London 1865.

Annales Palidenses, in: Hrsg. G. H. Pertz, MGH. Scriptores, Bd. 16, Hannover 1859.

Annales Quedlinburgenses, in: Hrsg. G. H. Pertz, MGH. Scriptores, Bd. 3, Hannover 1839.

Annales Quedlinburgenses. Continuatio, in: Hrsg. G. H. Pertz, MGH. Scriptores, Bd. 3, Hannover 1839.

Annales regni Francorum, Hrsg. G. H. Pertz (= MGH. Scriptores rerum Germanicarum, Bd. 6), Hannover 1895.

Annales regni Francorum et annales Q. D. Einhardi, Hrsg. F. Kurze (= MGH. Scriptores rerum Germanicarum. Kleine Ausgabe, Bd. 9), Hannover 1895.

Annales Veterocellenses, in: Hrsg. G. H. Pertz, MGH. Scriptores, Bd. 16, Hannover 1859.

Annales Vindocinenses, in: Hrsg. L. Halphen, Recueil d'annales Angevines et Vendômises, Paris 1903.

Annales Xantenses anno 640–874, in: Hrsg. G. H. Pertz, MGH. Scriptores, Bd. 2, Hannover 1829.

Annales Xantenses, in: MGH. Scriptores rerum Germanicarum, Bd. 9, Hannover / Leipzig 1909.

Anselmi Gemblacensis continuatio, in: MGH. Scriptores rerum Germanicarum, Bd. 4, Hannover 1882.

Arnoldi Chronica Slavorum, Hrsg. J. M. Lappenberg (= MGH. Scriptores rerum Germanicarum, Bd. 14), Hannover 1868.

Balduini Ninovensis chronicon, in: MGH. Scriptores, Bd. 25, Hannover 1889.

Bartholomaei de Cotton monachi Norwicensis historia Anglicana (449–1298), Hrsg.

H. R. Luard (= Rerum Britannicarum medii aevi scriptores. Rolls series, Bd. 16), London 1842.

Beschlüsse des Rates der Stadt Köln 1320–1550, Bd. 1: Die Ratsmemoriale und ergänzende Überlieferung 1320–1543, Bearb. M. Huiskes (= Publikationen der Gesellschaft für Rheinische Geschichtskunde LXV), Düsseldorf 1990.

Beschlüsse des Rates der Stadt Köln 1320–1550, Bd. 2, Bearb. M. Groten (= Publikationen der Gesellschaft für Rheinische Geschichtskunde LXV), Düsseldorf 1989.

Beschlüsse des Rates der Stadt Köln 1320–1550, Bd. 3, Bearb. M. Groten (= Publikationen der Gesellschaft für Rheinische Geschichtskunde LXV), Düsseldorf 1988.

Büscher, F., Die Satzungen und Statuten der Stadt Essen. 1473, 1590, 1668–85, in: Essener Beiträge. Beiträge zur Geschichte von Stadt und Stift Essen 43 (1926), S. 219ff.

Christoph Beyers Danziger Chronik (1468–1518), in: Scriptores rerum Prussicarum, Bd. 5, Leipzig 1874.

Chronica Alberici Monachi trium fontium a monacho novi monasterii Hoisenses, in: MGH. Scriptores, Bd. 23, Hannover 1887.

Chronica Johannis Vitodurani, Hrsg. F. Barthgen (= MGH. Scriptores rerum Germanicarum. Nova series, Bd. 3), Berlin 1924.

Chronica magistri Rogeri de Houedene, Hrsg. W. Stubbs (= Rerum Britannicarum medii aevi scriptores. Rolls Series, Bd. 51), London 1868/1871.

Chronica regia Coloniensis, Hrsg. G. Waitz (= MGH. Scriptores rerum Germanicarum, Bd. 18), Hannover 1880.

Chronicarum quae dicuntur Fredegarii scholastici libri IV cum continuationibus (–768), in: MGH. Scriptores rerum Merovingicarum, Bd. 2, Hannover 1888.

Das Chronicon Domesticum et Gentile des Heinrich Piel, Hrsg. M. Krieg (= Veröffentlichungen der Historischen Kommission für Westfalen XIII. Geschichtsquellen des Fürstentums Minden 4), Münster 1981.

Chronicon Francisi Pragensis, in: Fontes rerum Bohemicarum, Bd. 4, Prag 1884.

Chronicon Guillelmi de Nangiaco, in: Hrsg. H. Géraud, Chronique latine de Guillaume de Nangis de 113 à 1300 avec les continuations de cette chronique de 1300 à 1368 (= Société de l'histoire de France 33), Paris 1868.

Chronicon Reginonis, Hrsg. F. Kurze, (= MGH. Scriptores rerum Germanicarum, Bd. 50), Hannover 1890.

Chronik der Bischöfe von Münster von der Stiftung des Bisthums bis auf den Tod Bischof Ottos von Hoya, in: Hrsg. J. Ficker, Die Geschichtsquellen des Bisthums Münster, Bd. 1: Die Münsterischen Chroniken des Mittelalters, Münster 1851.

Chronik des Burkhard Zink, in: Hrsg. F. Frensdorf, Die Chroniken der deutschen Städte des 14. bis 16. Jahrhunderts, Bd. 5. Die Chroniken der schwäbischen Städte, Bd. 1, Augsburg / Leipzig 1866.

Chronik des Dietrich Westhoff von 750–1550, in: Hrsg. J. Hansen / J. Franck, Die Chroniken der deutschen Städte vom 14. bis zum 16. Jahrhundert, Bd. 20. Die Chroniken der westfälischen und niederrheinischen Städte, Bd. 1, Dortmund / Neuß / Leipzig 1887.

Cosmae Pragensis Chronica Boemorum, Hrsg. B. Bretholz unter Mitarbeit von W. Weinberger (= MGH. Scriptores rerum Germanicarum, Nova series II), Berlin 1923.

Cosmidromius Gobelini Person, Hrsg. M. Jansen, Münster 1900.

Cronica Sancti Petri Erfordensis moderna, in: Hrsg. O. Holder-Egger, MGH. Scriptores rerum Germanicarum, Bd. 42, Hannover 1899.

Descriptio de origine conventus, postea abbatiae Trunchinensis, ordinis Praemonstratensis, in: Hrsg. J. J. de Smet, Corpus chron. Flandriae, Bd. 3, 1, Brüssel 1837.

Detmar Chronik von 1105–1395, Hrsg. W. Mantels / K. Koppmann, in: Die Chroniken der deutschen Städte vom 14. bis zum 16. Jahrhundert, Bd. 19. Die Chroniken der niedersächsischen Städte, Bd. 2, Lübeck / Leipzig 1884 [Neudruck: Göttingen 1967].

Dietrich von Engelsheym, Liber dissencionum archiepiscopi Coloniensis et capituli Paderbornensis. Manuscript des Paderborner Domscholasters Dietrich von Engelsheym, Hrsg. Bernhard Stolte (= Zeitschrift für vaterländische Geschichte und Altertumskunde, Erg. Heft 1), Münster 1893.

Emonis Chronicon, in: Hrsg. L. Weiland, MGH. Scriptores, Bd. 23, Hannover 1874.

Ex chronico universali anonymi Lauduniensis, in: MGH. Scriptores, Bd. 22, Hannover 1892.

Florenz von Wevelinckhoven's Chronik der Bischöfe von Münster mit der Fortsetzung eines Ungenannten und den Zusätzen der Mönche von Marienfeld 772–1424, in: Hrsg. J. Ficker, Die Geschichtsquellen des Bisthums Münster, Bd. 1: Die Münsterischen Chroniken des Mittelalters, Münster 1851.

1. Fortsetzung der Dettmar-Chronik von 1395–1399, in: Die Chroniken der deutschen Städte, Bd. 26, Leipzig 1899.

2. Fortsetzung der Dettmar-Chronik von 1400–1413, in: Die Chroniken der deutschen Städte, Bd. 26, Leipzig 1899.

Gregorii Episcopi Turonensis Historiarum, Hrsg. B. Krusch / W. Levison (= MGH. Scriptores rerum Merovingicarum, Bd. 1), Hannover 1951.

Helmoldi presbyteri Bozoviensis cronica Slavorum, Hrsg. B. Schmeidler (= MGH. Scriptores rerum Germanicarum, Bd. 18), Hannover / Leipzig ²1909.

Jacobus de Voragine, La legende dorée, Hrsg. A. Boureau, Paris 1984.

Die jüngere Bischofschronik, in: Die Bischofschroniken des Mittelalters. Hermann's von Lerbeck Catalogus episcoporum Mindensium und seine Ableitungen, Hrsg. K. Löffler (= Mindener Geschichtsquellen, Bd. I), Münster 1917.

Kiefer, F. J., Rheinsagen. Von Basel bis Rotterdam, München 1876.

Kirchenrechnungen der Weseler Stadtkirche St. Wilibrordi, Bd. 1: Die Kirchenrechnungen der Jahre 1401–1484, Bearb. H. Sowade, mit Verzeichnissen von M. W. Roelen, Wesel 1993.

Die Kölner Stadtrechnungen des Mittelalters mit einer Darstellung der Finanzverwaltung, Bearb. R. Knipping, Bd. 2, Die Ausgaben (= Publikationen der Gesellschaft für Rheinische Geschichtskunde 15), Bonn 1898.

Kroniek van het klooster Bloemhof te Wittewierum. Inleiding, editie en vertaling, Bearb. H. P. H. Jansen / A. Janse (= Middeleeuwse Studies en Bronnen 20), Hilversum 1991.

Lex Frisiorum, in: MGH. Leges, Bd. 3, Hannover 1863, S. 631–711.

Liber de rebus memorabilioribus sive Chronicon Henrici de Hervordia (bis 1355), Hrsg. A. Potthast, Göttingen 1859.

Liber Pontificalis, Libri pontificalis pars prior, Hrsg. T. Mommsen (= MGH. Gestorum pontificium Romanorum, Bd. 1), Berlin 1898.

Die Limburger Chronik, Hrsg. O. H. Brandt, Jena 1922.

Marii episcopi Aventicensis chronica (455–581), in: MGH. Scriptores. Auctores antiquissimi, Bd. 11. Chronica minora Saec. IV–VII, Bd. 2, Berlin 1864.

MGH. Leges, Bd. 1, Hannover 1835.

Das Mindener Stadtbuch von 1318, Bearb. M. Krieg (= Mindener Geschichtsquellen), Münster 1931.

Nicolai papae I. vita, in: Migne. Patrologia Latina, Bd. 119, Paris 1852.

Okko van Scharl, Johannes Vlytarp und Andreas Cornelius Stavriensis, Chronyk en waarartige beschryvinge van Friesland, Leuuwarden 1742.

Oorkondenboek van het Sticht Utrecht tot 1301, Bd. 1, Hrsg. S. Müller / A. C. Boumann, s'-Gravenhage 1920.

Ottonis de Sancto Blasio Cronica, Hrsg. A. Hofmeister (= MGH. Scriptores rerum Germanicarum, Bd. 47), Hannover 1912.

Papsturkunden 896–1046, Bd. 2, Hrsg. H. Zimmermann (= Österreichische Akademie der Wissenschaften, Denkschriften 177. Veröffentlichungen der Historischen Kommission 4), Wien 1986.

Paul Poles Preußische Chronik (1422–1532 u. 1190–1498), in: Scriptores rerum Prussicarum, Bd. 5, Leipzig 1874.

Quellen und Untersuchungen zur Geschichte des Hexenwahns und der Hexenverfolgung im Mittelalter, Hrsg. J. Hansen, Bonn 1901.

Radulphis de Diceto Ymagines Historiarum, Hrsg. W. Stubbs (= Rerum Britannicarum medii aevi scriptores 13), London 1876.

Les registres d'Innocent IV, Hrsg. E. Berger, Bd. 1, Paris 1884.

Rodolfo il Glabero, Cronache dell'anno Mille, Bd. II, Hrsg. G. Cavallo / G. Orlandi, Milano ³1991.

Sagen aus Niedersachsen. Gesammelt u. hrsg. v. U. Diederichs / C. Hinze, Augsburg 1998.

Sancti Abbonis abbatis Floriacensis excerptum de gestis Romanorum pontificium, in: Migne. Patrologia Latina, Bd. 139, Paris 1853.

Sigebert von Gembloux, Cronica cum omnibus auctoris, in: Sigeberti Gemblacensis Monachi Opera Omnia accedit Chronicon Polonorum (= Migne. Patrologia Latina, Bd. 160), Paris 1880.

Sigeberti chronographiae auctarium Laudunense, in: MGH. Scriptores, Bd. 6, Hannover 1882.

Spancken, C., Urkunden und Statuten, in: W. Richter, Geschichte der Stadt Paderborn, Bd. 1, Paderborn 1899.

Stadtrechnungen von Wesel, Bearb. F. Gorissen (= Regesten zur politischen Geschichte des Niederrheins 1. Publikationen der Gesellschaft für Rheinische Geschichtskunde 55), 5 Bde., Bonn 1963–1968.

Thietmari Merseburgensis episcopi chronicon, Bearb. J. M. Lappenbach, Hrsg. F. Kurze (= MGH. Scriptores rerum Germanicarum, Bd. 36), Hannover 1889.

Ubbo Emmius, Rerum Frisicarum historiae libri X. Decas I–VI, Franeker 1596–1616.

Urkunden und Aktenstücke zur Geschichte der Juden in Regensburg 1453–1738, Bearb. R. Straus, München 1960.

Urkunden zur Geschichte des Städtewesens in Mittel- und Niederdeutschland, Bd. 2 (= Städteforschung C/4), Hrsg. F. B. Fahlbusch / H. Stoob, Köln / Wien / Weimar 1992.

Urkundenbuch zur Landes- und Rechtsgeschichte des Herzogthums Westfalen, Bearb. J. S. Seibertz, Bd. 2, Arnsberg 1843.

Vita Clementis VI auctore Wernero canonico Brunensi, in: Hrsg. E. Balze, Vitae paparum Avenionensium, Bd. 1, Nouvelle édition par H. Mollat, Paris 1914.

Vitae Sancti Bonifatii Archiepiscopi Monguntiani, Hrsg. W. Levinson (= MGH. Scriptores rerum Germanicarum, Bd. 47), Hannover / Leipzig 1905.

Weikinn, C., Quellentexte zur Witterungsgeschichte Europas von der Zeitwende bis zum Jahre 1850, Teil 1: Hydrographie (= Quellensammlung zur Hydrographie und Meteorologie 1), Berlin 1958.

Westfalia Judaica. Urkunden und Regesten zur Geschichte der Juden in Westfalen und Lippe, Bd. 1: 1005–1350, Bearb. B. Brilling / H. Richtering, Stuttgart 1967.

Wilhelmi Malmesbirensis monachi de gestis regum Anglorum libri V, Hrsg. W. Stubbs (= Rerum Britannicarum medii aevi scriptores. Rolls series, Bd. 90), London 1867.

Wilhelmi Parvi, canon de Novoburgo, historia rerum Anglicarum (= Rerum Britannicarum medii aevi scriptores. Rolls series, Bd. 82), London 1884/1885.

Wiponis Opera, in: Hrsg. H. Bresslau, MGH. Scriptores rerum Germanicarum, Bd. 61, Hannover 1915.

Literatur

Abel, W., Agrarkrisen und Agrarkonjunktur. Eine Geschichte der Land- und Ernährungswirtschaft Mitteleuropas seit dem hohen Mittelalter, Hamburg / Berlin ²1966.

Althoff, G., Die Ottonen. Königsherrschaft ohne Staat, Stuttgart 2000.

Althoff, G., Verformungen über mündliche Tradition. Geschichten über Erzbischof Hatto von Mainz, in: Hrsg. H. Keller, Iconologia Sacra, Berlin 1994, S. 438–450.

Althoff, G. / Keller, H., Heinrich I. und Otto der Große, Göttingen ²1994.

Ammann, H., Wie groß war die mittelalterliche Stadt?, in: Studium Generale 9 (1956), S. 503–506.

Ariès, P., Geschichte des Todes, München / Wien 1980.

Aschoff, D., Die Juden in der ständischen Gesellschaft, in: Hrsg. F.-J. Jakobi, Geschichte der Stadt Münster, Bd. 1, Münster ³1994, S. 575–593.

Aschoff, D., Die Juden in Münster. Von den Anfängen bis zur Gegenwart (= Geschichte original – am Beispiel der Stadt Münster 5), Münster ³1988.

Aschoff, D., Neues zur Geschichte der Soester Juden, in: Hrsg. G. Köhn, Soest. Stadt – Territorium – Reich. Festschrift zum 100jährigen Bestehen des Vereins für Geschichte und Heimatpflege Soest, Soest 1981, S. 501–518.

Aschoff, D., Das Pestjahr 1350 und die Juden in Westfalen, in: Westfälische Zeitschrift 129 (1979), S. 58–67.

Audouin-Rouzeau, F., La peste et les rats: Les réponses de l'archéozoologie, in: Hrsg. N. Bulst / R. Delort, Maladies et société (XIIe–XVIIIe siècle). Actes du Colloque de Bielefeld 1986, Paris 1989, S. 65–74.

Augustyn, B., Bijdrage tot het ontstaan en de vroegste geschiednis von de Wase Polders. Van de oudste tijden tot ca. 1400, in: Annalen van de Oudheidkundige Kring van het Land van Waas 80 (1977), S. 5–97.

Augustyn, B. / Verhulst, A., Deich- und Dammbau, in: Lexikon des Mittelalters, Bd. 3, München / Zürich 1985, Sp. 640–648.

Baeriswyl, A., *Die größte brunst der stat Berne*. Der Stadtbrand von 1405, in: Unipress. Forschung und Wissenschaft an der Universität Bern, 100 (April 1999), S. 1–5.

Bartolome, N. / Flückinger, E., Stadtzerstörungen und Wiederaufbau in der mittelalterlichen und frühneuzeitlichen Schweiz, in: Hrsg. M. Körner, Stadtzerstörung und Wiederaufbau. Zerstörung durch Erdbeben, Feuer und Wasser, Bd. 1, Bern / Stuttgart / Wien 1999, S. 123–146.

Bauer, H., Das Antonius-Feuer in Kunst und Medizin, Berlin / Heidelberg / New York 1973.

Bayer, H. W. / Mischlewski, A., Führer durch das Antoniter-Museum, Memmingen 1998.

Beekman, A. A., Het dijk- en waterschapsrecht in Nederland voor 1795, 2 Bde., s'-Gravenhage 1905–1907.

Behre, K.-E., Die Ernährung im Mittelalter, in: Hrsg. B. Herrmann, Mensch und Umwelt im Mittelalter, Stuttgart ²1989, S. 74–87.

Behre, K.-E., Wie der Mensch die Küste eroberte, in: Hrsg. J. Newig / H. Theede, Sturmflut, Hamburg 2000, S. 76–97.

Behringer, W., Das Wetter, der Hunger, die Angst. Gründe der europäischen Hexenverfolgungen in Klima-, Sozial- und Mentalitätsgeschichte. Das Beispiel Süddeutschland, in: Acta Ethnographica Hungarica 37 (1991/1992), S. 27–50.

Bennassar, B. (Hrsg.), Les catastrophes naturelles dans l'Europe médiévale et moderne. Actes des XVes Journiees Internationales d'Histoire de l'Abbaye de Flaran, 10, 11 et 12 septembre 1993, Toulouse 1996.

Bergdolt, K., Der Schwarze Tod in Europa. Die große Pest und das Ende des Mittelalters, München ³1995.

Biraben, J. N., Les hommes et la peste en France et dans les pays européens et mediterranéens (= Civilisations et Sociétes 35/36), 2 Bde., Paris / Den Haag 1975/1976.

Biraben, J. N., Das medizinische Denken und die Krankheiten in Europa, in: Hrsg. M. D. Grmek, Die Geschichte des medizinischen Denkens. Antike und Mittelalter, München 1996, S. 356–401.

Bloch, M., Die wundertätigen Könige, München 1998.

Blöcker, M., Wetterzauber. Zu einem Glaubenskomplex des frühen Mittelalters, in: Francia. Forschungen zur westeuropäischen Geschichte 9 (1982), S. 117–131.

Blok, D. P., Wie alt sind die ältesten niederländischen Deiche, in: Probleme der Küstenforschung 15 (1984), S. 1–7.

Borger, G. J., De bedreiger bedreigd. De wisselwerking tussen menslijke invloed en natuurlijke processen in de bewoningsgeschiednis van een waterrijk gebied, in: BeM Nederland 103 (1988), S. 522–533.

Borger, G. J., Die mittelalterliche und frühneuzeitliche Marschen- und Moorbesiedlung in den Niederlanden, in: Siedlungsforschung 2 (1984), S. 101–110.

Borst, A., Das Erdbeben von 1348. Ein historischer Beitrag zur Katastrophenforschung, in: Historische Zeitschrift 231 (1981), S. 529–569.

Bruce-Chwatt, L. J. / Zuleta, J. de, The Rise and Fall of Malaria in Europe. A Historico-epidemiological Study, Oxford 1980.

Brunner, O., Land und Herrschaft. Grundfragen der territorialen Verfassungsgeschichte Österreichs im Mittelalter, Wien 1965.

Bulst, N., Krankheit und Gesellschaft in der Vormoderne. Das Beispiel der Pest, in: Hrsg. N. Bulst / R. Delort, Maladies et société (XIIe–XVIIIe siècle). Actes du Colloque de Bielefeld 1986, Paris 1989, S. 17–47.

Bulst, N., Der Schwarze Tod. Demographische, wirtschafts- und kulturgeschichtliche Aspekte der neueren Forschung, in: Saeculum 30 (1979), S. 45–67.

Bulst, N., Vier Jahrhunderte Pest in niedersächsischen Städten. Vom Schwarzen Tod (1348–1350) bis in die erste Hälfte des 18. Jahrhunderts, in: Hrsg. C. Meckseper, Stadt im Wandel, Bd. 4, Stuttgart 1985, S. 251–270.

Cartwright-Penrose, E., A History of England from the First Invasion by the Romans to the Present, London 1859.

Chaumartin, H., Le Mal des Ardents et le feu Saint-Antoine, Vienne 1946.

Clementz, E., Les Antonins d'Isenheim. Essor et dérive d'une vocation hospitalière à la lumiere du temporel (= Recherches et documents 62), Strasbourg 1998.

Clementz, E., Vom Balsam der Antoniter, in: Antoniter-Forum 2 (1994), S. 13–21.

Creutz, R., Pest und Pestabwehr im alten Köln, in: Jahrbuch des Kölnischen Geschichtsvereins 15 (1933), S. 79–119.

Curdes, G., Die Entwicklung des Aachener Stadtraumes. Der Einfluß von Leitbildern und Innovationen auf die Form der Stadt, Dortmund 1999.

Curdes, G. / Ulrich, M., Die Entwicklung des Kölner Stadtraumes. Der Einfluß von Leitbildern und Innovationen auf die Form der Stadt, Dortmund 1997.

Curschmann, F., Hungersnöte im Mittelalter. Ein Beitrag zur deutschen Wirtschaftsgeschichte des 8. bis 13. Jahrhunderts, Leipzig 1900 [Nachdruck: Aalen 1970].

de Boer, D. E. H. / Cordfunke, E. H. / Sarfatij, H. (Hrsg.), Holland en het water in die Middeleeuwen (= Publicatie van de stichting »Comité Oud Muiderberg« 71), Hilversum 1997.

Deike, L., Die Entstehung der Grundherrschaft in den Hollerkolonien an der Niederweser

(= Veröffentlichungen aus dem Staatsarchiv der Freien Hansestadt Bremen 27), Bremen 1959.

Delort, R., Natürliche Umwelt und Seuchen. Die Tiere und die Menschen, in: Hrsg. N. Bulst / R. Delort, Maladies et société (XIIe–XVIIIe siècle). Actes du Colloque de Bielefeld 1986, Paris 1989, S. 49–55.

de Voogd, C., Geschiednis van Nederland. Vanaf de prehistorie tot heden, Amsterdam ²2000.

de Vries, J., European Urbanization. 1500–1800, London 1984.

de Vries, J., Problems in the Mesurement, Description and Analysis of Historical Urbanization, in: Hrsg. A. van der Woude / A. Hayami / J. de Vries, Urbanization in History, Oxford 1990, S. 43–60.

Dirlmeier, U., Historische Umweltforschung aus der Sicht der mittelalterlichen Geschichte, in: Siedlungsforschung 6 (1988), S. 97–111.

Dirlmeier, U., Die kommunalpolitischen Zuständigkeiten und Leistungen süddeutscher Städte im Spätmittelalter (Vor allem auf dem Gebiet der Ver- und Entsorgung), in: Hrsg. J. Sydow, Städtische Versorgung und Entsorgung im Wandel der Geschichte (= Stadt in der Geschichte. Veröffentlichungen des Südwestdeutschen Arbeitskreises für Stadtgeschichtsforschung 8), Sigmaringen 1981, S. 113–140.

Dirlmeier, U., Zu den Lebensbedingungen in der mittelalterlichen Stadt: Trinkwasserversorgung und Abfallbeseitigung, in: Hrsg. B. Herrmann, Mensch und Umwelt im Mittelalter, Stuttgart 1986, S. 150–159.

Dirlmeier, U. / Fouquet, G. (Hrsg.), Menschen, Dinge und Umwelt im Mittelalter (= Sachüberlieferung und Geschichte 5), St. Katharinen 1989.

Ditt, H., Stadteinzugsbereich von Minden und Kulturraumgrenzen des Wesergebiets in der frühen Neuzeit, in: Hrsg. W. Ehbrecht / H. Schilling, Niederlande und Nordwestdeutschland. Studien zur Regional- und Stadtgeschichte Nordwestkontinentaleuropas in Mittelalter und Neuzeit. Festschrift für Franz Petri zum 80. Geburtstag (= Städteforschung A/15), Köln / Wien / Weimar 1983, S. 180–215.

Düwel-Hösselbarth, W., Ernteglück und Hungersnot. 800 Jahre Klima und Leben in Württemberg, Stuttgart 2002.

Ehbrecht, W., Landesherrschaft und Klosterwesen im ostfriesischen Fivelgo. 970–1290 (= Veröffentlichungen der historischen Kommission für Westfalen 22), Münster 1974.

Engel, E., Die deutsche Stadt des Mittelalters, München 1993.

Ennen, E., Die europäische Stadt im Mittelalter, Göttingen ⁴1987.

Erkens, R., Buße in Zeiten des Schwarzen Todes. Die Züge der Geißler, in: Zeitschrift für Historische Forschung 26 (1999), S. 483–513.

Esser, T., Pest, Heilsangst und Frömmigkeit. Studien zur religiösen Bewältigung der Pest am Ausgang des Mittelalters (= Münsteraner Theologische Abhandlungen 58), Altenberge 1999.

Ewald, P. W., Die Evolution der Virulenz, in: Spektrum der Wissenschaft. Dossier: Seuchen 3/1997, S. 28–35.

Ey, J., Früher Deichbau und Sturmfluten im östlichen Friesland, in: Hrsg. T. Steensen, Deichbau und Sturmfluten in den Friesenlanden. Beiträge zum 2. Treffen des Nordfriisk Institut, Husum 1992, S. 32–36.

Fahlbusch, F. B. / Hergemöller, B. U., Münster, in: Lexikon des Mittelalters, Bd. 4, München / Zürich 1993, Sp. 916.

Fockema Andreae, S. J., Studiën over waterschapsgeschiednis VIII. Overzicht van de Nederlandse waterschapsgeschiednis, Leiden 1952.

Fuchs, J., Stadtbäche und Wasserversorgung in mittelalterlichen Städten Südwestdeutschlands, in: Hrsg. J. Sydow, Städtische Versorgung und Entsorgung im Wandel der Geschichte (= Stadt in der Geschichte. Veröffentlichungen des Südwestdeutschen Arbeitskreises für Stadtgeschichtsforschung 8), Sigmaringen 1981.

Fumagalli, V., Wenn der Himmel sich verdunkelt. Lebensgefühl im Mittelalter, Berlin 1999.

Gechter, M., Wasserversorgung und Entsorgung in Köln vom Mittelalter bis zur frühen Neuzeit, in: Kölner Jahrbuch für Vor- und Frühgeschichte 20 (1987), S. 219–270.

Gierke, J. von, Die Geschichte des deutschen Deichrechts, 2 Bde., Breslau 1901–1917.

Glaser, R., Klimageschichte Mitteleuropas. 1000 Jahre Wetter, Klima, Katastrophen, Darmstadt 2001.

Gördes, E., Heilkundige in Münster in Westfalen im 16. und 17. Jahrhundert, Phil. Diss. Münster, Hildesheim 1917.

Gottschalk, M. K. E., Stormvloeden en rivieroverstromingen in Nederland, Bd. 1 (de periode vóór 1400), Assen 1971.

Graßl, H., Heuschreckenplagen in der Antike, in: Hrsg. E. Olshausen / H. Sonnabend, Naturkatastrophen in der antiken Welt (= Stuttgarter Kolloquium zur historischen Geographie des Altertums 6, 1996), Stuttgart 1998, S. 438–447.

Graus, F., Pest, Geißler, Judenmorde. Das 14. Jahrhundert als Krisenzeit (= Veröffentlichungen des Max-Planck-Instituts für Geschichte 86), Göttingen ^{3}1994.

Grewe, K., Wasserversorgung und -entsorgung im Mittelalter. Ein technikgeschichtlicher Überblick, in: Die Wasserversorgung im Mittelalter (= Geschichte der Wasserversorgung 4), Mainz 1991.

Grewe, K. / Hellenkemper-Salies, G. (Hrsg.), Atlas der römischen Wasserleitungen nach Köln (= Rheinische Ausgrabungen 26), Köln 1986.

Groten, M., Köln, Mittelalterliche Stadt, in: Lexikon des Mittelalters, Bd. 5, München / Zürich 1991, Sp. 1255–1261.

Grundmann, H., Geschichtsschreibung im Mittelalter. Gattungen, Epochen, Eigenarten (= Kleine Vandenhoeck Reihe 209/10), Göttingen 1965.

Guidoboni, E., Les consequences des tremblements de terre sur les villes en Italie, in: Hrsg. M. Körner, Stadtzerstörung und Wiederaufbau. Zerstörung durch Erdbeben, Feuer und Wasser, Bd. 1, Bern / Stuttgart / Wien 1999, S. 43–66.

Haarnagel, W., Die Besiedlung im nord-westdeutschen Küstengebiet in ihrer Abhängigkeit von Meeresschwankungen und Sturmfluten, in: Hrsg. A. Verhulst / M. K. E. Gottschalk, Transgressies en occupatiegeschiednis in de kustgebieden van Nederland en België, Gent 1980, S. 209–228.

Haarnagel, W., Die Grabung Feddersen Wierde. Methode, Hausbau, Siedlungs- und Wirtschaftsformen sowie Sozialstruktur, Wiesbaden 1979.

Haberey, W., Die römischen Wasserleitungen nach Köln. Die Technik der Trinkwasserversorgung einer antiken Stadt (= Kunst und Altertum am Rhein 32), Düsseldorf 1971.

Haverkamp, A., Die Judenverfolgungen zur Zeit des Schwarzen Todes im Gesellschaftsgefüge deutscher Städte, in: Hrsg. A. Haverkamp, Zur Geschichte der Juden im Deutschland des späten Mittelalters und der frühen Neuzeit (= Monographien zur Geschichte des Mittelalters 24), Stuttgart 1981, S. 27–93.

Hecker, J. F. K., Der Schwarze Tod im vierzehnten Jahrhundert. Nach den Quellen für Aerzte und gebildete Nichtaerzte bearbeitet, Berlin 1832.

Heineberg, H. / Mayr, A., Räumlich-strukturelle Entwicklung Münsters und Probleme der Stadtplanung seit 1945, in: Hrsg. F.-J. Jakobi, Geschichte der Stadt Münster, Bd. 3, Münster ³1994, S. 293–340.

Hemann, F. W., Minden, in: Lexikon des Mittelalters, Bd. 6, München / Zürich 1993, Sp. 633.

Herde, P., Die Katastrophe vor Rom im August 1167. Eine historisch-epidemiologische Studie zum vierten Italienzug Friedrichs I. Barbarossa (= Sitzungsberichte der wissenschaftlichen Gesellschaft an der Johann Wolfgang Goethe-Universität Frankfurt am Main 27,4), Stuttgart 1991.

Herlihy, D., Der Schwarze Tod und die Verwandlung Europas, Berlin 1997.

Herrmann, B. (Hrsg.), Mensch und Umwelt im Mittelalter, Frankfurt am Main 1986.

Herrmann, B. (Hrsg.), Umwelt in der Geschichte. Beiträge zur Umweltgeschichte, Göttingen 1989.

Hofmeister, A. E., Die Hollerkolonisation und die Landesgemeinden Land Kehdingen und Altes Land, Hildesheim 1981.

Holländer, G., Spuren der Aachener »Bäderkultur«, in: Wasserlust. Mineralquellen und Heilbäder im Rheinland (= Schriften des Rheinischen Museumsamtes 48), Köln 1991, S. 104–121.

Homeier, H., Der Gestaltwandel der ostfriesischen Küste im Laufe der Jahrhunderte, in: Hrsg. J. Ohling, Ostfriesland im Schutze des Deichs, Bd. II, Leer 1969, S. 3–75.

Hornung, W., Feuerwehrgeschichte, Stuttgart ³1990.

Hösel, G., Unser Abfall aller Zeiten. Eine Kulturgeschichte der Städtereinigung, München ²1990.

Hundsbichler, H., Nahrung, in: Hrsg. H. Kühnel, Alltag im Spätmittelalter, Graz / Wien / Köln ³1986, S. 196–231.

Hünemörder, B. / Rumpf, M., Rabe, in: Lexikon des Mittelalters, Bd. 7, München 1995, Sp. 381f.

Irsigler, F., Städtelandschaften und kleine Städte, in: Hrsg. H. Flachenecker / R. Kieß-

ling, Städtelandschaften in Altbayern, Franken und Schwaben (= Zeitschrift für bayerische Landesgeschichte, Beihefte 15), München 1999, S. 13–38.

Irsigler, F. / Lassotta, A., Bettler und Gaukler, Dirnen und Henker. Außenseiter in einer mittelalterlichen Stadt. Köln 1300–1600, München ⁷1996.

Isenberg, E., Tierreste, in: Ausgrabungen in Minden. Bürgerliche Stadtkultur des Mittelalters und der Neuzeit, Münster 1987, S. 194–198.

Isenberg, G., Stadtarchäologie als Sicherung und Erschließung historischer Boden- und Baubefunde, in: Hrsg. F.-J. Jakobi, Geschichte der Stadt Münster, Bd. 1, Münster ³1994, S. 411–446.

Isenberg, G., Stadtkernarchäologische Untersuchungen an der Bäckerstraße in Minden 1973–1976, in: Hrsg. H. Nordsiek, Zwischen Dom und Rathaus. Beiträge zur Kunst- und Kulturgeschichte der Stadt Minden, Minden 1977, S. 129–146.

Jäger, H., Einführung in die Umweltgeschichte, Darmstadt 1994.

Jäger, H., Zur Erforschung der mittelalterlichen Landesnatur, in: Studi medievali 3a (1963), S. 1–63.

Jakob, V., Die topographische Entwicklung Soests vom 16. bis zum 19. Jahrhundert, in: Hrsg. E. Widder / W. Ehbrecht / G. Köhn, Soest. Geschichte der Stadt, Bd. 3: Zwischen Bürgerstolz und Fürstenstaat. Soest in der frühen Neuzeit, Soest 1995, S. 271–294.

Jakobi, F. J., Bevölkerungsentwicklung und Bevölkerungsstruktur im Mittelalter und in der frühen Neuzeit, in: Hrsg. F.-J. Jakobi, Geschichte der Stadt Münster, Bd. 1, Münster ³1994, S. 485–534.

Jankrift, K. P., ... *daß diese kranckheit ein ansteckend und bekleibens Seuche sey*. Soest in Zeiten der Pest, in: Soester Zeitschrift 111 (1999), S. 31–55.

Jankrift, K. P., Kräfte zwischen Himmel und Erde. Magie in mittelalterlichen Krankheitskonzeptionen, in: Hrsg. W. Bruchhausen, Hexerei und Krankheit. Historische und ethnologische Perspektiven (= Medizin und Kulturwissenschaft. Bonner Beiträge zur Geschichte, Anthropologie und Ethik der Medizin 1), Münster 2002, S. 23–46.

Jankrift, K. P., Krankheit und Heilkunde im Mittelalter, Darmstadt 2003.

Jankrift, K. P., Leprose als Streiter Gottes. Institutionalisierung und Organisation des Ordens vom Heiligen Lazarus zu Jerusalem von seinen Anfängen bis zum Jahre 1350 (= Vita regularis. Ordnungen und Deutungen religiosen Lebens im Mittelalter 4), Münster 1996.

Jankrift, K. P., ... *myt dem Jammer der Pestilenz beladen*. Seuchen und die Versorgung Seuchenkranker in Essen vom späten Mittelalter bis zum Beginn der frühen Neuzeit, in: Essener Beiträge. Beiträge zur Geschichte von Stadt und Stift Essen 111 (1999), S. 20–42.

Jankrift, K. P., *Up dat God sich aver uns verbarmen wolde* ... Formen, Strukturen und Entwicklungen der Auseinandersetzung mit Seuchen in westfälischen und rheinischen Städten im Mittelalter, Habilitationsschrift, Masch.-Schrift, Münster 2002.

Jordan, W. C., The Great Famine. Northern Europe in the Early Fourteenth Century, Princeton 1996.

Junk, K.-H., Brandkatastrophen. 1. Brandkatastrophen im städtischen Bereich, in: Lexikon des Mittelalters, Bd. 1, München / Zürich 1980, Sp. 564.

Jütte, R., Ärzte, Heiler und Patienten. Medizinischer Alltag in der frühen Neuzeit, München / Zürich 1991.

Jütte, R., Household and Family Life in late Sixteenth-Century Cologne. The Weinsberg Family, in: Sixteenth Century Journal 17 (1986), S. 163–182.

Karlsson, G., Plague without Rats. The Case of Fifteenth-Century Iceland, in: Journal of Medieval History 22 (1996), S. 263–284.

Karlsson, G. / Kjartansson, H. S., Plágunar miklu á Íslandi, in: Saga 32 (1994), S. 11–74.

Kaspar, F., Fachwerkbauten des 14. bis 16. Jahrhunderts in Westfalen (= Beiträge zur Volkskultur in Nordwestdeutschland 52), Münster 1986.

Kaspar, F., Zur Entwicklung des profanen Bauwesens in nordwestdeutschen Städten. Ergebnisse der Bauforschung und der Archäologie, in: Ausgrabungen in Minden. Bürgerliche Stadtkultur des Mittelalters und der Neuzeit, Münster 1987, S. 49–62.

Keene, D., Fire in London. Destruction an Reconstruction, A. D. 982–1676, in: Hrsg. M. Körner, Stadtzerstörung und Wiederaufbau. Zerstörung durch Erdbeben, Feuer und Wasser, Bd. 1, Bern / Stuttgart / Wien 1999, S. 187–212.

Keil, G., Pariser Pestgutachten, in: Hrsg. K. Ruh u.a., Die deutsche Literatur des Mittelalters. Verfasserlexikon, Bd. 7, Berlin / New York ²1989, Sp. 309–312.

Keussen, H., Topographie der Stadt Köln im Mittelalter, Bd. 1, Bonn 1910.

Keyser, E. (Hrsg.), Rheinisches Städtebuch (= Deutsches Städtebuch. Handbuch städtischer Geschichte, Bd. III: Nordwest-Deutschland), Stuttgart 1956.

Keyser, E. (Hrsg.), Westfälisches Städtebuch (= Deutsches Städtebuch. Handbuch städtischer Geschichte, Bd. II: Nordwest-Deutschland), Stuttgart 1954.

Kieckhefer, R., Magie im Mittelalter, München 1992.

Kirchhoff, K. H., Stadtgrundriß und topographische Entwicklung, in: Hrsg. F.-J. Jakobi, Geschichte der Stadt Münster, Bd. 1, Münster ³1994, S. 447–484.

Kniehl, E., Die Pest in Europa seit Beginn des 18. Jahrhunderts. Eine Würdigung 650 Jahre nach Ausbruch der »zweiten« Pandemie, in: Der Mikrobiologe 8 (1998), S. 89–96.

Köhn, G., Hygiene im alten Soest, in: Soester Stadtgeschichten. Gesammelt von G. Köhn, Soest 1985, S. 77–297.

Körner, M., Stadtzerstörung und Wiederaufbau. Zerstörung durch Erdbeben, Feuer und Wasser, Bd. 1, Bern / Stuttgart / Wien 1999.

Koske, M., Der »Neue Friedhof« in Soest, in: Soester Zeitschrift 105 (1993), S. 47–53.

Kossack, G. / Behre, K. E. / Schmid, P. (Hrsg.), Archäologische und naturwissenschaftliche Untersuchungen an ländlichen und frühstädtischen Siedlungen im deutschen Küstengebiet vom 5. Jahrhundert v. Chr. bis zum 11. Jahrhundert n. Chr., Bd. 1: Ländliche Siedlungen, Weinheim 1984.

Kramer, J., Kein Deich – Kein Land – Kein Leben. Geschichte des Küstenschutzes an der Nordsee, Leer 1989.

Kühn, H. J., Sieben Thesen zur Frühgeschichte des Deichbaus, in: Hrsg. T. Steensen, Deichbau und Sturmfluten in den Friesenlanden. Beiträge zum 2. Treffen des Nordfriisk Institut, Husum 1992, S. 9–12.

Die Kunstdenkmäler der Stadt Köln, Bd. 4: Die profanen Denkmäler, Bearb. H. Vogts (= Die Kunstdenkmäler der Rheinprovinz 7), Düsseldorf 1930, S. 397ff.

Kupferschmidt, H., Die Epidemiologie der Pest. Der Konzeptwandel in der Erforschung der Infektionsketten seit der Entdeckung des Pesterregers im Jahre 1894 (= Gesnersus Supplement 43), Aarau 1993.

Ladero Quesada, M.-A., Earthquakes in the Cities of Andalusia at the Beginning of the Modern Age, in: Hrsg. M. Körner, Stadtzerstörung und Wiederaufbau. Zerstörung durch Erdbeben, Feuer und Wasser, Bd. 1, Bern / Stuttgart / Wien 1999, S. 87–104.

Lancaster, H. O., Expectations of Life. A Study in the Demography, Statistics and History of World Mortality, New York u.a. 1990.

Laudage, J., Otto der Große (912–973). Eine Biographie, Regensburg 2001.

Lebecq, S., L'homme et le milieu marin dans le bassin des mers du Nord au début du Moyen Age, in: L'homme et la nature au Moyen Age. Paléoenvironment des sociétés occidentales. Actes du Ve congrès international d'archéologie médiévale tenu à Grenoble 6–9 octobre 1993, Paris 1996, S. 180–188.

Leguay, J.-P., L'eau dans la ville au Moyen Age, Rennes 2002.

Lengsfeld, K., Gab es das sagenhafte Rungholt wirklich?, in: Hrsg. J. Newig / H. Theede, Sturmflut, Hamburg 2000, S. 98–107.

Lersch, B. M., Kleine Pest-Chronik. Zeiten und Zeichen der orientalischen Pest, Aachen 1880.

Leven, K. H., Die Geschichte der Infektionskrankheiten. Von der Antike bis ins 20. Jahrhundert (= Fortschritte in der Präventiv- und Arbeitsmedizin 6), Landsberg am Lech 1997.

Leven, K. H., Die »Justinianische Pest«, in: Jahrbuch des Instituts für Geschichte der Medizin der Robert Bosch Stiftung 6 (1987), S. 137–161.

Leven, K. H., Krankheiten: Historische Deutung versus retrospektive Diagnose, in: Hrsg. N. Paul / T. Schlich, Medizingeschichte: Aufgaben, Probleme, Perspektiven, Frankfurt am Main / New York 1998, S. 153–185.

Lucas, H. S., The great European famine of 1315, 1316 and 1317, in: Speculum 5 (1930), S. 343–377.

Manchester, K., The Paleopathology of Urban Infections, in: Hrsg. S. Basset, Death in Towns. Urban Responses to the Dying and the Dead (100–1600), Leicester / London / New York 1992, S. 8–14.

Marquard, R., Matthias Grünewald und der Isenheimer Altar. Erläuterungen, Erwägungen, Deutungen, Stuttgart 1996.

Mayer, H. E., Geschichte der Kreuzzüge, Stuttgart [7]1989.

Melloni, A., Innocenzo IV. La concezione e l'esperienza della cristianità come regimen unius personae, Genua 1990.

Melzer, U., Historische Formen der Wasserversorgung in den Städten des ehemaligen Hochstifts Paderborn (= Denkmalpflege und Forschung in Westfalen 28), Bonn 1991.

Melzer, W., Alltagsleben in einer westfälischen Hansestadt. Stadtarchäologie in Soest, Soest 1995.

Melzer, W., Die neuen Ausgrabungen am »Hohen Hospital«, in: Soester Zeitschrift 105 (1993), S. 4–7.

Meuthen, E., Aachen, in: Lexikon des Mittelalters, Bd. 1, München / Zürich 1980, Sp. 3.

Michels, H., Städtischer Hausbau am Mittleren Hellweg. Die Entwicklung der Wohnbauten in Soest von 150 bis 1700 (= Beiträge zur Volkskultur Nordwestdeutschlands 94), Münster 1998.

Michels, H., Zur Entwicklung des Hausbaus und der Wohnweisen in Soest von 1530 bis 1800, in: Hrsg. E. Widder / W. Ehbrecht / G. Köhn, Soest. Geschichte der Stadt, Bd. 3: Zwischen Bürgerstolz und Fürstenstaat. Soest in der frühen Neuzeit, Soest 1995, S. 295–371.

Milz, J., Duisburg, in: Lexikon des Mittelalters, Bd. 3, München / Zürich 1986, Sp. 1442.

Mischlewski, A., Das Antoniusfeuer in Mittelalter und früher Neuzeit in Europa, in: Hrsg. N. Bulst / R. Delort, Maladies et société (XIIe–XVIIIe siècles). Actes du colloque de Bielefeld, novembre 1986, Paris 1989, S. 249–268.

Mischlewski, A., Die Antoniusreliquien in Arles – eine heute noch wirksame Fälschung des 15. Jahrhunderts, in: Fälschungen im Mittelalter. Internationaler Kongreß der Monumenta Germaniae Historica, München 1986, B.5 (= Schriften der Monumenta Germaniae Historica 33,V), München 1988, S. 417–431.

Mischlewski, A., Grundzüge der Geschichte des Antoniterordens bis zum Ausgang des 15. Jahrhunderts. Unter besonderer Berücksichtigung von Leben und Wirken des Petrus Mitte de Caprariis (= Bonner Beiträge zur Kirchengeschichte 8), Köln / Wien 1976.

Molkenthin, R., Trinken, Waschen, Löschen, Antreiben. Die Wasserversorgung der Stadt bis zur Mitte des 19. Jahrhunderts, in: Hrsg. J. Gerchow, Die Mauer der Stadt. Essen vor der Industrie 1241 bis 1865, Essen 1995, S. 71–81.

Mollat, M., Die Armen im Mittelalter, München [2]1987.

Moser, M., Die Bauentwicklung am Kamp 32 und 34. Ergebnisse der archäologischen Untersuchung in: Hrsg. B. Trier, GrabungsKAMPagne Paderborn 1994. Archäologische und historische Forschungen zur Siedlungsgeschichte am Kamp. Katalog zur Ausstellung vom 6.10.1995 bis zum 27.5.1996 im Museum in der Kaiserpfalz, Münster 1995, S. 21–45.

Mummenhoff, K. E., Bürgerliches Bauen und Wohnen im Wandel der Jahrhunderte, in: Hrsg. F.-J. Jakobi, Geschichte der Stadt Münster, Bd. 3, Münster [3]1994, S. 527–563.

Murken, A. H., Die lange Tradition der Badekuren. Zur Geschichte der Mineral- und Thermalbäder, in: Wasserlust. Mineralquellen und Heilbäder im Rheinland (= Schriften des Rheinischen Museumsamtes 48), Köln 1991, S. 10–35.

Nordsiek, H., Zur Topographie und städtebaulichen Entwicklung Mindens, in: Minden. Zeugen und Zeugnisse seiner städtebaulichen Entwicklung, Minden 1979.

Ohler, N., Sterben und Tod im Mittelalter, München [2]1994.

Olshausen, E. / Sonnabend, H. (Hrsg.), Naturkatastrophen in der antiken Welt (= Stuttgarter Kolloquium zur historischen Geographie des Altertums 6, 1996. Geographica Historica 10), Stuttgart 1998.

Padberg, B., Die Oase aus Stein. Humanökologische Aspekte des Lebens in mittelalterlichen Städten, Berlin 1996.

Panten, A., Die schwersten Sturmfluten an der deutschen Nordseeküste, in: Hrsg. J. Newig / H. Theede, Sturmflut, Hamburg 2000, S. 56–75.

Petri, F., Die Holländersiedlungen am klevischen Niederrhein und ihr Platz in der Geschichte der niederländisch-niederrheinischen Kulturbeziehungen, in: Hrsg. E. Ennen, Studien zur Volkskultur, Sprache und Landesgeschichte. Festschrift für Mathias Zender, Bonn 1972, S. 117–129.

Pfister, C., Häufig, selten oder nie. Zur Wiederkehrperiode der großräumigen Überschwemmungen im Schweizer Alpenraum seit 1500, in: Umwelt – Mensch – Gebirge. Beiträge zur Dynamik von Natur- und Lebensraum. Festschrift für Bruno Messerli zum 65. Geburtstag. Jahrbuch der Geographischen Gesellschaft Bern 59 (1994–1996), S. 139–148.

Pfister, C., Historische Umweltforschung und Klimageschichte. Mit besonderer Berücksichtigung des Hoch- und Spätmittelalters, in: Siedlungsforschung 6 (1988), S. 113–127.

Pfister, C., Raum-zeitliche Rekonstruktion von Witterungsanomalien und Naturkatastrophen 1496–1995, Zürich 1998.

Pfister, C., Wetternachhersage. 500 Jahre Klimavariationen und Naturkatastrophen 1496–1995, Bern 1998.

Pils, S. C., ... *damit nur an wasser khain menngl erscheine*. Vom Umgang der Stadt Wien mit dem Feuer der frühen Neuzeit, in: Hrsg. M. Körner, Stadtzerstörung und Wiederaufbau. Zerstörung durch Erdbeben, Feuer und Wasser, Bd. 1, Bern / Stuttgart / Wien 1999, S. 173–186.

Radkau, J., Natur und Macht. Eine Weltgeschichte der Umwelt, München 2000.

Rathje, K., Bearbeitung der Skelettfunde aus dem karolingischen Gräberfeld Soest, St. Petri, Bd. 1, Institut für Anthropologie Georg-August-Universität zu Göttingen. Arbeitsgruppe »Prähistorische Anthropologie und Umweltgeschichte« unter Leitung von Prof. Dr. B. Herrmann, Masch.-Schrift, Göttingen 1996. T. Finke, Bd. 2, Masch.-Schrift, Göttingen 1997.

Reichart, A., Alltagsleben im späten Mittelalter. Der Übergang zur frühen Neuzeit am Beispiel der Stadt Essen (1400–1700), Essen 1992.

Reinhold, F., Verfassungs-Geschichte Wesels im Mittelalter (= Untersuchungen zur deutschen Staats- und Rechtsgeschichte 23), Breslau 1888.

Richter, G., Der Isenheimer Altar, Stuttgart 1997.

Ries, R., Ein ambivalentes Verhältnis. Soest und seine Juden in der frühen Neuzeit, in: Hrsg. E. Widder / W. Ehbrecht / G. Köhn, Soest. Geschichte der Stadt, Bd. 3: Zwischen Bürgerstolz und Fürstenstaat. Soest in der frühen Neuzeit, Soest 1995, S. 549–636.

Riha, O., Die Ärzte und die Pest, in: Hrsg. O. Riha, Seuchen in der Geschichte: 1348–1998. 650 Jahre nach dem Schwarzen Tod. Referate einer interdisziplinären Ringvorlesung im Sommersemester 1998 an der Universität Leipzig, Aachen 1999, S. 7–27.

Riha, O. (Hrsg.), Seuchen in der Geschichte: 1348–1998. 650 Jahre nach dem Schwarzen Tod. Referate einer interdisziplinären Ringvorlesung im Sommersemester 1998 an der Universität Leipzig, Aachen 1999.

Ritzmann, I., Judenmord als Folge des Schwarzen Todes: Ein medizinhistorischer Mythos, in: Medizin, Gesellschaft und Geschichte. Jahrbuch des Instituts für Geschichte der Medizin der Robert Bosch Stiftung 17 (1998), S. 101–130.

Roelen, M. W., Studien zur Topographie und Bevölkerung Wesels im Spätmittelalter. Unter besonderer Berücksichtigung der Steuer- und Heerschaulisten 1373–1435, Bd. 1 (= Studien und Quellen zur Geschichte Wesels 12), Wesel 1989.

Rösener, W., Bauern im Mittelalter, München [4]1991.

Rösener, W., Brandkatastrophen, 2. Brandkatastrophen im ländlichen Bereich, in: Lexikon des Mittelalters, Bd. 1, München / Zürich, Sp. 565.

Ruffié, J. / Sournia, J.-C., Die Seuchen in der Geschichte der Menschheit, Stuttgart [3]1989.

Sarris, P., The Justinianic Plague: Origins and Effects, in: Continuity and Change 17 (2002), S. 169–182.

Schilp, T., Juden im mittelalterlichen Westfalen, in: Hrsg. K. Menneken / A. Zupanic, Jüdisches Leben in Westfalen, Essen 1998, S. 13–22.

Schimitschek, E. / Werner, G. T., Malaria, Fleckfieber, Pest. Auswirkungen auf Kultur und Geschichte. Medizinische Fortschritte, Stuttgart 1985.

Schmale, F. J., Funktion und Formen mittelalterlicher Geschichtsschreibung. Eine Einführung, Darmstadt 1985.

Schmid, K. / Wollasch, J., Die Gemeinschaft der Lebenden und der Verstorbenen, in: Frühmittelalterliche Studien 1 (1967), S. 365–401.

Schmiedebach, H. P. / Gadebusch Bondio, M., *Fleuch pald, fleuch ferr, kum wider spat …* Entfremdung, Flucht und Aggression im Angesicht der Pestillentz, in: Hrsg. I. Erfen / K. H. Spieß, Fremdheit und Reisen im Mittelalter, Stuttgart 1997, S. 217–234.

Schmitz-Cliever, E., Pest und pestilenzialische Krankheiten in der Geschichte der Reichsstadt Aachen, in: Zeitschrift des Aachener Geschichtsvereins 66/67 (1954/55), S. 108–168.

Schnappauf, J., Frühe Wasserversorgung – besonders in Deutschland, Bochum 1977.

Schoppmeyer, H., Essen, in: Lexikon des Mittelalters, Bd. 4, München / Zürich 1989, Sp. 22f.

Schoppmeyer, H., Paderborn, in: Lexikon des Mittelalters, Bd. 6, München / Zürich 1993, Sp. 1613–1616.

Schoppmeyer, H., Die spätmittelalterliche Bürgerstadt (1200–1600), in: Hrsg. J. Jarnut, Paderborn. Geschichte der Stadt in ihrer Region. Bd. 1: Das Mittelalter. Bischofsherrschaft und Stadtgemeinde, Paderborn 1999, S. 198–473 u. S. 499–522.

Schreiner, J., Eine Idee gewinnt Gestalt: Die Entwicklung der Deichschauen an Maas und Waal, Rhein und Ijssel, in: Hrsg. J. Stinner / K.-H. Tekath, Gelre – Geldern – Gelderland. Geschichte und Kultur des Herzogtums Geldern, Geldern 2001, S. 269–278.

Schröder, H., Sturmflut. 1000 Jahre Katastrophen an der ostfriesischen Küste, Leer 1999.

Schubert, E., Alltag im Mittelalter. Natürliches Lebensumfeld und menschliches Miteinander, Darmstadt 2002.

Schumann, K. P., Heinrich von Herford. Enzyklopädische Gelehrsamkeit und universalhistorische Konzeption im Dienste dominikanischer Selbstbedürfnisse (= Veröffentlichungen der Historischen Kommission für Westfalen XLIV. Quellen und Forschungen zur Kirchen- und Religionsgeschichte 4), Münster 1996.

Schwarz, K., Die Pest in Bremen. Epidemien und freier Handel in einer deutschen Hafenstadt 1350–1713 (Veröffentlichungen aus dem Stadtarchiv Bremen 60), Bremen 1996.

Scott, S. / Christopher, C. J., Biology of Plague. Evidence from Historical Populations, Cambridge 2001.

Seibt, F. / Eberhard, W. (Hrsg.), Europa 1400. Die Krise des Spätmittelalters, Stuttgart 1984.

Siebert, E., Entwicklung des Deichwesens vom Mittelalter bis zur Gegenwart, in: Hrsg. J. Ohling, Ostfriesland im Schutze des Deiches, Bd. 2, Leer 1969, S. 79–385.

Sonnabend, H., Naturkatastrophen in der Antike. Wahrnehmung, Deutung, Management, Stuttgart / Weimar 1999.

Sprandel, R., Überregionale Tendenzen und örtliche Determinanten. Die Bevölkerung der deutschen Städte im Spätmittelalter, in: Saeculum 39 (1988), S. 207–216.

Stadt Minden, Altstadt 1, Der Dombezirk, Teilband 1 (= Bau- und Kunstdenkmäler von Westfalen 50,2 I), Bearb. R. Pieper / A. B. Chadour-Sampson unter Mitarbeit von E. Treude, Minden 1998.

Stahleder, H., Chronik der Stadt München, Herzogs- und Bürgerstadt. Die Jahre 1157–1505, München 1995.

Steensen, T. (Hrsg.), Deichbau und Sturmfluten in den Friesenlanden. Beiträge zum 2. Treffen des Nordfriisk Institut, Husum 1992.

Stoob, H., Landausbau und Gemeindebildung an der Nordseeküste im Mittelalter, in: Hrsg. H. E. Feine, Kirche und Gemeindebildung (= Vorträge und Forschungen 7), Konstanz 1964, S. 365–422.

Sudhoff, K., Pestschriften aus den ersten 150 Jahren nach der Epidemie des Schwarzen Todes, in: Archiv für Geschichte der Medizin 2 (1909)–17 (1925).

Ueffing, W., Forschungen zur Hamelner Rattenfängersage und ihrem historischen Hintergrund, in: Heimatblätter der Glocke v. 20. Dezember 1983, S. 193f.

Uther, H.-J., Rattenfänger von Hameln, in: Lexikon des Mittelalters, Bd. 7, München 1995, Sp. 468f.

Verhulst, A., L'évolution géographique de la plaine maritime flamande au Moyen Age, in: Revue de l'Université de Bruxelles, Oct.1962–Jan. 1963, S. 90–106.

Verhulst, A., Middeleeuwse inpolderingen en bedijkingen van het Zwin, in: Tijdschrift van de Belgische Vereniging voor Aardrijkskundige Studies 28 (1959), S. 21–54.

Verhulst, A., Occupatiegeschiednis en landbouweconomie in het Zuiden circa 1000–1300, in: Algemene Gerschiednis der Nederlanden, Bd. 2, Haarlem 1982, S. 83–104.

Verhulst, A., Transgression, in: Lexikon des Mittelalters, Bd. 8, München / Zürich 1999, Sp. 941.

Verhulst, A. / Gottschalk, M. K. E. (Hrsg.), Transgressies en occupatiegeschiednis in de kustgebieden van Nederland en België, Gent 1980.

Vogts, H., Das Kölner Wohnhaus bis zur Mitte des 19. Jahrhunderts, 2 Bde. (= Rheinischer Verein für Denkmalpflege und Heimatschutz, Jahrbuch 1964/65), Neuß 1966.

Voltmer, R., Vom Hexenrichter zum Hexenmeister. Der Fall des Trierer Stadtschultheißen Dr. Dietrich Flade, in: Damals 2002, 6, S. 15–19.

Wacha, G., Tiere und Tierhaltung in der Stadt sowie im Wohnbereich des spätmittelalterlichen Menschen und ihre Darstellung in der bildenden Kunst, in: Hrsg. H. Appelt, Das Leben in der Stadt des Spätmittelalters (= Veröffentlichungen des Instituts für mittelalterliche Realienkunde Österreichs), Wien 1977, S. 229–260.

Weimar, P. / Holzhauer, H. / van Canegem, R., Brandstiftung, in: Lexikon des Mittealters, Bd. 2, München / Zürich 1981, Sp. 568f.

Werner, K. F., Histoire de France, Bd. 1, Les origines. Avant l'an mil, Paris 1984.

Wickersheimer, E., »Ignis sacer« – Bedeutungswandel einer Krankheitsbezeichnung, CIBA-Symposium 8 (1960), S. 160–169.

Wieland, P., Küstenschutz – Gefahrenabwehr gegen das Meer, in: Hrsg. J. Newig / H. Theede, Sturmflut, Hamburg 2000, S. 30–47.

Wilbertz, G., Scharfrichter und Abdecker. Aspekte ihrer Sozialgeschichte vom 13. bis zum 16. Jahrhundert, in: Hrsg. B.-U. Hergemöller, Randgruppen der spätmittelalterlichen Gesellschaft, Warendorf ²1994, S. 121–156.

Winzer, U., *to troeste armer ellendiger verlaten lude de in pestilencie befallen*. Zu den Pestkrankenhäusern der Stadt Münster in der Frühen Neuzeit, in: Hrsg. F.-J. Jakobi / H. Lambacher u.a., Stiftungen und Armenfürsorge in Münster vor 1800 (= Studien zur Geschichte der Armenfürsorge und Sozialpolitik in Münster 1), Münster 1996, S. 240–298.

Woebcken, C., Deiche und Sturmfluten an der deutschen Nordseeküste, Bremen / Wilhelmshaven 1924.

Wolff, E., Verehrt – verflucht – verwertet. Die Bedeutung der Tiere für die menschliche Gesundheit. Dokumentation der Ausstellung im Medizinhistorischen Museum der Universität Zürich 2000/2001, Zürich 2001.

Wollasch, J., Cluny – Licht der Welt. Aufstieg und Niedergang der klösterlichen Gemeinschaft, Zürich / Düsseldorf 1996.

BILDNACHWEIS

Archiv für Kunst und Geschichte (AKG), Berlin: S. 201.

Bayerische Staatsbibliothek München, Sig. Clm 210, fol. 91v: S. 50.

Gersdorff, Hans von, Feldtbuoch der Wundtartzney, Straßburg 1517: S. 118, 123.

Glaser, Rüdiger, Klimageschichte Mitteleuropas. 1000 Jahre Wetter, Klima, Katastrophen, Darmstadt: Wissenschaftliche Buchgesellschaft, 2001: S. 62, 81.

Die Glocke (Heimatblätter), Oelde (20.12.1983): S. 74.

Guazzo, Francesco Maria, Compendium maleficarum. Translated by E. A. Ashwin, New York: Dover, 1988: S. 84.

Hornung, Wolfgang, Feuerwehrgeschichte. Brandschutz und Löschgerätetechnik von der Antike bis zur Gegenwart, 3., erw. Aufl., Stuttgart: Kohlhammer, 1990: S. 93, 94, 95, 96.

Niedersächsisches Institut für historische Küstenforschung, Wilhelmshaven: S. 25.

Niedersächsisches Staatsarchiv, Aurich: S. 47.

Schröder, Heiner, Sturmflut. 1000 Jahre Katastrophen an der ostfriesischen Küste, Leer: Ostfriesen-Zeitung, o. J.: S. 28.

Stadtarchiv Nürnberg, Sig. F 1 Nr. 42: S. 59, 111.

Winkelmann, Friedhelm / Gomolka-Fuchs, Gudrun, Die byzantinische Kultur, Leipzig: Edition Leipzig, 1988: S. 130.

Zentralbibliothek Zürich: S. 73.

PERSONEN- UND ORTSREGISTER

Bitte beachten Sie auch die folgenden Seiten.

Hans-Dieter Stoffler
**Kräuter aus
dem Klostergarten**
Wissen und Weisheit
mittelalterlicher Mönche

192 Seiten
100 meist farbige Abb.
Geb. mit Schutzumschlag
17 x 24 cm
ISBN 3-7995-3508-X

Die mittelalterlichen Mönche wußten viel über Heil- und Gewürz-
kräuter. Im Klostergarten wuchsen nicht nur Medizin und Küchen-
kräuter; den Pflanzen wurden auch vielfältige spirituelle Bedeutungen
zugeschrieben.

Das bedeutendste frühe Werk über die Kraft dieser Kräuter ist das
Gartengedicht des berühmten Walahfrid Strabo, Abt auf der Insel
Reichenau im 9. Jahrhundert. Hier begegnen sich Nutzen und Poesie,
Natur und Kultur, Schule und Leben, Gartenbau und Heilkunst.

Hans-Dieter Stoffler entfaltet ausgehend von Strabos Gedicht ein an-
schauliches Bild der mittelalterlichen Klostergärten. Er schildert die
Pflanzen und ihre traditionelle Verwendung von der Antike bis zur
frühen Neuzeit. Holzschnitte und kolorierte Kupferstiche zeigen den
Klostergarten in seiner ganzen Pracht.

JAN THORBECKE VERLAG

In Liebe und Zorn
Briefe aus dem Mittelalter
Ausgewählt, übertragen und
eingeleitet von Klaus Arnold

224 Seiten
Gebunden mit Schutzumschlag
13 x 21 cm
ISBN 3-7995-0113-4

In diesem Lesebuch sprechen Menschen des Mittelalters unmittelbar zu uns. In ihren Briefen entfaltet sich ein breites Spektrum des Lebens. Sie verschaffen dem heutigen Leser einen direkten Einblick in die Sorgen und Freuden der Zeitgenossen. Bekannte Persönlichkeiten kommen ebenso zu Wort wie unbekannte, deren Briefe nur durch Zufall überliefert sind.

Die Auswahl beschränkt sich bewußt auf private Texte, die nicht für die Veröffentlichung gedacht waren. Sie erzählen die Geschichte einer Beziehung oder einer mystischen Freundschaft, einer Klostergemeinschaft oder einer Familie, aber auch von Haß und Eifersucht ist die Rede. So berichtet ein Graf seiner Frau von seinen Erlebnissen auf dem Ersten Kreuzzug, unerlaubte Liebesgeschichten aus dem Kloster kommen ans Licht, und eine Mutter sorgt sich um eine gute Partie für ihre Söhne. Immer wieder sind es die Frauen, die hier im Mittelpunkt stehen.

Alle Texte sind in heutiges Deutsch übertragen. Eine ausführliche weiterführende Bibliographie rundet den Band ab.

Eine lebendige Botschaft aus einer nur scheinbar fernen Zeit.

JAN THORBECKE VERLAG

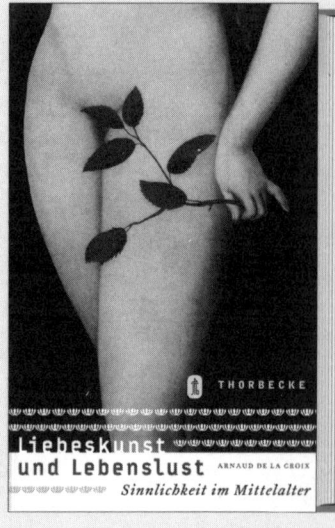

Arnaud de la Croix
Liebeskunst und Lebenslust
Sinnlichkeit im Mittelalter

176 Seiten
34 meist farbige Abbildungen
Gebunden mit Schutzumschlag
13 x 21 cm
ISBN 3-7995-0112-6

Erotik und Sinnlichkeit im Mittelalter – das reichte vom derben Sex- und Liebesleben der einfachen Stände bis zur hochstehenden höfischen Lyrik, etwa dem Gesang der provenzalischen Troubadoure.

Weniger bekannt ist, wie sich die Vorstellungen von Lust und Liebe seit dem frühesten Mittelalter entwickelten. So verbreitete sich die höfische Minne im 11. und 12. Jahrhundert über ganz Europa und stellte sich in der Verherrlichung des Ehebruchs gegen Glaube und Moral der Kirche. Aufgegriffen wurden die Vorstellungen dieser Lyrik in den Artus-Romanen über die Ritter der Tafelrunde. Sie zeichneten sich durch eine leidenschaftliche Sexualität aus, bei der die Initiative zunehmend auch von der Frau ausging.

Die Volkskultur dieser Zeit wird schließlich durch einen Blick auf die sinnlichen Vagantenlieder im 13. Jahrhundert deutlich, in denen der Sex unverblümt zur Schau gestellt wird. Die Lieder und Erzählungen der »Carmina Burana« oder Boccaccios »Decamerone« sind Beispiele hierfür.

JAN THORBECKE VERLAG